Juristische Fall-Lösungen

Junker
Fälle zum Arbeitsrecht

Fälle zum Arbeitsrecht

Mit einer Anleitung zur Lösung arbeitsrechtlicher Aufgaben

von

Dr. iur. Abbo Junker

o. Professor an der Universität München

3., neu bearbeitete Auflage, 2015

www.beck.de

ISBN 978 3 406 67464 8

© 2015 Verlag C.H.Beck oHG
Wilhelmstraße 9, 80801 München
Druck und Bindung: Nomos Verlagsgesellschaft mbH & Co. KG
In den Lissen 12, D-76547 Sinzheim

Satz: Druckerei C.H.Beck Nördlingen

Gedruckt auf säurefreiem, alterungsbeständigem Papier
(hergestellt aus chlorfrei gebleichtem Zellstoff)

Vorwort

„Jurisprudenz ist eine höchst eigenartige Mischung aus einem spezifisch technisierten Denkverfahren und einer seit vielen Jahrhunderten tradierten Sammlung von Lösungsrezepten, welche man beide in gleichem Maße beherrschen muss, von denen aber nur die Rezepte erlernbar sind, während man sich die Methode, Lösungen zu finden und zu erfinden, nur durch ständige Übung aneignen kann" (*Diederichsen/ Wagner,* Die BGB-Klausur, 9. Aufl. 1998, S. 11). Dieser Band der Reihe „Juristische Fall-Lösungen" enthält beides: Hinweise („Rezepte") zur Lösung arbeitsrechtlicher Prüfungsaufgaben und Fälle, an denen sich die Rezepte erproben lassen. Alle 12 Fälle sind Original-Entscheidungen des BAG nachgebildet.

Der Fokus der Neubearbeitung zur 3. Auflage lag nicht auf der Einfügung weiterer Fälle (mit 12 detailliert ausgearbeiteten Falllösungen ist das Werk umfangreich genug), sondern auf der Perfektionierung und Aktualisierung der vorhandenen Lösungen, was im Einzelnen zu zahlreichen Änderungen und Neuerungen geführt hat. Das Buch ist auf dem Stand vom 1.12.2014.

Der vorliegende Band ergänzt den „Grundkurs Arbeitsrecht" (ebenfalls erschienen im Verlag C.H.BECK), kann aber auch ohne ihn benutzt werden. Mein besonderer Dank gilt Frau *Cornelia Sebode,* die das Manuskript betreut hat.

München, im Februar 2015   *Abbo Junker*

Inhaltsverzeichnis

1. Teil. Einführung in die Fallbearbeitung

2. Teil. Fälle

Verzeichnis der Übersichten

Weitere Übersichten und Aufbauschemata finden sich in *Junker*, Grundkurs Arbeitsrecht, 14. Aufl. 2015 oder Folgeauflagen.

Abkürzungsverzeichnis

BSGE	Entscheidungen des Bundessozialgerichts
BT	Deutscher Bundestag
BT-Drs.	Verhandlungen des Deutschen Bundestags, Drucksachen
BUrlG	Bundesurlaubsgesetz
BVerfG	Bundesverfassungsgericht
BVerfGE	Entscheidungen des Bundesverfassungsgerichts
BVerwG	Bundesverwaltungsgericht
BVerwGE	Entscheidungen des Bundesverwaltungsgerichts
BZRG	Bundeszentralregistergesetz
bzw.	beziehungsweise
DB	Der Betrieb (Zeitschrift)
ders.	derselbe
d.h.	das heißt
Diss.	Dissertation
DRiG	Deutsches Richtergesetz
DVO	Durchführungsverordnung
EBRG	Gesetz über Europäische Betriebsräte
EFZG	Entgeltfortzahlungsgesetz
EG	Europäische Gemeinschaft
Einl.	Einleitung
EMRK	Europäische Menschenrechts-Konvention
ES	Eingangssatz
ESC	Europäische Sozialcharta
EStG	Einkommensteuergesetz
EU	Europäische Union
EuGH	Gerichtshof der Europäischen Union
EUV	Vertrag über die Europäische Union
EuZA	Europäische Zeitschrift für Arbeitsrecht
EuZW	Europäische Zeitschrift für Wirtschaftsrecht
e.V.	eingetragener Verein
EWiR	Entscheidungen zum Wirtschaftsrecht
EzA	Entscheidungssammlung zum Arbeitsrecht
f., ff.	folgende
FA	Fachanwalt Arbeitsrecht (Zeitschrift)
FAZ	Frankfurter Allgemeine Zeitung
Fn.	Fußnote
FS	Festschrift
G.	Gesetz
GBR	Gesamtbetriebsrat
GdB	Grad der Behinderung
GemSOGB	Gemeinsamer Senat der Obersten Gerichtshöfe des Bundes
GewO	Gewerbeordnung
GG	Grundgesetz
GmbH	Gesellschaft mit beschränkter Haftung

GmbHG	Gesetz betreffend die Gesellschaften mit beschränkter Haftung
GS	Großer Senat
GVG	Gerichtsverfassungsgesetz
HGB	Handelsgesetzbuch
h. M.	herrschende Meinung
Hrsg.	Herausgeber
hrsg.	herausgegeben
Hs.	Halbsatz
HzA	Handbuch zum Arbeitsrecht
i. d. F.	in der Fassung
i. d. R.	in der Regel
i. E.	im Ergebnis
i. e. S.	im engeren Sinne
insbes.	insbesondere
InsO	Insolvenzordnung
i. S.	im Sinne
i. V. m.	in Verbindung mit
i. w. S.	im weiteren Sinne
JA	Juristische Arbeitsblätter (Zeitschrift)
JArbR	Das Arbeitsrecht der Gegenwart, Jahrbuch für das gesetzliche Arbeitsrecht und die Arbeitsgerichtsbarkeit
JArbSchG	Jugendarbeitsschutzgesetz
Jura	Juristische Ausbildung (Zeitschrift)
JuS	Juristische Schulung (Zeitschrift)
JZ	Juristen-Zeitung
Kap.	Kapitel
KBR	Konzernbetriebsrat
KG	Kommanditgesellschaft
krit.	kritisch
KSchG	Kündigungsschutzgesetz
l.	links, linke
LAG	Landesarbeitsgericht
LAGE	Entscheidungen der Landesarbeitsgerichte
lit.	littera (Buchstabe)
MuSchG	Mutterschutzgesetz
m. w. N.	mit weiteren Nachweisen
Nachw.	Nachweise
n. F.	neue Fassung
NJ	Neue Justiz (Zeitschrift)
NJOZ	Neue Juristische Online-Zeitschrift
NJW	Neue Juristische Wochenschrift

NJW-RR .... NJW-Rechtsprechungs-Report
Nr. .... Nummer
n.v. .... nicht veröffentlicht
NZA .... Neue Zeitschrift für Arbeitsrecht
NZA-RR .... NZA-Rechtsprechungsreport

OHG .... offene Handelsgesellschaft
OLG .... Oberlandesgericht

PersR .... Der Personalrat (Zeitschrift)
PersV .... Die Personalvertretung (Zeitschrift)
PflVG .... Pflichtversicherungsgesetz

r. .... rechts, rechte
R .... Rückseite
RAG .... Reichsarbeitsgericht
RAGE .... Entscheidungen des Reichsarbeitsgerichts
RdA .... Recht der Arbeit (Zeitschrift)
RegE .... Regierungsentwurf
RG .... Reichsgericht
RGBl. .... Reichsgesetzblatt
RGZ .... Entscheidungen des Reichsgerichts in Zivilsachen
Rn. .... Randnummer, Randnummern
Rs. .... Rechtssache
Rspr. .... Rechtsprechung

s. .... siehe
S. .... Seite
SAE .... Sammlung Arbeitsrechtlicher Entscheidungen
SGB .... Sozialgesetzbuch
Slg. .... Sammlung der Entscheidungen des Gerichtshofs der Europäischen Union
sog. .... sogenannt
Sp. .... Spalte
SprAuG .... Sprecherausschussgesetz
StGB .... Strafgesetzbuch
StPO................... Strafprozessordnung
str. .... streitig

TV .... Tarifvertrag
TVG .... Tarifvertragsgesetz
Tz. .... Textziffer
TzBfG .... Teilzeit- und Befristungsgesetz

u.a. .... unter anderem, und andere(n)
UmwG .... Umwandlungsgesetz
UStG .... Umsatzsteuergesetz
u.U. .... unter Umständen

vgl. .... vergleiche
VO .... Verordnung
Vorb. .... Vorbemerkung
VVaG .... Versicherungsverein auf Gegenseitigkeit
VVG .... Versicherungsvertragsgesetz

WahlO .... Wahlordnung

z. B. .... zum Beispiel
ZfA .... Zeitschrift für Arbeitsrecht
ZPO .... Zivilprozessordnung

Verzeichnis der abgekürzt zitierten Literatur

A/P/S/*Bearbeiter* ...... *Ascheid/Preis/Schmidt,* Kündigungsrecht – Großkommentar zum gesamten Recht der Beendigung von Arbeitsverhältnissen, 4. Aufl. (2012)

AR/*Bearbeiter* .... *Dornbusch/Fischermeier/Löwisch,* AR-Kommentar zum gesamten Arbeitsrecht, 7. Aufl. (2015)

Bamberger/Roth/
Bearbeiter .... *Bamberger/Roth,* Kommentar zum Bürgerlichen Gesetzbuch, 3. Aufl. (2012)

Brox/Rüthers/
Henssler .... *Brox/Rüthers/Henssler,* Arbeitsrecht, 18. Aufl. (2011)

Däubler/*Bearbeiter,*
TVG .... *Däubler,* Kommentar zum Tarifvertragsgesetz, 3. Aufl. (2012)

D/K/K/W/
Bearbeiter .... *Däubler/Kittner/Klebe/Wedde,* Betriebsverfassungsgesetz, 14. Aufl. (2014)

Dütz/Thüsing .... *Dütz/Thüsing,* Arbeitsrecht, 19. Aufl. (2014)

ErfK/*Bearbeiter* .... Erfurter Kommentar zum Arbeitsrecht, hrsg. von *Dieterich u. a.,* 15. Aufl. (2015)

Erman/*Bearbeiter* ..... *Erman,* Handkommentar zum Bürgerlichen Gesetzbuch mit Einführungsgesetz in zwei Bänden, 14. Aufl. (2014)

Gamillscheg I .... *Gamillscheg,* Kollektives Arbeitsrecht, Bd. I: Grundlagen/Koalitionsfreiheit/Tarifvertrag/Arbeitskampf und Schlichtung (1997)

Gamillscheg II .... *Gamillscheg,* Kollektives Arbeitsrecht, Bd. II: Betriebsverfassung (2008)

GK-BetrVG/
Bearbeiter .... *Franzen u. a.,* Gemeinschaftskommentar zum Betriebsverfassungsgesetz, 4. Aufl. (2014)

Hanau/Adomeit .... *Hanau/Adomeit,* Arbeitsrecht, 14. Aufl. (2007)

Heckelmann/
Franzen .... *Heckelmann/Franzen,* Fälle zum Arbeitsrecht, 3. Aufl. (2006)

von Hoyningen-
Huene/Linck/Krause .. *von Hoyningen-Huene/Linck/Krause,* Kündigungsschutzgesetz, Kommentar, 15. Aufl. (2013)

Hromadka/
Maschmann I .... *Hromadka/Maschmann,* Arbeitsrecht Bd. 1: Individualarbeitsrecht, 6. Aufl. (2015)

Hromadka/
Maschmann II .... *Hromadka/Maschmann,* Arbeitsrecht Bd. 2: Kollektivarbeitsrecht und Arbeitsstreitigkeiten, 6. Aufl. (2014)

H/W/K/*Bearbeiter* ... *Henssler/Willemsen/Kalb,* Arbeitsrecht Kommentar, 6. Aufl. (2014)

Jacobs/Krois .... *Jacobs/Krois,* Klausurenkurs im Arbeitsrecht II (2014)

Jauernig/*Bearbeiter* .. *Jauernig,* Bürgerliches Gesetzbuch, Kommentar, 15. Aufl. (2014)

Junker, Grundkurs .... *Junker,* Grundkurs Arbeitsrecht, 14. Aufl. (2015)

Junker/Kamanabrou .. *Junker/Kamanabrou,* Vertragsgestaltung, 4. Aufl. (2014)

K/D/Z/*Bearbeiter* .... *Kittner/Däubler/Zwanziger,* Kündigungsschutzrecht, 9. Aufl. (2014)

Krause, ArbR .... *Krause,* Arbeitsrecht, 3. Aufl. (2015)

Krause, PdW I .... *Krause,* Prüfe Dein Wissen – Arbeitsrecht I, Individualarbeitsrecht (2007)

KR/*Bearbeiter* .... *Becker u. a.,* Gemeinschaftskommentar zum Kündigungsschutzgesetz und zu sonstigen kündigungsschutzrechtlichen Vorschriften, 10. Aufl. (2013)

Löwisch/Caspers/ *Klumpp* .... *Löwisch/Caspers/Klumpp,* Arbeitsrecht, Ein Studienbuch, 10. Aufl. (2014)

Löwisch/Kaiser, BetrVG .... *Löwisch/Kaiser,* Betriebsverfassungsgesetz, Kommentar, 6. Aufl. (2010)

Löwisch/Rieble, TVG .... *Löwisch/Rieble,* Tarifvertragsgesetz, Kommentar, 3. Aufl. (2012)

Möllers, Arbeitstechnik .... *Möllers,* Juristische Arbeitstechnik und wissenschaftliches Arbeiten, (7. Aufl. 2014)

MünchArbR/ *Bearbeiter* .... Münchener Handbuch zum Arbeitsrecht, hrsg. von *Richardi u. a.,* 3. Aufl. (2009)

MünchKommBGB/ *Bearbeiter* .... Münchener Kommentar zum Bürgerlichen Gesetzbuch, hrsg. von *Rixecker/Säcker/Oetker u. a.,* 6. Aufl. (2012 ff.)

Oetker, Individualarbeitsrecht .... *Oetker,* 30 Klausuren aus dem Individualarbeitsrecht, 9. Aufl. (2011)

Oetker, Koll. Arbeitsrecht .... *Oetker,* 30 Klausuren aus dem Arbeitsrecht – Kollektives Arbeitsrecht, 8. Aufl. (2011)

O/S/K/*Bearbeiter* ..... *Otto/Schwarze/Krause,* Die Haftung des Arbeitnehmers, 4. Aufl. (2014)

Palandt/*Bearbeiter* ... *Palandt,* Bürgerliches Gesetzbuch, 74. Aufl. (2014)

Preis I .... *Preis,* Arbeitsrecht – Individualarbeitsrecht, 4. Aufl. (2012)

Preis II .... *Preis,* Arbeitsrecht – Kollektivarbeitsrecht, 3. Aufl. (2012)

Preis/*Bearbeiter,* Arbeitsvertrag .... *Preis,* Der Arbeitsvertrag – Handbuch der Vertragspraxis und -gestaltung, 4. Aufl. (2011)

Preis, Klausurenkurs .... *Preis,* Klausurenkurs Arbeitsrecht, Individualarbeitsrecht (2012)

P/W/W/*Bearbeiter* ... *Prütting/Wegen/Weinreich,* Bürgerliches Gesetzbuch – Kommentar, 9. Aufl. (2014)

Reichold .... *Reichold,* Arbeitsrecht, 4. Aufl. (2012)

Richardi/*Bearbeiter,*
BetrVG .... *Richardi,* Betriebsverfassungsgesetz, Kommentar, 14. Aufl.
(2014)
Rolfs .... *Rolfs,* Arbeitsrecht – Studienkommentar, 4. Aufl. (2014)
Schwab/Weth/
Bearbeiter, ArbGG ... *Schwab/Weth,* Kommentar zum Arbeitsgerichtsgesetz,
3. Aufl. (2011)
S/E/S/*Bearbeiter* .... *Schwarze/Eylert/Schrader,* Kündigungsschutzgesetz,
Kommentar (2011)
Staudinger/
Bearbeiter .... *von Staudinger,* Kommentar zum Bürgerlichen Gesetzbuch
mit Einführungsgesetz und Nebengesetzen, einzelne
Lieferungen (2009 ff.)
Stein/Jonas/
Bearbeiter .... *Stein/Jonas,* Kommentar zur Zivilprozessordnung, 22. Aufl.
(2002 ff.)
Thomas/Putzo/
Bearbeiter .... *Thomas/Putzo,* Zivilprozessordnung, Kommentar, 35. Aufl.
(2014)
Tillmanns .... *Tillmanns,* Klausurenkurs im Arbeitsrecht I (2011)
Waltermann .... *Waltermann,* Arbeitsrecht, 17. Aufl. (2014)
Wank, Übungen ...... *Wank,* Übungen im Arbeitsrecht, 3. Aufl. (2002)
Wiedemann/
Bearbeiter, TVG ...... *Wiedemann,* Tarifvertragsgesetz, Kommentar, 7. Aufl. (2007)
W/P/K/*Bearbeiter* .... *Wlotzke/Preis/Kreft,* Betriebsverfassungsgesetz, Kommentar,
4. Aufl. (2009)
Zöller/*Bearbeiter* ...... *Zöller,* Zivilprozessordnung, Kommentar, 30. Aufl. (2014)
Zöllner/Loritz/
Hergenröder .... *Zöllner/Loritz/Hergenröder,* Arbeitsrecht, 6. Aufl. (2008)

1. Teil. Einführung in die Fallbearbeitung

Die typische Aufgabe in Klausur und Hausarbeit (und meist auch in der mündlichen **1** Prüfung) besteht nicht aus Fragen zum Rechtsstoff oder aus einem abstrakten Thema. Sie besteht aus der Schilderung eines **Sachverhalts** – d.h. eines wirklichen oder erfundenen Lebensvorgangs –, aus dem sich konkrete **Rechtsfragen** ergeben. Die Bewältigung dieser Aufgabe fällt leichter in der Erkenntnis, dass in Prüfungsarbeiten einige Fallkonstellationen häufiger auftreten als andere (dazu Rn. 2 ff.), und dass es für die Fallbearbeitung „handwerkliche" Regeln gibt, deren Beachtung erwartet wird (dazu Rn. 23 ff.).

I. Typologie arbeitsrechtlicher Fälle

Es hilft, die Angst vor unbekannten Aufgabenstellungen abzubauen, wenn man sich **2** klarmacht, dass es **Grundmuster arbeitsrechtlicher Fälle** gibt:[1] Der Einstieg in die Lösung des Falles gelingt umso rascher, je schneller klar wird, zu welcher Kategorie der gestellte Fall gehört. Auch die Aktivierung des Wissens fällt leichter, wenn man weiß, welcher Art die Aufgabe ist.

1. Materielles Recht und Prozessrecht

Arbeitsrechtliche Aufgaben unterscheiden sich von anderen privatrechtlichen Prü- **3** fungsfällen (z.B. in der BGB-Übung) dadurch, dass auf dem Gebiet des Arbeitsrechts häufiger prozessrechtliche (verfahrensrechtliche) Erwägungen anzustellen sind. Es ist daher schon bei der Lektüre des Sachverhalts zu klären, ob nur nach der **materiellen Rechtslage** gefragt wird, oder ob in dem Gutachten der **Erfolg einer Klage** (oder eines Antrags im arbeitsgerichtlichen Beschlussverfahren) erörtert werden soll.

a) Frage nach dem Erfolg einer Klage

Die letztgenannte Aufgabenstellung findet sich in Fällen, in denen die Fallfrage lau- **4** tet: „Wie wird das Arbeitsgericht entscheiden?", „K fragt, ob er mit Erfolg gegen die Kündigung vorgehen kann" oder ähnlich. Da ein Gericht in der Sache nur entscheiden darf, wenn es zuständig ist und die weiteren Sachurteilsvoraussetzungen (Zulässigkeitsvoraussetzungen) erfüllt sind, untergliedert sich die Lösung in die beiden Prüfungspunkte **Zulässigkeit der Klage** (oder des Antrags im arbeitsgerichtlichen Beschlussverfahren) und **Begründetheit der Klage** (oder des Antrags). Das gleiche Prüfungsschema ergibt sich, wenn zwar noch kein Rechtsstreit anhängig ist, aber – ausdrücklich oder bei lebensnaher Auslegung des Sachverhalts – nach den Erfolgsaussichten einer noch zu erhebenden Klage (eines noch zu stellenden Antrags) gefragt wird. „Checklisten" finden sich für die Prüfung der **Zulässigkeit im Urteilsverfahren** in der **Übersicht 1** (Fall 1 Rn. 4) und für die **Zulässigkeit im Beschlussverfahren** in der **Übersicht 10** (Fall 10 Rn. 5).

b) Frage nach der materiellen Rechtslage

Nur um die **materielle Rechtslage** geht es, wenn nach dem Bestehen eines An- **5** spruchs **(Fall 2),** der Verbindlichkeit einer Weisung **(Fall 4)** oder der Wirksamkeit

---

[1] Siehe auch *Hanau/Kramer,* JuS 1994, 575 (576–578); *Tillmanns,* S. 5; *Wank,* Übungen, S. 5–8.

einer Kündigung (**Fall 7**) gefragt ist. In diesen Fällen legt der Aufgabensteller keinen Wert darauf, dass die **prozessuale Rechtslage** erörtert wird. Eine derart eingeschränkte Fragestellung entspricht insofern der Lebenswirklichkeit, als in der betrieblichen Praxis nur ein Teil aller Kontroversen in gerichtliche Verfahren einmündet: In vielen Fällen will eine Partei eines Arbeitsverhältnisses von dem Rechtsberater bloß eine Auskunft zum materiellen Recht, um sich dann „freiwillig" – ohne es auf einen Prozess ankommen zu lassen – an den Rechtsrat zu halten.[2] Wird in einer Aufgabe nur nach der materiellen Rechtslage gefragt, ist es überflüssig (und deshalb falsch), die **Zulässigkeit** einer Klage (oder eines Antrags) zu erörtern. Ein solches Vorgehen wäre zudem ineffektiv, denn der Aufgabensteller geht bei diesem Aufgabentyp davon aus, dass bereits das **materielle Recht** genügend erörterungsbedürftige Fragen aufwirft, welche die gesamte Bearbeitungszeit beanspruchen.

c) Prozessuale Teil- oder Vorfragen

6 Allerdings können sich im Rahmen der materiellen Rechtslage **Fragen mit prozessrechtlichem Bezug** ergeben, die erörtert werden müssen. Das wichtigste **Beispiel** ist **§ 4 Satz 1 KSchG:** Will ein Arbeitnehmer geltend machen, dass eine Kündigung sozial ungerechtfertigt oder aus anderen Gründen rechtsunwirksam ist, muss er innerhalb von drei Wochen nach Zugang der schriftlichen Kündigung eine Klage beim Arbeitsgericht erheben; versäumt er die Klagefrist, gilt die Kündigung als von Anfang an rechtswirksam (**§ 7 KSchG**). Im Anwendungsbereich von § 4 Satz 1 i. V. m. § 7 KSchG ist ein Gutachten zur materiellen Rechtslage ohne einen Hinweis auf das Klageerfordernis unvollständig, denn die Rechtsunwirksamkeit einer Kündigung kann nicht „irgendwie" geltend gemacht werden, sondern nur durch Klage beim Arbeitsgericht innerhalb der dreiwöchigen Ausschlussfrist. Versäumt der Arbeitnehmer die Frist, kommt es auf das Vorliegen der Unwirksamkeitsgründe nicht mehr an.

2. Anspruchsklausur – Wirksamkeitsklausur[3]

7 Ein weiterer Unterschied zwischen Fällen auf dem Gebiet des Bürgerlichen Rechts und Fällen auf dem Spezialgebiet des Arbeitsrechts liegt darin, dass in **BGB-Klausuren** in aller Regel zu prüfen ist, ob zwischen bestimmten Personen bestimmte Ansprüche bestehen (**Anspruchsklausuren**). Nur selten wird in BGB-Klausuren nicht nach dem Bestehen eines Anspruchs, sondern nach einem Rechtszustand gefragt („Ist X Eigentümer geworden?", „Ist Y Erbe?", „Ist der Vereinsbeschluss wirksam?"). Die Anleitungen zur Lösung zivilrechtlicher Fälle sind deshalb häufig nach Anspruchsgrundlagen aufgebaut („Anspruchsaufbau").

8 In **Arbeitsrechtsklausuren** ist der Anspruchstyp weniger dominant, denn hier spielt der Kündigungsschutz des Arbeitnehmers in Prüfung und Praxis die überragende Rolle: „Die Freiheit im Arbeitsverhältnis bestimmt sich von seinem Ende her."[4]

---

[2] Siehe zur arbeitsrechtlichen Vertragsgestaltung *Junker/Kamanabrou*, § 8 Rn. 1 ff.
[3] Die folgenden Ausführungen sind der sprachlichen Einfachheit halber auf die „Klausur" bezogen; sie gelten entsprechend für arbeitsrechtliche Hausarbeiten, Studienarbeiten oder andere Aufgaben, welche die Lösung eines Falles zum Gegenstand haben.
[4] *Hromadka*, ZfA 2002, 383 (393); s. auch *Tillmanns*, S. 5.

Etwa die Hälfte der bei den Arbeitsgerichten anhängigen Klagen betrifft den Bestand des Arbeitsverhältnisses.[5] Ebenso bedeutsam wie Klausuren, in denen nach Ansprüchen gefragt wird, sind im Arbeitsrecht daher Klausuren, in denen die Wirksamkeit einer Kündigung – oder allgemein: einer Beendigung des Arbeitsverhältnisses – zu untersuchen ist (**Wirksamkeitsklausur**).

a) Strukturunterschiede der beiden Klausurtypen

aa) **Prototyp einer Anspruchsklausur** ist die Lohnzahlungsklage des Arbeitnehmers: Ein Arbeitnehmer möchte von seinem Arbeitgeber eine Leistung, nämlich die Bezahlung des Lohns (der Vergütung) für einen bestimmten Zeitraum. Die richtige Klageart ist daher die **Leistungsklage.** Der Aufbau des materiellrechtlichen Teils richtet sich nach der **Anspruchsmethode:** Am Anfang der Prüfung muss eine Rechtsnorm stehen, deren Rechtsfolge das gewünschte Anspruchsziel ist. Eine solche Rechtsnorm nennt man Anspruchsnorm oder **Anspruchsgrundlage.** Anspruchsgrundlagen unterscheiden sich von anderen Vorschriften der Rechtsordnung allein durch ihre **Rechtsfolge:** Anspruchsgrundlage kann nur eine Bestimmung sein, die einer Person das Recht gibt, von einer anderen Person ein **Tun** (z. B. die Zahlung des Lohnes), ein **Dulden**[6] (z. B. die Duldung von Musikhören am Arbeitsplatz) oder ein **Unterlassen** (z. B. die Unterlassung einer Konkurrenztätigkeit) zu verlangen.[7]   **9**

bb) **Prototyp der Wirksamkeitsklausur** ist die Kündigungsschutzklage:[8] Ein Arbeitnehmer begehrt vom Arbeitsgericht die Feststellung, dass das Arbeitsverhältnis durch die vom Arbeitgeber erklärte Kündigung nicht aufgelöst ist. Die richtige Klageart ist folglich die **Feststellungsklage.** Im materiellrechtlichen Teil der Prüfung kommt es zunächst darauf an, ob eine auf Kündigung gerichtete Willenserklärung vorliegt, die dem Arbeitgeber zuzurechnen und dem Arbeitnehmer zugegangen ist. Lässt sich dem Sachverhalt eine solche (Kündigungs-)Erklärung entnehmen, hängt der Erfolg der Kündigungsschutzklage davon ab, ob diese Erklärung wirksam ist. Das ist nicht der Fall, wenn ein **Unwirksamkeitsgrund** vorliegt (z. B. § 1 I KSchG, § 613a IV 1 BGB, § 102 I 3 BetrVG). Während bei der Anspruchsklausur die Suche nach einer Anspruchsgrundlage im Vordergrund steht, richtet sich bei der Wirksamkeitsklausur der Blick vor allem auf mögliche Unwirksamkeitsgründe.   **10**

b) Arten von Anspruchsklausuren

Anspruchsklausuren sind dadurch gekennzeichnet, dass der Sachverhalt auf die Frage hinausläuft, ob eine Person von einer anderen eine bestimmte Leistung in Gestalt eines Tuns, Duldens oder Unterlassens verlangen kann (Rn. 7, 9). Im materiellrechtlichen Teil hat die Bearbeitung stets von einer Anspruchsgrundlage auszugehen. Anspruchsteller ist i. d. R. der **Arbeitnehmer,** seltener der **Arbeitgeber.** Bei den Anspruchsbegehren unterscheidet man den **Primäranspruch,** der sich stets auf Er-   **11**

---

[5] Zahlen und Nachweise bei *Junker*, Gutachten B zum 65. Deutschen Juristentag (2004), S. B 53– B 54; s. auch *Tillmanns*, S. 5.

[6] Dulden ist eine Form der Unterlassung, die darin besteht, die Vornahme einer Handlung nicht zu behindern: Thomas/Putzo/*Hüßtege*, § 890 ZPO Rn. 3.

[7] Siehe dazu *Tillmanns*, S. 22.

[8] Aufbauschema bei *Junker*, Grundkurs, Rn. 382.

füllung (einer Haupt- oder Nebenpflicht) richtet, und den **Sekundäranspruch,** der im Arbeitsrecht meist auf Schadensersatz geht.[9]

12 aa) Der **Erfüllungsanspruch des Arbeitnehmers** kann sich auf die Erfüllung der **Hauptleistungspflicht** des Arbeitgebers richten, also der Pflicht, die vereinbarte Vergütung zu zahlen (§ 611 I BGB). Wie erwähnt (Rn. 9), handelt es sich bei diesem Begehren um den wichtigsten Fall einer Anspruchsklausur im Arbeitsrecht. Ein Beispiel ist unten **Fall 2,** in welchem der Arbeitnehmer das Gehalt für einen Zeitraum verlangt, in welchem er durch Arbeitsunfähigkeit infolge Krankheit an seiner Arbeitsleistung verhindert war (s. § 3 I 1 EFZG). Seltener sind Ansprüche des Arbeitnehmers auf Erfüllung von **Nebenleistungspflichten** (z. B. Gewährung von Erholungsurlaub) oder von **Nebenpflichten** (z. B. der Pflicht des Arbeitgebers, Schutzmaßnahmen nach §§ 618, 619 BGB zu ergreifen).

13 bb) Ein **Erfüllungsanspruch des Arbeitgebers,** der sich auf die Erfüllung der **Hauptleistungspflicht** des Arbeitnehmers richtet, ist Klausurgegenstand vor allem in Gestalt der Frage, ob der Arbeitnehmer einer Weisung des Arbeitgebers nachkommen muss. Ein Beispiel ist unten **Fall 4,** in welchem es um eine Anweisung der Stadtwerke Bochum an einen Kontrollschaffner geht, seine tägliche Arbeit (Hauptleistung, § 611 I BGB) künftig am Betriebshof zu beginnen und zu beenden. Ein Anspruch des Arbeitgebers auf Erfüllung einer **Nebenleistungspflicht** ist Gegenstand von **Fall 5,** der die Frage behandelt, ob ein Busfahrer seinem Arbeitgeber einen Teil der Ausbildungskosten erstatten muss.

14 cc) Während sich die vertraglichen Primäransprüche (Erfüllungsansprüche) aus dem Arbeitsvertrag ergeben, ohne dass weitere Umstände hinzutreten müssen, folgen die **Sekundäransprüche** aus der Störung von Primärpflichten. Bei Leistungsstörungen im Arbeitsverhältnis treten die sekundären Pflichten an die Stelle der gestörten Primärpflichten (z. B. Schadensersatz wegen Nichterfüllung) oder neben die gestörten Primärpflichten (z. B. Ersatz des Verzugsschadens).[10] **Schadensersatzansprüche** sind die wichtigsten Sekundäransprüche im Arbeitsverhältnis. Sie sind Gegenstand von **Fall 6,** in welchem ein Arbeitnehmer seinem Arbeitgeber einen Sachschaden und einem Arbeitskollegen einen Personenschaden zugefügt hat.

c) Arten von Wirksamkeitsklausuren

15 aa) Die **Wirksamkeit einer Kündigung** ist die wichtigste Fragestellung des Arbeitsrechts. Nach der Statistik geht zwar die Mehrheit der Kündigungen von der Arbeitnehmerseite aus,[11] bei den Arbeitsgerichten und in Prüfungsfällen spielt jedoch fast nur die vom Arbeitgeber erklärte Kündigung (**Arbeitgeberkündigung**) eine Rolle. Dieser Befund entspricht der Schutztendenz des Arbeitsrechts als Arbeitnehmerschutzrecht. Sie findet ihre wichtigste Ausprägung im Kündigungsschutzgesetz, das nur auf die Arbeitgeberkündigung anzuwenden ist (§ 1 I KSchG). Auch der Sonderkündigungsschutz (z. B. §§ 85 SGB IX, 9 I 1 MuSchG, 15 I KSchG) gilt naturgemäß nur bei Arbeitgeberkündigungen.

---

[9] Umfangreiche Typologie bei *Wank,* Übungen, S. 5–7.

[10] Die Einteilung in Haupt- und Nebenpflichten hat mit der Unterscheidung von Primär- und Sekundärpflichten nichts zu tun. Eine Primärpflicht kann, wie gezeigt, Haupt- oder Nebenpflicht sein.

[11] Zahlen und Nachweise bei *Junker,* Gutachten B zum 65. Deutschen Juristentag (2004), S. B 48.

bb) Zuerst ist stets zu klären, um welche **Art der Kündigung** es sich handelt: Eine **16**
Kündigung kann als ordentliche oder außerordentliche, als Beendigungs- oder Änderungskündigung erklärt werden.[12] Wer eine arbeitsrechtliche Klausur schreibt,
sollte diese Varianten, ihre Rechtsgrundlagen und ihre spezifischen Rechtsprobleme
kennen. In dieser Sammlung haben drei Fälle ihren **Schwerpunkt im Kündigungsrecht: Fall 1** handelt von einer verhaltensbedingten ordentlichen Kündigung, **Fall 7**
hat seinen Schwerpunkt im Recht der betriebsbedingten ordentlichen Kündigung,
und in **Fall 8** geht es um das Verhältnis einer ordentlichen zu einer außerordentlichen Kündigung.

cc) Im **Individualarbeitsrecht** lassen sich dem Typus „Wirksamkeitsklausur" auch **17**
Fallgestaltungen zuordnen, in denen es um die Wirksamkeit einer Befristung[13] oder –
wie in **Fall 9** – eines Aufhebungsvertrags geht. Allgemein gehören zum Typus „Wirksamkeitsklausur" alle Aufgaben, in denen nicht Ansprüche aus dem Arbeitsverhältnis
den Obersatz des Gutachtens bilden, sondern der Bestand (oder Nichtbestand) eines
Arbeitsverhältnisses. Im **Kollektivarbeitsrecht** geht es ebenfalls nicht nur um Ansprüche (Rechte) zwischen den Beteiligten (Arbeitgeberverband, Arbeitgeber, Gewerkschaft, Betriebsrat), sondern auch um die Frage nach der Wirksamkeit eines
Tarifvertrags oder einer Betriebsvereinbarung, sodass es auch hier den Typus „Wirksamkeitsklausur" gibt.

3. Besonderheiten des kollektiven Arbeitsrechts

Das kollektive Arbeitsrecht spielt häufig als Teil- oder Vorfrage in Fällen mit ansons- **18**
ten individual-arbeitsrechtlichem Schwerpunkt eine Rolle. **Beispiele** sind tarifliche
Regelungen als Grenze des Weisungsrechts (unten **Fall 4**) oder die Beteiligung des
Betriebsrats bei Kündigungen (unten **Fall 7**). Die Prüfungsordnungen tragen den
Verknüpfungen der beiden Teilmaterien meist dadurch Rechnung, dass die „Bezüge" des Kollektivarbeitsrechts zum individuellen Arbeitsrecht einen Bestandteil
des Pflichtfachstoffs bilden.

Inwieweit eine Prüfungsaufgabe ihren **Schwerpunkt im kollektiven Arbeitsrecht** **19**
haben kann, hängt von dem gewählten Studiengang und der zugehörigen Prüfungsordnung ab. Im Folgenden sollen nur die wichtigsten Aufgabentypen mit
Schwerpunkt im Kollektivrecht erwähnt werden. Eine Sondermaterie ist das **Recht
der Koalitionen** (Art. 9 III GG), das wegen seiner starken verfassungs- und vereins-
rechtlichen Komponenten nicht häufig Gegenstand arbeitsrechtlicher Prüfungsfälle
ist.[14] Ähnliches gilt wegen seiner gesellschaftsrechtlichen Bezüge für das **Recht der
Unternehmensmitbestimmung.**

a) Tarifvertragsrecht

Wenn das Tarifvertragsrecht ein Schwerpunkt der Aufgabe sein soll, gibt es ein breites **20**
Spektrum möglicher Aufgabentypen. „Klassiker" sind Klausuren, die das Verhältnis
des Tarifvertrags zu höher- oder niederrangigen Gestaltungsfaktoren des Arbeitsverhältnisses behandeln („Rechtsquellenfragen"). Dazu gehören die verfassungsrechtli-

---

[12] Übersicht: *Junker,* Grundkurs, Rn. 320–322; *Hromadka/Maschmann* I, § 10 Rn. 37–41.
[13] Siehe z.B. *Preis,* Klausurenkurs, S. 370 ff. (Fall 22); *Reichold,* JuS 2004, 318; *Tillmanns,* S. 102 ff.
  (Examensklausur zur Befristung eines Arbeitsvertrags).
[14] Siehe aber *Heckelmann/Franzen,* S. 239 ff. (Fall 18).

chen Grenzen der Tarifautonomie (das Verhältnis des Tarifvertragsgesetzes zum **Grundgesetz**), das Verhältnis zu Abreden im **Arbeitsvertrag** (Günstigkeitsprinzip, § 4 III TVG) und in einem weiteren Sinne – da stark betriebsverfassungsrechtlich determiniert – das Verhältnis zur **Betriebsvereinbarung** (§§ 77 III, 87 I BetrVG). Drei weitere „klausurträchtige" Bereiche sind die Weitergeltung und Nachwirkung von Tarifverträgen (§§ 3 III, 4 V TVG), die Probleme der Tarifkonkurrenz und Tarifpluralität sowie die Gültigkeit von Effektiv- oder Spannenklauseln.[15] Insgesamt ist jedoch, wenn „Tarifvertragsrecht" als Klausurgegenstand angesagt wird, die Problematik wenig berechenbar.

b) Arbeitskampfrecht

21 Wenn das Arbeitskampfrecht im Zentrum der Fallproblematik steht, spielt häufig die **Rechtmäßigkeit eines Arbeitskampfs** – meist eines Streiks oder einer Aussperrung – eine Rolle. Es lohnt sich daher, die Anforderungen der Rechtsprechung an die Rechtmäßigkeit von Arbeitskämpfen zu lernen.[16] Wenn es in der Klausur nicht um Streik oder Aussperrung geht, sondern um **andersartige Kampfmittel** (z.B. Betriebsbesetzungen, „Flash Mob"-Aktionen), ist auch auf den Streit zwischen Rechtsprechung und Literatur einzugehen, ob es einen numerus clausus erlaubter Kampfmittel gibt.[17] Im Übrigen behandeln Klausuraufgaben mit Schwerpunkt im Arbeitskampfrecht häufig die **Folgen für Drittbetroffene** (Betriebsstilllegung, Arbeitskampfrisikolehre).[18]

c) Betriebsverfassungsrecht

22 Bildet das Betriebsverfassungsrecht den Schwerpunkt – oder sogar den alleinigen Gegenstand – einer Aufgabe, geht es meist um Voraussetzungen oder Grenzen der **Mitwirkungsrechte des Betriebsrats.** Die Fragen der **Organisation der Betriebsverfassung** sind seltener Klausurgegenstand.[19] In der Vorbereitung auf eine betriebsverfassungsrechtliche Klausur sollten daher die spezifischen Probleme der drei „Säulen" der Betriebsratsbeteiligung – soziale, personelle und wirtschaftliche Angelegenheiten – systematisch erarbeitet werden. Innerhalb dieser drei Säulen sind die „weichen" Beteiligungsrechte (Unterrichtung, Anhörung, Beratung) in einer Arbeit weniger klausurrelevant als die „harten" Beteiligungsrechte (Widerspruch, Zustimmungsverweigerung, Mitbestimmung i. e. S.). Eine Ausnahme von dieser Regel bildet die Anhörung bei Kündigungen (§ 102 I BetrVG). In dieser Fallsammlung behandelt **Fall 10** das Problem, ob die Voraussetzungen für Mitbestimmungsrechte des Betriebsrats nach § 87 I Nrn. 1, 6 BetrVG erfüllt sind. **Fall 11** hat die Beteiligungsrechte nach §§ 99 ff. BetrVG zum Gegenstand. In **Fall 12** geht es um die Grenzen der Regelungsbefugnis der Betriebsparteien bei der Aufstellung von Sozialplänen (§ 112 I 2 BetrVG).

II. Technik arbeitsrechtlicher Fallbearbeitung

23 Die Lösung konkreter Rechtsfragen, die aus einem vorgegebenen Sachverhalt resultieren, ist die typische Prüfungsaufgabe des Jurastudiums (Rn. 1). Sie verlangt formale Fertigkeiten: Die Beherrschung einiger „handwerklicher" Regeln, der sog.

---

[15] Siehe z. B. *Heckelmann/Franzen,* S. 254 ff. (Fall 19).
[16] *Junker,* Grundkurs, Rn. 602–621. Klausurbeispiel: *Heckelmann/Franzen,* S. 270 ff. (Fall 20).
[17] Siehe *Otto,* Arbeitskampf- und Schlichtungsrecht (2006), § 4 Rn. 25, 26.
[18] Klausurbeispiel: *Heckelmann/Franzen,* S. 301 ff. (Fall 22).
[19] Siehe aber *Heckelmann/Franzen,* S. 179 ff. (Fall 14).

Technik der Fallbearbeitung, stellt ein wichtiges Hilfsmittel dar, um ein Gutachten zu verfassen, das wissenschaftlichen Ansprüchen genügt. Da die **Klausur** den Hauptfall der Prüfungsaufgabe bildet, steht bei den folgenden Hinweisen die Beherrschung der „Klausurentechnik" im Vordergrund. Die meisten der folgenden Hilfestellungen gelten aber auch für arbeitsrechtliche **Hausarbeiten,** Studienarbeiten oder andere Aufgaben, in denen die Lösung eines Rechtsfalls verlangt wird.

Eine Klausur ist die Herausforderung, innerhalb eines knapp bemessenen Zeit- 24 raums – und i.d.R. nur mit dem Gesetzestext als Hilfsmittel – Fachwissen so zu präsentieren, dass möglichst alle im Sachverhalt angesprochenen Rechtsprobleme mit überzeugender Argumentation vertretbar gelöst werden. Die Bewältigung dieser Aufgabe vollzieht sich in **drei Phasen:** dem Erfassen von Sachverhalt und Frage (dazu 1), dem Erstellen eines Lösungskonzepts (dazu 2) und der Niederschrift des Gutachtens (dazu 3). Die ersten beiden Phasen bilden gemeinsam die **gedankliche Vorarbeit;** sie ist ebenso wichtig wie die **Niederschrift des Gutachtens,** die als Lösung des Falles abzugeben ist.[20]

1. Erfassen von Sachverhalt und Frage

Eine Klausur besteht aus der Schilderung eines **Sachverhalts** und der daran an- 25 knüpfenden, möglicherweise verdeckten Fragestellung **(Fallfrage).** Das richtige und vollständige Erfassen von Sachverhalt und Fallfrage bildet das Fundament der Lösung: Die Lösung kann nicht richtig sein, wenn bereits der Sachverhalt falsch aufgefasst oder mangelhaft ausgewertet wurde. Ein wichtiger Ratschlag lautet daher, den Klausurfall sorgfältig und unvoreingenommen zu lesen, um nicht wichtige Aspekte zu übersehen („Kurzschluss") oder im Rechtsgutachten die Fakten zu verbiegen („Sachverhaltsquetsche").

a) Erfassung des Sachverhalts

Am Anfang steht die Lektüre des Sachverhalts. Statt von „Sachverhalt" sprechen 26 manche auch von „Tatbestand". Die Begriffe sind aber streng zu unterscheiden. Der **Sachverhalt** ist ein in der (Klausur-)Aufgabe geschilderter, der Rechtswirklichkeit (meist einer Gerichtsentscheidung) entnommener oder erfundener Lebensvorgang („Lebenssachverhalt"). Der Begriff **Tatbestand** hat eine doppelte Bedeutung: Im juristischen **Studium** bezeichnet er die Summe der Voraussetzungen einer Rechtsnorm (der „Tatbestandsmerkmale"), an die das Eintreten einer Rechtsfolge geknüpft ist.[21] Im arbeitsgerichtlichen **Prozess** bezeichnet „Tatbestand" denjenigen Teil des Urteils, der Ansprüche, Angriffs- und Verteidigungsmittel darstellt (§ 46 II 1 ArbGG i.V.m. § 313 I Nr. 5, II ZPO).[22] Beide Wortbedeutungen von „Tatbestand" meinen etwas anderes als den Sachverhalt einer Prüfungsaufgabe. „Sachverhalt" und „Tatbestand" dürfen daher nicht verwechselt werden.

Der Bearbeiter muss sich **genau, objektiv und lebensnah** mit dem Sachverhalt 27 auseinandersetzen. Dass die „Arbeit am Sachverhalt" oft misslingt, hat vor allem **drei Ursachen:**

---

[20] *Möllers,* Arbeitstechnik, Rn. 99; *Tillmanns,* S. 1 f. (Hinweise zur Form).

[21] Beispiel: „Geht ein Betrieb oder Betriebsteil durch Rechtsgeschäft auf einen anderen Inhaber über, ..." (§ 613 a I 1 BGB).

[22] Weitere Urteilsbestandteile sind der „Urteilskopf" (Rubrum), die Urteilsformel (Tenor) und die Entscheidungsgründe (Einzelheiten in § 313 I ZPO).

28 aa) **Psychische Belastung:** Die erste Ursache liegt in der psychischen Belastung durch die Prüfungssituation. Sie ist gekennzeichnet durch Zeitdruck, nervliche Anspannung und Angst vor Misserfolg. Daraus resultiert das Bestreben, sich möglichst bald der rechtlichen Würdigung des Sachverhalts (der „Arbeit mit dem Gesetz") und der Niederschrift des Gutachtens zuzuwenden, um etwas vorweisen zu können und dadurch den psychischen Druck abzubauen. Die in einem solchen „Schnellschuss" liegenden Gefahren werden potenziert, wenn im Sachverhalt Elemente vorkommen, die dem Bearbeiter aus anderen Fällen geläufig sind. Die verständliche Neigung, diese Sachverhaltselemente als „alte Bekannte" zu begrüßen und sogleich mit der rechtlichen Prüfung zu beginnen, verstellt den unbefangenen Blick auf den konkreten Fall und seine spezifische Interessenlage.[23]

29 bb) **Mangelnde Erfahrung:** Die zweite Ursache für das Misslingen der Sachverhaltsauswertung ist mangelnde Erfahrung. Erst wenn durch Übung eine gewisse Routine im Klausurenschreiben erworben wurde, lässt sich mit **verschiedenen Sachverhaltstypen** umgehen. Es gibt zwei Idealtypen: Bei dem einen Typus beschränkt sich der Sachverhalt – ähnlich wie die Architektur im Bauhaus-Stil – unter Verzicht auf schmückendes Beiwerk auf das absolut Notwendige. Ein solcher **komprimierter Sachverhalt,** der oft nur wenige Zeilen umfasst, hat den Nachteil, nicht sehr anschaulich zu sein („blutleer"). Auf der anderen Seite kann man davon ausgehen, dass es auf jedes Wort ankommt.

30 Bei dem anderen Typus wird ein Lebensvorgang umfassend geschildert, sodass sich der Bearbeiter leicht in die Situation hineinversetzen kann. Die Kehrseite des **ausführlichen Sachverhalts** besteht darin, dass er auch Umstände mitteilt, auf die es für die Lösung nicht ankommt. Bei Aufgaben dieses Typs ist das Erhebliche vom Unerheblichen zu trennen. Manche Aufgabensteller kultivieren diesen Aufgabentyp, indem sie einen **barocken Sachverhaltsstil** pflegen, wobei sie ihrer Lust am Fabulieren freien Lauf lassen oder sich an bekannten literarischen Vorbildern orientieren.[24]

31 Das Bestreben **dieser Fallsammlung** geht dahin, durch die Fälle einen Eindruck vom Arbeitsleben zu vermitteln, ohne durch Anekdoten oder erheiternde Personennamen („Anwaltskanzlei Penunse & Scheffler") von der Lösung ablenken zu wollen. Die Sachverhalte sind einerseits nicht in dem Maße redundant, dass der rechtliche Kern mühsam herausgefiltert werden müsste. Andererseits ist aber auch nicht jedes Detail lösungsrelevant. So hat es in **Fall 6** keine Bedeutung, dass sich auf den Paletten, die der Auszubildende ins Lager befördern möchte, „verpackte, vormontierte Fahrräder" befinden. In einem komprimierten Sachverhalt wäre einfach nur von „Ware" die Rede.

32 Vom Stil des Aufgabenstellers hängt es auch ab, ob und in welchem Umfang der Sachverhalt **Rechtsansichten der Beteiligten** referiert. So ist es in **Fall 4,** wo der Arbeitnehmer am Ende des Sachverhalts die Meinung äußert, die Arbeitgeberin habe ihm eine vertragliche Zusage gegeben, jedenfalls aber sei eine Bindung auf Grund langjähriger Praxis eingetreten. Mitgeteilte Rechtsauffassungen der Parteien sind keinesfalls als richtig zu unterstellen; eher spricht eine Vermutung dafür, dass – wenn nur eine Partei mit ihrer Rechtsansicht „zu Wort kommt" – die mitgeteilte

---

[23] Siehe zur Gefahr des „voreiligen Wiedererkennens" *Möllers,* Arbeitstechnik, Rn. 97.
[24] Siehe z. B. *Martinek,* Grundlagen-Fälle zum BGB – Die Wilhelm-Busch-Fälle (2000).

Rechtsmeinung nicht zutrifft. Mitgeteilte Rechtsansichten sind nicht weniger, aber auch nicht mehr als **Hilfestellungen,** die der Aufgabensteller dem Bearbeiter gibt: Sie sollen zur Auseinandersetzung mit nahe liegenden Argumenten anregen, dürfen aber auch nicht überbewertet werden; selten erschöpft sich die Lösung des Falls in der Auseinandersetzung mit einer referierten Rechtsansicht.[25]

In einer Rechtsansicht, die der Aufgabensteller einer Partei in den Mund legt, können **33** auch **Tatsachen** enthalten sein: „K meint, das Kündigungsschreiben sei ihm nicht rechtzeitig zugegangen, da es am 31.5. nach 16 Uhr in den Hausbriefkasten gesteckt wurde."[26] Ferner kann die mitgeteilte Rechtsmeinung einer Partei eine **Willenserklärung** einschließen: „B hält dem K entgegen, er mache seine Forderung aber reichlich spät geltend." In dieser Äußerung kann unter Umständen die Erhebung der Verjährungseinrede liegen.[27]

cc) **Unangebrachte Spekulation:** Die dritte Ursache für Defizite in der Sachver- **34** haltsauswertung ist ein gelegentlich vorkommender Hang zur Spekulation. Der Sachverhalt ist so hinzunehmen, wie er abgedruckt ist. Der Bearbeiter sollte sich daher nicht den Kopf darüber zerbrechen, ob eine Sachverhaltsangabe lebensnah und vernünftig ist. Auch wenn er die Angabe für wenig wahrscheinlich oder gar für völlig lebensfremd hält, hat er sie als wahr zu unterstellen: Teilt der Sachverhalt mit, ein Fahrkartenkontrolleur steige jeden Morgen in Hagen in die Straßenbahn (vgl. **Fall 4),** nutzt dem Bearbeiter die Kenntnis nichts, dass in dieser Stadt seit 40 Jahren keine Straßenbahnen mehr verkehren. Er sollte sich deshalb mit dieser Erwägung nicht aufhalten (und auch besser nicht den Aufgabensteller kritisieren), sondern den offenbar zu Prüfungszwecken ausgedachten Fall lösen.

Eine Ausnahme von der Regel, dass der Sachverhalt ohne weiteres hinzunehmen ist, **35** bilden **offensichtliche Unrichtigkeiten,** insbesondere offenkundige Schreibfehler (etwa bei den Parteien: „K" statt „B") oder ersichtlich falsche Zeitangaben („3012" statt „2012"). Hier gilt es, nicht als Buchstabenjurist aufzutrumpfen, sondern die Großzügigkeit walten zu lassen, die auch vom Prüfer erwartet wird. Vermisst der Bearbeiter tatsächliche Angaben, die seiner Ansicht nach für die Lösung erforderlich sind **(unvollständiger Sachverhalt),** so ist der Sachverhalt „lebensnah" zu ergänzen.[28] Im Übrigen ist davon auszugehen, dass das nicht mitgeteilte Sachverhaltselement keine Probleme aufwirft. Dem Fall darf nicht durch Unterstellungen eine andere Richtung gegeben werden. Das zeigt sich in folgenden Fällen: (1) Heißt es im Sachverhalt ohne weitere Zusätze oder Erläuterungen, der Arbeitgeber habe die Kündigung „erklärt", ist davon auszugehen, dass die Schriftform nach § 623 BGB eingehalten wurde. – (2) Ist in einem Kündigungssachverhalt nirgends von einem Betriebsrat die Rede, muss unterstellt werden, dass kein Betriebsrat vorhanden ist (und folglich § 102 BetrVG keine Rolle spielt). – (3) Beschäftigt ein Autobusbetrieb laut Sachverhalt „regelmäßig mehr als zehn Arbeitnehmer" **(Fall 5),** so ist nicht darüber zu spekulieren, ob es sich vielleicht um Teilzeitbeschäftigte handeln

---

[25] *Hanau/Kramer,* JuS 1994, 575 (576).
[26] *LAG Köln* 17.9.2010 – 4 AZR 721/10, NZA-RR 2011, 180: Ein Kündigungsschreiben, das nach 16.00 Uhr in den Hausbriefkasten eingeworfen wird, geht nicht mehr am Tag des Einwurfs zu.
[27] MünchKommBGB/*Grothe,* § 214 Rn. 4: Für die konkludente Äußerung einer Verjährungseinrede kann es u.U. genügen, dass der Schuldner auf den langen Zeitraum seit der Entstehung der Forderung hinweist.
[28] *Hanau/Kramer,* JuS 1994, 575 (576).

könnte, sodass der Schwellenwert des § 23 I 3 KSchG unter Umständen nicht überschritten wäre (§ 23 I 4 KSchG).

36 Von den mitgeteilten Rechtsansichten der Beteiligten (Rn. 32) sind **rechtliche Wertungen im Sachverhalt** zu unterscheiden. Von ihrer Richtigkeit muss der Bearbeiter ausgehen: Heißt es im Aufgabentext: „Der Betriebsrat wurde ordnungsgemäß angehört", so ist es überflüssig, die Voraussetzungen des § 102 BetrVG aufzuzählen; schon gar nicht darf darüber spekuliert werden, ob der Betriebsrat wirklich ordnungsgemäß angehört wurde. Verbindlich ist auch der im Sachverhalt verwendete **juristische Fachausdruck** (z. B. „grobe Fahrlässigkeit"): Heißt es im Sachverhalt lapidar „Der Arbeitnehmer beschädigte bei einem grob fahrlässigen Überholmanöver das dem Arbeitgeber gehörende Fahrzeug", so ist von der Verschuldensform „grobe Fahrlässigkeit" auszugehen.[29]

b) Herausarbeiten der Fragestellung

37 Beide Elemente der Klausuraufgabe – der Sachverhalt und die Fallfrage – bestimmen den Rahmen der Prüfung. Ebenso wichtig wie das zutreffende Verständnis des Sachverhalts ist daher die korrekte **Erfassung der Fallfrage:** Ein Klausurfall dient nicht dazu, auf möglichst breiter Basis arbeitsrechtliches Wissen zu präsentieren. Vielmehr wird verlangt, in Form eines Rechtsgutachtens, das den Leser ohne Umwege über die Rechtslage informiert, eine Entscheidung vorzubereiten.[30] Auch wenn der Verfasser andere vom Sachverhalt aufgeworfene Rechtsfragen für interessanter hält, darf er nur die ihm gestellten Fallfragen beantworten. Alle darüber hinausgehenden Erörterungen sind überflüssig und damit falsch.[31] Prüfungsaufgaben lassen sich danach unterscheiden, ob eine gezielte Fallfrage gestellt wird (dazu aa) oder nicht (dazu bb); bei einer Mehrheit von Fallfragen stellt sich das Problem der Reihenfolge der Bearbeitung (dazu cc).

38 aa) **Aufgabenstellung mit einer gezielten Fallfrage:** Das Erfassen der Fragestellung kann ganz einfach sein, weil der Aufgabentext mit einer gezielten Frage endet. So heißt es am Ende von **Fall 2:** „K fragt, ob er einen Anspruch auf Zahlung des Februargehalts hat." In dieser Frage fehlt nur die Nennung des Anspruchsgegners, der sich aber unschwer aus dem Sachverhalt ergibt (Land Brandenburg). In Bezug auf diese Frage muss der Bearbeiter den Sachverhalt auswerten und die Lösungsskizze entwerfen. Am Ende des Gutachtens ist genau diese Frage – und nur diese Frage – zu beantworten. Ob K – was nach dem Sachverhalt naheliegt – das Gehalt für den 31. Januar zurückzahlen muss, ist in **Fall 2** nicht gefragt und darf daher auch nicht beantwortet werden.

39 Eine gezielte (konkrete) Frage ist auch die häufig gestellte Frage „Wie wird das Arbeitsgericht entscheiden?" Bei dieser Frage bestimmt der **Streitgegenstand** des arbeitsgerichtlichen Verfahrens den Prüfungsumfang des Gutachtens. Der Streitgegenstand im zivilprozessualen Sinne wird begrenzt durch den **Antrag an das Gericht** (z. B. in **Fall 1:** „... festzustellen, dass das Arbeitsverhältnis zwischen K und

---

[29] Siehe zur rechtlichen Bedeutung dieser Verschuldensform *Junker,* Grundkurs, Rn. 301–306.

[30] Eine solche „Entscheidung" muss nicht der Spruch eines Gerichts sein, sondern kann z. B. auch in dem Entschluss eines Rechtsanwalts bestehen, seinem Mandanten einen bestimmten Rat zu geben, oder in dem Entschluss eines Personalleiters, die Kündigung eines Arbeitnehmers auszusprechen.

[31] *Möllers,* Arbeitstechnik, Rn. 96.

B nicht durch die Kündigung der B vom 14. Februar aufgelöst worden ist") und den **Lebensvorgang,** wie er sich aus dem mitgeteilten Sachverhalt ergibt. In allen Fällen, in denen nach dem Erfolg einer Klage gefragt ist, muss als Ergebnis am Ende des Gutachtens – jedenfalls sinngemäß – der Entscheidungstenor i.S.d. § 313 I Nr. 4 ZPO stehen (z.B.: „Das Arbeitsgericht wird die Klage abweisen", „Das Arbeitsgericht wird den B verurteilen, …" oder „Das Arbeitsgericht wird durch Urteil feststellen, …").

bb) **Auslegungsbedürftige Aufgabenstellung:** Ausweislich der veröffentlichten **40** Fallsammlungen[32] kommt es in arbeitsrechtlichen Aufgaben selten vor, dass am Ende **keine gezielte Frage** formuliert ist. Auch in diesen Ausnahmefällen ergibt sich aus der Formulierung des Sachverhalts meist, dass es dem Aufgabensteller nicht um die Klärung aller irgendwie bedeutsamen Rechtsbeziehungen zwischen den Beteiligten geht. Vielmehr lassen sich auch bei gänzlich fehlender oder nur allgemein formulierter Fragestellung („K fragt nach seinen Ansprüchen"; oder: „Es ist ein Gutachten für den Arbeitgeberverband zu erstellen") aus dem Sachverhalt konkrete Fallfragen ableiten. Ist nach den Ansprüchen des K gegen B gefragt, so können Gegenansprüche des B unter dem Gesichtspunkt der Aufrechnung oder eines Zurückbehaltungsrechts (§§ 273, 320 BGB) zu erörtern sein.[33]

„Wie ist die Rechtslage?" – diese Formel kann, je nach ihrer Einbettung in den **41** Aufgabentext, schon auf den ersten Blick eine gezielte (konkrete) Frage sein. **Beispiel:** „Rechtsanwalt S erhob für K am 12. 4. 2012 Klage vor dem Arbeitsgericht mit dem Antrag auf Feststellung, dass das Arbeitsverhältnis fortbestehe. Wie ist die Rechtslage?" Hier geht es dem Aufgabensteller erkennbar darum, dass die Erfolgsaussichten der Klage vom 12. 4. 2012 begutachtet werden; er hätte genauso gut fragen können: „Wie wird das Arbeitsgericht entscheiden?" Selbst wenn die **Frage nach der Rechtslage** unvermittelt den Aufgabentext beschließt, ergeben sich aus dem Sachverhalt i.d.R. Hinweise, welche konkreten Fragen untersucht werden sollen. Dann sind solche Hinweise zu beachten; die Lösung des Falls ist nicht in eine Richtung zu entwickeln, an die der Aufgabensteller ersichtlich nicht gedacht hat.

cc) **Reihenfolge bei Mehrheit von Fallfragen:** Wenn in der Aufgabe mehrere Fra- **42** gen gestellt werden, spricht eine (widerlegliche) Vermutung dafür, dass sich der Aufgabensteller bei der Reihenfolge der Fragen etwas gedacht hat. Es ist deshalb meist sinnvoll, die Reihenfolge der gestellten Fragen einzuhalten.[34] **Beispiele** sind in dieser Fallsammlung der **Fall 4** (Aufgabe aus dem individuellen Arbeitsrecht mit betriebsverfassungsrechtlicher Zusatzfrage), der **Fall 6** (Frage zur Arbeitnehmerhaftung und weitere Frage zur Kollegenhaftung) und der **Fall 7** (Wirksamkeit einer Kündigung und Folgen eines Betriebsübergangs).

Zwingend vorgegeben ist die Reihenfolge, wenn die zweite Frage ausdrücklich als **43** **Abwandlung (Fall 5)** oder als **Zusatzfrage** gekennzeichnet ist **(Fall 10).** Auch in **Fall 6** ist die zweite Frage eine Zusatzfrage zur ersten. Bei der Bearbeitung einer

---

[32] Z.B. *Heckelmann/Franzen,* Fälle zum Arbeitsrecht; *Jacobs/Krois; Oetker,* Individualarbeitsrecht; *ders.,* Koll. Arbeitsrecht; *Preis,* Klausurenkurs; *Tillmanns,* Klausurenkurs.
[33] Beispiel: *Junker,* Grundkurs, Rn. 249–252.
[34] *Hanau/Kramer,* JuS 1994, 575 (576).

Fallabwandlung (oder einer Zusatzfrage) sind bei der Niederschrift des Gutachtens Überschneidungen mit den Ausführungen zum Ausgangsfall (zur Hauptfrage) möglichst zu vermeiden. Es werden nur die Gliederungspunkte des Hauptgutachtens angesprochen, bei denen sich Änderungen ergeben. Entsprechendes gilt, wenn ein und dieselbe Rechtsfrage im Hinblick auf mehrere Personen zu beantworten ist. Es spricht keine Vermutung dafür, dass bei einer Fallabwandlung ein anderes Ergebnis herauskommen muss als im Ausgangsfall, wohl aber dafür, dass sich zumindest Änderungen in der Begründung (Argumentation) ergeben.[35]

c) Zeittabelle und Graphik als Hilfsmittel

44 In komplexeren Fällen ist die bildliche Darstellung (Graphik) der Rechtsbeziehungen zwischen den beteiligten Personen und/oder eine Zeittabelle mit den wichtigsten Daten und Ereignissen ein unentbehrliches Hilfsmittel der Sachverhaltserfassung. Eine **Graphik** ist in Fällen mit mehr als zwei Beteiligten nicht nur sinnvoll, wenn es um Rechtsbeziehungen (Ansprüche) zwischen diesen Beteiligten geht („Personenskizze"), sondern auch, wenn sich die rechtlichen Erwägungen aus einem komplexen Gesamtgeschehen ergeben. Eine **Zeittabelle** – eine chronologische Zusammenstellung aller Ereignisse, die als rechtserheblich in Betracht kommen – ist erforderlich, wenn der Sachverhalt eine größere Zahl von Daten oder mehrere historisch zu trennende Handlungsstränge enthält. **Beispiele** von Zeittabellen finden sich unten in den Vorüberlegungen zu den **Fällen 2, 5 und 8.**

2. Erstellen eines Lösungskonzepts

45 Nachdem der Sachverhalt erfasst, die Fragestellung geklärt und – in komplexeren Fällen – eine Graphik und/oder eine Zeittabelle angefertigt ist, muss in der zweiten Phase der Fallbearbeitung ein Lösungskonzept entwickelt werden: Die Fallprobleme sind zu erarbeiten, die einschlägigen Rechtsnormen zu finden, und es ist – als „belastbare" Grundlage der Niederschrift – eine Lösungsskizze zu erstellen. Die Arbeit am Sachverhalt ist in dieser Phase nicht abgeschlossen. Vielmehr wechselt der Blick zwischen dem Sachverhalt und dem Gesetz („Pendelblick"), um mit Hilfe dieser beiden Elemente und vorhandener Rechtskenntnisse den Sachverhalt auszuwerten und die Lösungsskizze mit Inhalt zu füllen.[36]

a) Erarbeiten der Fallprobleme

46 Der Aufgabensteller hat den Sachverhalt auf ein oder mehrere Rechtsprobleme zugeschnitten; das Erkennen dieser Schwerpunkte ist letztlich die **Frucht solider Rechtskenntnisse** des Bearbeiters: „Nur auf dem Boden harter Arbeit bereitet sich normalerweise der Einfall vor." *(Max Weber).* Keine noch so gute methodische Anleitung zur Lösung arbeitsrechtlicher Fälle kann diese Rechtskenntnisse ersetzen. Es gibt allerdings zwei Hilfsmittel, die das Erkennen der Fallprobleme erleichtern:

47 aa) **Spontane Problemerfassung:** Zum einen sollte der Bearbeiter – nach der Methode des „brainstorming" – bereits bei der Erfassung des Sachverhalts alles, was ihm an juristischen Gesichtspunkten in den Sinn kommt, auf einem **Merkzettel** notieren.

---

[35] *Möllers,* Arbeitstechnik, Rn. 102.
[36] Vgl. *Möllers,* Arbeitstechnik, Rn. 103.

Während der Erstellung des Lösungskonzepts wird eine Merkblattnotiz durchgestrichen, sobald der Einfall in der Lösungsskizze verarbeitet oder als unbrauchbar verworfen worden ist. Auf diese Weise lässt sich schon optisch ein Überblick über den Stand der Überlegungen erzielen. Das Merkblatt muss vor dem Beginn der Niederschrift noch einmal darauf kontrolliert werden, ob Aspekte des Falles übersehen wurden.

bb) **Nutzen verdeckter Hinweise:** Zum anderen gibt der Aufgabensteller durch **48** **Fallvarianten** (Abwandlungen) oder **Zusatzfragen** Hinweise auf Rechtsprobleme oder Lösungsgesichtspunkte: Wird z.B. gefragt, wie die Rechtslage sich ändert, wenn der Arbeitgeber Kenntnis von einer bestimmten Tatsache hatte, ist es nahe liegend, dass es an irgendeiner Stelle der Lösung auf diese Kenntnis ankommt. In **Fall 5** lautet die zweite Frage: „Besteht ein Anspruch der K, wenn B von sich aus zum 1. 7. gekündigt hat, um eine Stelle als Verkäufer anzutreten?" Da im Ausgangsfall nicht der Arbeitnehmer (B), sondern die Arbeitgeberin (K) die Kündigung erklärt hatte, wird es zumindest bei der Argumentation – wenn nicht sogar für das Ergebnis – auf diesen Unterschied ankommen.

b) Rechtsnormen als Ausgangspunkt

Die eigentliche Lösung des Falles beginnt mit der systematischen Suche nach den **49** entscheidungserheblichen Rechtsnormen. Auch im Arbeitsrecht gilt, dass jede juristische Prüfung **von der Rechtsfolge ausgehen** muss.[37] Wurde der Sachverhalt erfasst und die Fragestellung herausgearbeitet, müssen die Normen gefunden werden, die geeignet sind, die Fallfrage im Ergebnis – von der Rechtsfolge her – positiv zu beantworten („Antwortnormen"). Wenn im Sachverhalt nach einer **konkreten Rechtsfolge** gefragt wird (z.B.: „Kann der Polizeiangestellte Horst Krause vom Land Brandenburg die Zahlung des Gehalts für den Monat Februar 2012 verlangen?"), muss ein Rechtssatz gefunden werden, der die korrespondierende **abstrakte Rechtsfolge** enthält. Ein solcher Rechtssatz (eine solche Norm) kann z.B. § 611 I BGB sein („Durch den Dienstvertrag wird ... der andere Teil zur Gewährung der vereinbarten Vergütung verpflichtet").

Im Arbeitsrecht ist der Begriff der Rechtsnorm (**Antwortnorm**) weit gefasst und **50** nicht auf geschriebenes Gesetzesrecht beschränkt. Die Antwortnorm kann sich vielmehr aus der gesamten **Normenpyramide** ergeben[38] (z.B. aus einem Tarifvertrag oder einer Betriebsvereinbarung). Sie kann nicht nur im **Gesetzesrecht,** sondern in **ungeschriebenen Rechtssätzen** enthalten sein: Ist nach der Rechtmäßigkeit eines bestimmten Arbeitskampfs gefragt, ergibt sich die Antwort nicht aus geschriebenen Normen, sondern aus ungeschriebenen Rechtssätzen, die das BAG aus Art. 9 III GG entwickelt hat. Die Suche nach einer Antwortnorm fällt unterschiedlich aus, je nachdem, ob es sich um eine Anspruchsklausur handelt, oder um eine sonstige Klausur, insbesondere eine Wirksamkeitsklausur (s. zu dieser Unterscheidung Rn. 7–10):

aa) **Anspruchsklausur:** Bei diesem Klausurtyp kann die gesuchte Norm nur eine **51** **Anspruchsgrundlage** (Rn. 9) sein. Sie muss an der Spitze der Lösung stehen; all-

---

[37] *Hanau/Kramer,* JuS 1994, 575 (576); *Wank,* Übungen, S. 4.
[38] Wiedergegeben in: *Junker,* Grundkurs, Rn. 63 (Übersicht 1.3).

gemeine Vorüberlegungen methodischer oder sonstiger Art sind fehl am Platz.[39] Entsprechend der Aufgabe des Gutachtens, eine Entscheidung vorzubereiten, darf sich die Lösung nicht mit einer einzigen Anspruchsgrundlage begnügen, wenn noch **weitere Anspruchsgrundlagen** nahe liegen, auch wenn sie letztlich den Anspruch nicht stützen.

52 Die weitere Gliederung folgt den **Voraussetzungen** jeder einzelnen Anspruchs- grundlage. Vieles lässt sich unmittelbar aus dem Wortlaut des Gesetzes und der Systematik der Vorschriften entnehmen, z.B. die Anspruchsgrundlagen für „Lohn ohne Arbeit" (dazu die **Übersicht 3,** Fall 2 Rn. 3), aus denen sich detailliert der Prüfungsgang ableiten lässt. Allerdings hat es mit der Anspruchsnorm meist nicht sein Bewenden: Tatbestandliche Voraussetzungen werden durch **Hilfsnormen** kon- kretisiert oder ergänzt, und der Eintritt der Rechtsfolge kann durch **Gegennormen** (Einwendungen und Einreden) gehindert sein.[40]

53 bb) **Wirksamkeitsklausur:** Auch bei dem zweiten Grundtypus der arbeitsrechtli- chen Klausur haben Vorbemerkungen jeder Art („Rechtsnatur der Kündigung", „Begriff des Streiks") im Rechtsgutachten keinen Platz. Der Einstieg in die Lösung und die nachfolgende Gliederung sind zwar schwieriger als bei der Anspruchsklau- sur, da der „feste Halt" einer Anspruchsgrundlage fehlt. Aber auch bei der Wirk- samkeitsklausur ergibt sich die Prüfungsreihenfolge meist aus sachlogischen Erwä- gungen: Wird die Begründetheit einer **Kündigungsschutzklage** untersucht, sind nach der Nennung der fraglichen konkreten Rechtsfolge (z. B.: „Die Klage ist begrün- det, wenn die Kündigung vom 15. 5. 2011 unwirksam ist") die einschlägigen Wirk- samkeitsvoraussetzungen und Unwirksamkeitsgründe „abzuarbeiten". Dafür gibt es bewährte Aufbauschemata (z.B. **Übersicht 2,** Fall 1 Rn. 6).

54 cc) **Normzitate:** Unabhängig vom Klausurtypus ist auf die **genaue Zitierweise** nicht nur bei Anspruchs- und Unwirksamkeitsnormen, sondern bei allen herange- zogenen Rechtsnormen zu achten. Z.B. regelt selbst eine so übersichtliche Vor- schrift wie § 613 BGB in ihren beiden Sätzen höchst unterschiedliche Fälle. Es för- dert gleichermaßen die gedankliche Disziplin des Autors und das Verständnis des Lesers, wenn „§ 613 **Satz 1** BGB" zitiert wird, soweit die persönliche Dienstleis- tungspflicht gemeint ist, und „§ 613 **Satz 2** BGB", wenn auf den persönlichen Dienstleistungsanspruch Bezug genommen wird. Ergeben **mehrere Rechtsnormen** erst in ihrem Zusammenwirken eine Rechtsfolge, gilt das Gebot der **vollständigen Zitierung.** Beispielsweise erzeugt § 4 Satz 1 KSchG erst „i.V.m. § 7 KSchG" Rechtsfolgen, oder es ergibt sich ein Anspruch aus „Ziffer 3.1 des Sozialplans vom 20. 11. 2011 i.V.m. §§ 112 I 3, 77 IV 1 BetrVG".

c) Gliederung der Arbeit (Lösungsskizze)

55 „Der Wert einer Klausur bestimmt sich in hohem Maße nach der Klarheit ihrer Gliederung. Der Leser will auf schnellstem Wege, d.h. mit dem geringsten Zeitauf- wand, über die Rechtslage informiert werden. Dazu ist es erforderlich, dass der Bearbeiter seine Gedankenbewegungen exakt aufeinander abstimmt. Ziffern und Buchstaben sind kein Ersatz für eine durchsichtige Ordnung der zur Lösung führen-

---

[39] *Wank,* Übungen, S. 4.
[40] Siehe dazu *Wank,* Übungen, S. 123, 124.

den Einfälle."[41] Am **Ende der zweiten Phase** der Fallbearbeitung muss daher eine mit Substanz angereicherte („belastbare") **Arbeitsgliederung** in Form einer Lösungsskizze stehen, deren Güte über die Qualität des ausformulierten Gutachtens entscheidet.

aa) **Stringenz der Gedankenführung:** Die Lösungsskizze ist keine bloße „Gedankenstütze", sondern enthält – vergleichbar dem Drehbuch eines Films oder dem Bauplan eines Gebäudes – die **Konzeption des Gutachtens.** Ebenso wie das Drehbuch seinen Zweck erfüllt hat, wenn der Film abgedreht ist, geht auch die Lösungsskizze (Arbeitsgliederung) in der Niederschrift des Gutachtens auf. Der Klausur wird – anders als der Hausarbeit – keine Gliederung vorangestellt, und in der Niederschrift ist jede Bemerkung zum Aufbau überflüssig. Wenn sich in der Klausur ein **Aufbauhinweis** findet, wurde entweder die folgerichtige Lösung verfehlt oder ein ungeschickter Aufbau gewählt, weil die Lösungsskizze nicht hinreichend durchdacht war. **56**

Entspricht die Benotung einer Klausur nicht den Erwartungen, kann die Ursache in Mängeln der **gedanklichen Disziplin** liegen, die sich in logischen Brüchen der Arbeitsgliederung niederschlagen („planloses Arbeiten"): Oft erfährt der Leser über Seiten nicht, welche Frage der Autor eigentlich untersucht. Dem Adressaten muss jedoch an allen Punkten des Gutachtens klar werden, „warum der Bearbeiter gerade an dieser Stelle diese Betrachtungen anstellt."[42] Es hilft nichts, wenn der Bearbeiter bei der Klausurbesprechung lamentiert, er habe doch diesen oder jenen Aspekt „angesprochen": Gefragt sind nicht Gedankensplitter, sondern eine stringente Gliederung und ein transparenter Gedankengang (s. auch Rn. 71). **57**

bb) **Umgang mit Aufbauschemata:** Bei der Erstellung der Lösungsskizze zeigt sich, wie gut der Bearbeiter mit Aufbauschemata (Lösungsschemata) umzugehen weiß. Schematische Zusammenstellungen juristischer Gesichtspunkte finden sich für das Arbeitsrecht in großer Zahl[43] (siehe z. B. **Übersicht 1, Fall 1 Rn. 4:** Zulässigkeitsprüfung im Urteilsverfahren). Solche Schemata sind hilfreich, soweit sie die Struktur von Rechtsgebieten aufdecken und dazu beitragen, dass die wesentlichen Lösungsgesichtspunkte zu erkennen sind. Jedoch können sie Unerfahrene dazu verleiten, durch **Schematismus** – „gedankenlose Nachahmung eines Schemas"[44] – die zur Verfügung stehende Arbeitszeit (und die Geduld des Lesers) zu erschöpfen. Die Qualität einer Bearbeitung liegt jedoch auch darin, dass sie – vor allem durch Weglassungen – vom Schema abweicht, getreu dem Motto des westfälischen Dramatikers *Christian Dietrich Grabbe:* „Was gestrichen ist, kann nicht mehr durchfallen!" **58**

cc) **Denken in Gegensätzen:** Beim Erstellen der Arbeitsgliederung zeigt sich ferner, ob das Denken in Gegensätzen (Antithesen) beherrscht wird. Das Regel-Ausnahme-Schema („Denken in Zwar-Aber-Sätzen") kann sich im konkreten Fall z. B. so darstellen: „Die Kündigungserklärung ist zwar zugegangen (§ 130 I BGB), aber es fehlt an der erforderlichen Schriftform (§ 623 i. V. m. §§ 125, 126 I BGB). Die Berufung auf den Formmangel ist nach Treu und Glauben ausgeschlossen (§ 242 BGB); allerdings bestehen Zweifel an der Vertretungsmacht des Erklärenden gem. § 167 I 1 BGB (und so weiter)." **59**

---

[41] *Diederichsen/Wagner,* Die BGB-Klausur, 9. Aufl. (1998), S. 98.
[42] *Lüke/Bähr,* JuS 1964, 117 (119).
[43] Siehe z. B. die Übersichten bei *Junker,* Grundkurs, oder die Aufbauschemata bei *Wank,* Übungen.
[44] *Ridder/Schmidt,* JuS 1966, 237 (240).

60 Ein solches Denken in **These und Antithese** („Satz und Gegensatz") durchzieht den gesamten Fallaufbau: Während einige Normen die Fallfrage bejahen, stehen andere, ebenfalls anwendbare Normen der Bejahung der Fallfrage entgegen. Besonders deutlich wird dieses Prinzip, einen Gedankenaufbau zu errichten und wieder einzureißen, in **Fall 2** (Rn. 32–35): Grundsätzlich wirkt die Anfechtung auf den Zeitpunkt des Vertragsschlusses zurück (§ 142 I BGB); von diesem Grundsatz macht die Lehre vom fehlerhaften Arbeitsverhältnis eine Ausnahme, von der wiederum – unter Rückkehr zu § 142 I BGB – auf Grund rechtspolitischer Erwägungen eine (Unter-) Ausnahme besteht.

61 dd) **Abschließende Ergebniskontrolle:** Vor der Niederschrift des Gutachtens ist anhand der Lösungsskizze eine Ergebniskontrolle vorzunehmen („Überprüfung des Lösungsplans"): Vor der Niederschrift des Gutachtens wird der Gedankengang rekapituliert und in Form einer Plausibilitätskontrolle geprüft, ob das Ergebnis schlüssig und das Gesamtkonzept stimmig erscheint. Auch sollte der Bearbeiter den Sachverhalt noch einmal Wort für Wort durchgehen, um sich zu vergewissern, ob er jeden entscheidungserheblichen Umstand berücksichtigt hat. Wenn durch eine Weichenstellung bei einer Einzelfrage ganze Sachverhaltspassagen für die rechtliche Würdigung ausfallen (die Bearbeitung sich also buchstäblich auf einem „toten Gleis" befindet), muss diese Weichenstellung sorgfältig überprüft werden.

3. Niederschrift des Gutachtens

62 Mit der Niederschrift des Gutachtens – der dritten Phase der Fallbearbeitung – sollte nicht zu früh, aber auch nicht zu spät angefangen werden. Wird **zu früh begonnen,** besteht die Gefahr, dass rechtserhebliche Gesichtspunkte erst beim Schreiben auffallen, was die Qualität der Darlegungen i.d.R. nicht fördert: Wird erst am Ende der Ausarbeitung erkannt, dass § 14 IIa TzBfG einem Jungunternehmer sachgrundlose Befristungen gestattet, sind die bereits niedergeschriebenen Ausführungen zum Befristungsgrund (§ 14 I TzBfG) gegenstandslos.[45] Wenn mit der Niederschrift hingegen **zu spät begonnen** wird, tritt gegen Ende der Bearbeitung oftmals Zeitnot ein: Es können nur noch Stichworte zu Papier gebracht werden, was i.d.R. einen Punktabzug zur Folge hat, da ein ausformuliertes Gutachten verlangt wird. Als Faustregel gilt, dass etwa die **Hälfte der vorgegebenen Zeit** für die Niederschrift verbleiben sollte. Dabei sind – ergänzend zu den bisherigen Hinweisen – folgende Regeln zu beachten:

a) Bildung von Schwerpunkten

63 Ein wichtiges Kriterium für die Qualität eines Rechtsgutachtens – und damit auch für die Benotung – ist eine **richtige Schwerpunktbildung.** Dieser Satz wird zwar im Prinzip allgemein anerkannt,[46] im konkreten Fall liegen jedoch die Meinungen, welche Schwerpunktsetzung „richtig" ist, zwischen Klausurbearbeiter und Prüfer (und bisweilen auch zwischen zwei Prüfern) oft weit auseinander. Es gibt kaum ein Thema, über das in Klausurbesprechungen intensiver diskutiert wird als über die Frage der angemessenen Schwerpunktbildung (einschließlich der Frage, ob die Erwähnung bestimmter Vorschriften notwendig ist).

---

[45] *Junker,* Grundkurs, Rn. 436.
[46] Siehe z.B. *Hanau/Kramer,* JuS 1994, 575 (579).

Der Grund für solche Auseinandersetzungen liegt darin, dass ein Rechtsfall keine **64** Mathematikaufgabe ist, für die es den „einen" richtigen Lösungsweg gibt. Die Benotung eines Rechtsgutachtens enthält vielmehr ein **subjektives Bewertungselement:** Der Prüfer hat einen Beurteilungsspielraum, der sich insbesondere bei der Frage nach der „richtigen" Schwerpunktbildung auswirkt.[47] Die Schwerpunktsetzung wird daher bei juristischen Fallbearbeitungen immer ein Diskussionsgegenstand sein. Es gibt aber drei Grundregeln:

aa) **Notwendigkeitsmaxime:** Die erste Grundregel besagt, dass die Niederschrift **65** des Gutachtens nur Ausführungen enthalten darf, die für eine Antwort auf die Fallfrage zwingend erforderlich sind.[48] Kommt es auf eine Vorschrift oder auf eine rechtliche Streitfrage im konkreten Fall nicht an, muss der verständliche Wunsch, vorhandene Rechtskenntnisse in das Gutachten einzubringen, hinter dem Notwendigkeitsprinzip zurückstehen. In **Hausarbeiten** wird gegen dieses Prinzip verstoßen, wenn der Bearbeiter nicht den Mut hat, Streitstände – die er sich mit Hilfe von Rechtsprechung und Literatur vielleicht mühsam erarbeitet hat – wegzulassen, weil sie sich im Verlauf der Bearbeitung als irrelevant erweisen. Ausführungen ohne **Fallbezug** bringen jedoch keine Zusatzpunkte, sondern einen Punktabzug, oft verbunden mit der Randbemerkung, es gehe nicht darum, ein Lehrbuch zu schreiben.[49]

Das Notwendigkeitsprinzip wird durch das Gebot der **Aussonderung nicht pas-** **66** **sender Rechtsnormen** ergänzt: Zwar sind Anspruchsgrundlagen und Unwirksamkeitsnormen, die von der Rechtsfolge her passen, grundsätzlich auch dann zu prüfen, wenn die Voraussetzungen (die Tatbestandsmerkmale) nicht vorliegen (Prinzip der Vollständigkeit der Anspruchsgrundlagen). Von diesem Grundsatz gibt es aber eine Ausnahme, wenn der Tatbestand einer Norm offensichtlich („erkennbar") nicht erfüllt ist. Der Tatbestand einer Norm ist offensichtlich nicht erfüllt, wenn ein zentrales Tatbestandsmerkmal mit einem Satz, der dem verständigen Prüfer auf den ersten Blick einleuchtet, verneint werden kann. Der bisweilen gegebene Rat „Die Vorschrift ansprechen und mit einem Satz ablehnen" ist verfehlt, weil er gegen die Notwendigkeitsmaxime verstößt.

Gegen das Gebot der Aussonderung nicht passender Rechtsnormen wird auch ver- **67** stoßen, wenn **Lösungsschemata** gedankenlos angewendet werden (s. bereits Rn. 58): (1) Es ist überflüssig (und damit falsch), auf den **Sonderkündigungs-** **schutz** nach § 85 SGB IX (Schwerbehinderte), § 9 I 1 MuSchG (Mutterschutz) oder § 15 I KSchG (Mitglieder des Betriebsrats)[50] einzugehen, wenn es im Sachverhalt für Schwerbehinderung, Mutterschaft oder betriebsverfassungsrechtliche Ämter keine Anhaltspunkte gibt. – (2) Bei der Bearbeitung von **Fall 6 (Arbeitnehmerhaf-** **tung)** sind neben § 280 I BGB und § 823 I BGB die Anspruchsgrundlagen des § 826 BGB (Vorsätzliche sittenwidrige Schädigung) und des § 823 II i.V.m. § 303 StGB (Vorsätzliche Sachbeschädigung) nicht zu erwähnen, da dem Sachverhalt ohne weiteres zu entnehmen ist, dass der Arbeitnehmer hinsichtlich des Schadenseintritts keinen Vorsatz hatte.

---

[47] Siehe *Niehues/Fischer,* Prüfungsrecht, 5. Aufl. (2010).
[48] *Lüke/Bähr,* JuS 1964, 117 (119).
[49] *Hanau/Kramer,* JuS 1994, 575 (579).
[50] Übersicht bei *Junker,* Grundkurs, Rn. 349.

68 bb) **Wesentlichkeitsprinzip:** Die zweite Grundregel lautet: Eine gelungene Klausur ist dadurch gekennzeichnet, dass nicht alle Normen mit gleichem Aufwand geprüft werden, sondern das **Schwergewicht der Erörterung** auf den als wesentlich erkannten Fallproblemen liegt.[51] Die vertiefte Auseinandersetzung mit den zentralen Problemen führt oft auch dann zu einer guten Benotung, wenn die Bearbeitung in anderen Teilen unvollständig ist. Die Qualität der Bearbeitung zeigt sich darin, dass der Bearbeiter das Wesentliche vom Unwesentlichen unterscheidet. Wie die sachlichen Schwerpunkte **in arbeitsrechtlichen Fällen** zu setzen sind, soll die vorliegende Fallsammlung demonstrieren. Wenn der Leser die einzelnen Fälle durcharbeitet, gewinnt er einen Eindruck von einer angemessenen Schwerpunktsetzung in den einzelnen Teilgebieten des Arbeitsrechts.

69 Auf **drei häufige Fehler** der Schwerpunktsetzung im Arbeitsrecht ist besonders hinzuweisen: (1) Die Prüfung der **Zulässigkeit** gerät insbesondere bei Kündigungsschutzklagen oft zu umfangreich, weil das entsprechende Schema detailgetreu abgearbeitet wird. Wenn nicht ausnahmsweise – wie unten in **Fall 1** (Rn. 10–14) – bei der Zulässigkeit besondere Probleme bestehen, kann sich der Bearbeiter in der Zulässigkeitsprüfung kurz fassen. – (2) Die **Arbeitnehmereigenschaft** ist nur in wenigen arbeitsrechtlichen Fällen zu problematisieren (ein Beispiel ist wiederum **Fall 1**). Meist liegt sie nach dem Sachverhalt offensichtlich vor (Beispiel: „Die Reinigungskraft Andrea Steinwachs …“), sodass eine kurze Feststellung genügt. – (3) Auch das **Zustandekommen des Arbeitsverhältnisses** – der Vertragsschluss – ist in arbeitsrechtlichen Klausuren meistens kein Problem. Wenn im Sachverhalt davon die Rede ist, dass ein Arbeitsvertrag geschlossen wurde, sollte die Bearbeitung sich nicht mit Ausführungen über das Zustandekommen eines Vertrags durch Angebot und Annahme aufhalten.

70 cc) **Argumentationshöhe:** Ausschlaggebend für die Qualität der Bearbeitung – so lautet die dritte Grundregel – ist weniger das Ergebnis als vielmehr die Begründung, d.h. die Qualität der Argumentation.[52] Grundkenntnisse der juristischen Methodenlehre sind unabdingbare Voraussetzung gelungener Fallbearbeitung. Es geht darum, die juristischen **Sachargumente** zu kennen (z.B. Schutzzweck der Norm, Umgehungsargument, Praktikabilität), die **Argumentationsfehler** zu vermeiden (z.B. Petitio principii, falsche Prämissen, innere Widersprüche) sowie die Methoden der **Auslegung von Gesetzen** und der **Auslegung von Rechtsgeschäften** (Willenserklärungen und Verträgen) zu beherrschen.

71 Eine Ursache schlechter Klausurbewertungen liegt nicht nur in konkreten Argumentationsfehlern, sondern in fehlender **Nachvollziehbarkeit der Argumentation** insgesamt (Mängel der Gedankenführung, s. bereits Rn. 57). Exempel aus einer Klausur zu § 111 BetrVG: Der Leser stößt unvermittelt auf den Satz „Über die Rechtsnatur einer Betriebsstilllegung im Arbeitskampf herrscht Streit" (gefolgt von umfangreichen Ausführungen), ohne dass ihm klar wird, warum er all das an dieser Stelle wissen muss. Um dem Leser solche Frustrationen zu ersparen, muss der Verfasser sich zwingen, für seine Ausführungen stets den **Anknüpfungspunkt** („Aufhänger") zu finden, die richtigen Zusammenhänge herzustellen und den Leser –

---

[51] *Hanau/Kramer,* JuS 1994, 575 (579) bemerken, „dass zu viel Zeit auf allgemeine Rechtserörterungen und zu wenig Zeit für die Lösung des konkreten Falles verwandt wird."

[52] Siehe zur Technik der juristischen Argumentation *Möllers,* Arbeitstechnik, Rn. 168–212.

entsprechend dem Notwendigkeitsprinzip (Rn. 65) – durch die Argumentation zu führen.[53]

b) Gutachtenstil und Urteilsstil

In manchen Anleitungen heißt es, die arbeitsrechtliche Fallbearbeitung müsse 72 „durchgängig im Gutachtenstil" erfolgen. Das ist nicht richtig: Ein zentrales Problem jeder Fallbearbeitung liegt vielmehr in der Frage, welche Untersuchungsgegenstände knapp im **Urteilsstil** abgehandelt werden können, und wo der wesentlich aufwändigere **Gutachtenstil** am Platz ist. Wer die Fälle dieser Sammlung durcharbeitet, wird feststellen, dass mehr Prüfungspunkte im Urteilsstil als im Gutachtenstil erörtert werden. Würde jede Rechtsfrage, die in den Fällen dieser Sammlung auftritt, im Gutachtenstil abgehandelt, sprengte der Umfang dieses Buches jeden Rahmen. Warum das so ist, zeigt ein Vergleich von Gutachten- und Urteilsstil:

aa) **Gutachtenstil:** Die Gutachtenmethode gibt der gesamten Bearbeitung den 73 Rahmen. Sie wird bei den wichtigsten Prüfungsschritten angewendet. Während der Richter in seinem Urteil ein bereits gefundenes Ergebnis, das den Ausführungen voransteht, anschließend im Einzelnen begründet, muss der Verfasser eines Gutachtens den Leser schrittweise zu dem Ergebnis hinführen. Dieses Vorgehen – der Gutachtenstil – funktioniert, wie der Ottomotor beim Automobil, in vier Takten:

(1) **Hypothese:** Es wird eine Hypothese aufgestellt, die ein Ergebnis, das die Gut- 74 achtenfrage beantwortet, als möglich hinstellt **(konkrete Rechtsfolge).** Diese Hypothese muss so formuliert sein, dass sie der (abstrakten) Rechtsfolge einer Gesetzesbestimmung inhaltlich entspricht (s. bereits Rn. 49). **Beispiel:** „Der Polizeiangestellte Horst Krause könnte gegen das Land Brandenburg einen Anspruch auf Zahlung des Gehalts für den Monat Februar 2012 haben."

(2) **Rechtsnorm:** Im zweiten „Takt" wird die Rechtsnorm herangezogen, welche die 75 **abstrakte Rechtsfolge** enthält, die der gesuchten konkreten Rechtsfolge entspricht. Zugleich wird ein Untersuchungsprogramm formuliert, das die Voraussetzungen (Tatbestandsmerkmale) der Rechtsnorm nennt, unter die der Sachverhalt subsumiert werden muss. **Beispiel:** „Anspruchsgrundlage kann § 611 I BGB sein. Dann müssten die Parteien einen Dienstvertrag geschlossen haben."

(3) **Subsumtion:** Im dritten „Takt" erfolgt die Subsumtion des Sachverhalts unter 76 die Tatbestandsmerkmale der Rechtsnorm: Der Sachverhalt wird zu der Rechtsnorm in Bezug gesetzt. Die Subsumtion könnte im **Beispiel** – je nach Sachverhalt – lauten: „Horst Krause und der Polizeipräsident von Potsdam, handelnd im Namen und mit Vertretungsmacht des Landes Brandenburg (§ 164 I 1 BGB), haben am 31. 8. 2010 ein mit ‚Dienstvertrag' überschriebenes Dokument unterzeichnet."

(4) **Ergebnis:** Als Antwort auf die im ersten „Takt" aufgestellte Hypothese wird im 77 vierten und letzten „Takt" das Ergebnis formuliert. Es kann im **Beispiel** lauten: „Also hat Horst Krause gegen das Land Brandenburg einen Anspruch auf Zahlung des Gehalts für den Monat Februar 2012." Wie beim Hubkolbenmotor, der im Viertaktverfahren arbeitet, gehen die Viertaktzyklen weiter, bis der „Gutachtenmotor" abgestellt wird (weil alle Fragen beantwortet sind).

---

[53] Eingehend *Diederichsen/Wagner*, Die BGB-Klausur, 9. Aufl. (1998), S. 133–138.

78 Ein Thema für sich ist die **korrekte Subsumtion,** also (um im Bild des Viertaktmotors zu bleiben) der „dritte Takt". Bei diesem Vorgang, bei dem ein Element des Sachverhalts dem Tatbestandsmerkmal einer Rechtsnorm zugeordnet werden muss, handelt es sich um eine Denkfigur der Logik, den sog. **syllogistischen Schluss.** **Beispiel:** (a) Tarifgebunden sind die Mitglieder der Tarifvertragsparteien (Obersatz; Prämisse). – (b) Horst Krause ist Mitglied einer Tarifvertragspartei (Untersatz; Subsumtion). – (c) Also ist Horst Krause tarifgebunden (Schlusssatz; Conclusio). **Drei Grundregeln** sind zu beachten: (1) Die Subsumtion setzt klare Begriffe voraus; sie folgt daher stets der Auslegung der Rechtsnorm (und nicht umgekehrt). – (2) Die Subsumtion bezieht sich immer nur auf ein einzelnes Tatbestandsmerkmal (z. B. „Mitglied" in § 3 I TVG), nicht auf den gesamten Tatbestand (z. B. des § 3 I TVG).[54] – (3) Der Bearbeiter darf auf keinen Fall, anstatt zu subsumieren, in Beispielsbildungen ausweichen.[55]

79 Das „Viertakt-Verfahren" des Gutachtenstils ist sehr aufwändig, sodass nur die **wesentlichen Probleme des Falles** in der Denkform des Gutachtens behandelt werden können. Das weniger Bedeutsame oder einfach zu Beurteilende kann im Urteilsstil abgehandelt werden. Im **Beispiel** (Rn. 74–77) wurde die Gutachtenmethode nur für die Fallfrage, nicht aber für die Teilfrage nach der wirksamen Vertretung des Landes Brandenburg durch den Polizeipräsidenten verwendet; diese Teilfrage wurde vielmehr im Urteilsstil abgehandelt. Würde man den Gutachtenstil konsequent durchführen, wären innerhalb des **Gesamt-Gutachtens** zahlreiche **Einzel-Gutachten** erforderlich. Solche Einzel-Gutachten können aber schon aus Zeit- und Raumgründen (von der Ermüdung des Lesers ganz zu schweigen) nur für **wesentliche Teilfragen** eingefügt werden. Sie sind damit zugleich ein Element der Schwerpunktbildung.

80 bb) **Urteilsstil:** Die Urteilsmethode vollzieht sich in seiner Reinform in drei Schritten: (1) Das **Ergebnis** wird mitgeteilt („Horst Krause kann vom Land Brandenburg die Zahlung des Gehalts für den Monat Februar 2012 verlangen"). – (2) Dann wird die **Rechtsnorm** genannt, aus der das Ergebnis folgt („Denn er hat einen Anspruch aus § 611 I BGB"). – (3) Danach erfolgt die **Subsumtion** des Sachverhalts unter die Tatbestandsmerkmale der Rechtsnorm („Horst Krause und das Land Brandenburg haben … einen Dienstvertrag geschlossen …"). Stilistisch ist die Urteilsmethode dadurch gekennzeichnet, dass eine Begründung ausdrücklich oder sinngemäß mit einem „denn" oder „weil" („da") eingeleitet wird. Soweit der Urteilsstil in einem Rechtsgutachten geboten ist, ist die Verwendung dieser Worte völlig legitim.[56]

81 Im Urteilsstil werden die nicht wesentlichen, sondern **unwesentlichen Fragen** abgehandelt. Das kann in knapper Form geschehen. Daher erscheint die Urteilsmethode in einem Gutachten selten in ihrer Reinform, sondern meist in einer **verkürzten Form:** Entweder werden nur das Ergebnis und die Rechtsnorm mitgeteilt (**Beispiel:** „Das Arbeitsgericht ist nach § 2 I Nr. 3 lit. a ArbGG zuständig"), oder es

---

[54] So wurde im vorstehenden Beispiel nur unter „Mitglied", nicht aber unter „Tarifvertragspartei" subsumiert.

[55] Wenn zum Beispiel (!) gefragt ist, ob die Mithilfe einer Studentin in der Buchhandlung ihrer Tante als Arbeitsverhältnis oder als Gefälligkeit zu qualifizieren ist, ersetzt die Bildung weiterer Beispiele nicht die Subsumtion des Sachverhalts unter das (Arbeits-) Vertragsmerkmal „Rechtsbindungswille".

[56] Der Rat, in einem Gutachten möglichst nicht „denn", „weil" oder „da" zu schreiben, ist deshalb in seiner Allgemeinheit verfehlt.

wird noch ein kurzes Begründungs- und/oder Subsumtionselement hinzugefügt. **Beispiele:** „Das Arbeitsgericht ist nach § 2 I Nr. 3 lit. a ArbGG sachlich zuständig, da es um eine bürgerliche Rechtsstreitigkeit aus dem Arbeitsverhältnis geht" (Begründungselement). Oder: „Das Arbeitsgericht ist nach § 2 I Nr. 3 lit. a ArbGG sachlich zuständig, weil der angestellte Streifenpolizist Horst Krause von seinem Arbeitgeber, dem Land Brandenburg, die Zahlung des Februargehalts verlangt" (Subsumtionselement).

cc) Zur Abfassung des Gutachtens sind drei ergänzende Hinweise geboten: (1) Gerade **82** weil der Gutachtenstil aufwändig ist und die Antwort auf die Frage unter Umständen erst nach vielen Seiten mitgeteilt wird, ist der Leser für **Zwischenergebnisse und Zusammenfassungen** dankbar. Die Bildung von „Zwischenergebnissen" darf allerdings nicht übertrieben werden, weil der Leser sich sonst geistig unterfordert und in seiner Auffassungsgabe unterschätzt fühlen könnte. – (2) Bei **Mehrfachprüfungen (Beispiel:** Unterlassungsansprüche des Arbeitgebers gegen mehrere Betriebsratsmitglieder) müssen Überschneidungen – soweit möglich – vermieden werden, um das Gutachten zu straffen. Soweit hinsichtlich der einzelnen Anspruchsgegner keine Unterschiede bestehen, brauchen die Ansprüche nur einmal geprüft zu werden. – (3) Inwieweit ein **Hilfsgutachten** erforderlich ist, lässt sich nicht in eine allgemein gültige Regel fassen. Wenn jedoch allein wegen einer prozessrechtlichen Weichenstellung wesentliche Teile einer Aufgabenstellung nicht ausgeschöpft werden, wird meist ein Hilfsgutachten nötig sein (s. die Vorüberlegungen zu **Fall 1**).

c) Bedeutung von äußerer und innerer Form

Die **äußere Gestalt** der Fallbearbeitung hat eine oft unterschätzte Bedeutung: „Wer **83** mag schon unter eine saubere Arbeit, bei deren Abfassung sich der Bearbeiter offensichtlich Mühe gemacht hat, eine schlechte Note setzen? Bei der unordentlichen tut es einem nicht leid."[57] Ähnliches gilt für die **innere Form** der Arbeit, wobei insbesondere die Bedeutung der sprachlichen Klarheit für die Notengebung nicht hoch genug eingeschätzt werden kann. Auch wenn manche meinen, ein Gutachten müsse kein „sprachliches Kunstwerk" sein (warum eigentlich nicht?), ist ein verständlicher und stilistisch einwandfreier Ausdruck mit einer wirklichen Beherrschung der Sachprobleme untrennbar verbunden.

Die Sprache des Gutachtens wird ferner geprägt durch Objektivität und Sachlich- **84** keit. Emotionen („Der Arbeitgeber hat sich als Geizkragen erwiesen") und Übersteigerungen („Das Verhalten des K gegenüber seiner Kollegin spottet jeder Beschreibung") haben in einem Rechtsgutachten keinen Platz. Herabsetzungen („... auch wenn fraglich ist, ob ein Atomkraftwerksbetreiber überhaupt als ‚verständiger Arbeitgeber' angesehen werden kann ...") sind ebenso zu vermeiden wie schiefe („verunglückte") Bilder („... dieser Mangel wird überbrückt ...").

III. Zusammenfassung in Thesen

1. Die typische Prüfungsaufgabe besteht auch im Arbeitsrecht aus der Lösung kon- **85** kreter Rechtsfragen, die sich aus einem wirklichen oder erfundenen Sachverhalt ergeben. Es hilft, die Angst vor unbekannten Aufgabenstellungen abzubauen, wenn man weiß, dass es Grundmuster arbeitsrechtlicher Fälle gibt (Rn. 1, 2).

---

[57] *Diederichsen/Wagner,* Die BGB-Klausur, 9. Aufl. (1998), S. 121.

2. Es gibt drei bemerkenswerte Unterschiede zwischen Aufgabenstellungen auf dem Gebiet des Bürgerlichen Rechts und solchen auf dem Spezialgebiet des Arbeitsrechts. Der erste Unterschied liegt darin, dass auf dem Gebiet des Arbeitsrechts bereits im Studium (unterschieden von Referendariat und Praxis) wesentlich häufiger prozessrechtliche (verfahrensrechtliche) Erwägungen anzustellen sind als etwa in BGB-Übungen (Rn. 3–6).

3. Der zweite Unterschied besteht darin, dass in BGB-Klausuren in der großen Mehrzahl der Fälle zu prüfen ist, ob zwischen bestimmten Personen bestimmte Ansprüche bestehen („Anspruchsklausuren"). Im Arbeitsrecht ist dieser Klausurentyp weniger dominant, weil hier ebenso häufig nach dem Bestehen oder Nichtbestehen einer Rechtslage – insbesondere der Wirksamkeit einer Kündigung („Wirksamkeitsklausur") – gefragt wird (Rn. 7–17).

4. Der dritte Unterschied ergibt sich aus der Existenz des kollektiven Arbeitsrechts. Inwieweit eine Aufgabe ihren Schwerpunkt im Kollektivarbeitsrecht haben kann, ist von dem gewählten Studiengang und der zugehörigen Prüfungsordnung abhängig. Auch im kollektiven Arbeitsrecht gibt es bestimmte, typische Fallkonstellationen (Rn. 18–22).

5. Jurisprudenz ist die Verbindung aus einer spezifischen Denkweise (einer „Methode"), die man sich nur durch ständige Übung aneignen kann, und der Beherrschung einiger handwerklicher Regeln (der „Technik" der Fallbearbeitung), die erlernbar sind. Die Beherrschung dieser Regeln stellt ein wichtiges Hilfsmittel dar, um ein Gutachten zu verfassen, das wissenschaftlichen Ansprüchen genügt (Rn. 23).

6. Die Lösung eines Rechtsfalles vollzieht sich in drei Arbeitsschritten: dem Erfassen von Sachverhalt und Frage, dem Erstellen eines Lösungskonzepts und der Niederschrift des Gutachtens. Die Ersten beiden Schritte bilden gemeinsam die gedankliche Vorarbeit; sie ist ebenso wichtig wie die Niederschrift des Gutachtens, das als Falllösung abzugeben ist (Rn. 24).

7. Die genaue, objektive und vollständige Erfassung des Sachverhalts bildet das Fundament der Falllösung. Es gibt komprimierte Sachverhalte, bei denen es auf jedes Wort ankommt, und anschauliche Sachverhalte, bei denen auch Umstände mitgeteilt werden, die juristisch keine Bedeutung haben (Rn. 25–36).

8. Ebenso wichtig wie das zutreffende Verständnis des Sachverhalts ist die korrekte Erfassung der Fallfrage (oder der Fallfragen). Auch wenn der Bearbeiter andere vom Sachverhalt aufgeworfene Rechtsfragen für interessanter hält, darf er nur die ihm gestellten Fallfragen beantworten. Alle darüber hinausgehenden Erörterungen sind überflüssig und damit falsch (Rn. 37–43).

9. Die Technik der Fallbearbeitung verlangt auch die Kenntnis von Hilfsmitteln. In komplexeren Fällen ist die graphische Darstellung der Rechtsbeziehungen zwischen den beteiligten Personen (Personenskizze) und/oder eine Übersicht der wichtigsten Daten und Ereignisse (Zeittabelle) ein wichtiges Werkzeug der Sachverhaltserfassung (Rn. 44).

10. Das Erstellen eines Lösungskonzepts markiert die zweite Phase der Fallbearbeitung. Dabei handelt es sich um einen komplexen Prozess, der darin besteht, die Fallprobleme zu erarbeiten, die einschlägigen Rechtsnormen zu finden und – als „belastbare" Grundlage der Niederschrift – eine Lösungsskizze zu erstellen (Rn. 45–48).

11. Auch im Arbeitsrecht gilt, dass jede juristische Prüfung von der Rechtsfolge ausgehen muss. Hat der Bearbeiter den Sachverhalt erfasst und die Fragestellung herausgearbeitet, muss er eine oder mehrere Normen finden, die geeignet sind, die Fallfrage im Ergebnis – von der Rechtsfolge her – positiv zu beantworten (Rn. 49–54).

12. Der Wert einer Falllösung bestimmt sich in hohem Maße nach der Klarheit ihrer Gliederung. Am Ende der zweiten Phase der Fallbearbeitung muss daher eine mit Substanz angereicherte („belastbare") Arbeitsgliederung in Form einer Lösungsskizze stehen, deren Güte maßgeblich über die Qualität des ausformulierten Gutachtens entscheidet (Rn. 55–60).

13. Mit der Niederschrift des Gutachtens – der dritten Phase der Fallbearbeitung – sollte der Bearbeiter etwa nach der Hälfte der vorgegebenen Zeit beginnen. Beginnt er früher, besteht die Gefahr, dass er rechtserhebliche Gesichtspunkte erst beim Schreiben bemerkt; fängt er später an, fehlt möglicherweise die Zeit für die Formulierung der letzten Teile des Gutachtens (Rn. 62).

14. Ein zentrales Problem jeder Falllösung ist die Frage, wie die Schwerpunkte zu bilden sind, welche Untersuchungsgegenstände knapp im Urteilsstil abgehandelt werden können und wo die aufwändige Gutachtenmethode angewendet werden muss. Die Lösung dieses Problems ist nur teilweise erlernbar; vielmehr muss der Studierende sein Wissen und seine Erfahrung einbringen (Rn. 63–82).

15. Eine Rolle für die Bewertung spielt auch die äußere Form der Bearbeitung und die sprachliche Klarheit. Der Student muss in der Lage sein, sich verständlich und stilistisch einwandfrei auszudrücken; die Sprache des Gutachtens ist geprägt von Objektivität und Sachlichkeit (Rn. 83, 84).

2. Teil. Fälle

Fall 1. Arbeitnehmereigenschaft

Nach *BAG* 19. 11. 1997 – 5 AZR 653/96, BAGE 87, 129 = AP Nr. 90 zu § 611 BGB Abhängigkeit = NZA 1998, 364

Weitere Themen: Zulässigkeitsprüfung im Urteilsverfahren – Rechtsweg zu den Arbeitsgerichten, § 2 I Nr. 3 lit. b ArbGG – Verhaltensbedingte Kündigung, § 1 I, II KSchG – Abmahnung

Zur Vertiefung: *Junker,* Grundkurs, § 2 I (Rn. 90–104)

Sachverhalt

Der gelernte Bäcker Heinz-Werner Kuntze (K) hat vor drei Jahren beim Gewerbe-amt der Stadt Düsseldorf ein Kleintransportgewerbe angemeldet und einen ge-brauchten VW-Transporter angeschafft. Die Baltimore Express Deutschland GmbH (B) ist die deutsche Tochtergesellschaft eines internationalen Transportkon-zerns. Sie hat ihre Verwaltung und ein Frachtdepot am Flughafen Düsseldorf. Es besteht kein Betriebsrat.

B hat mit K einen von ihr entworfenen Formularvertrag (im folgenden: „Vertrag") geschlossen, in welchem K als „Nahverkehrspartner" (im folgenden: „Partner") und „Frachtführer (§ 407 HGB)" bezeichnet wird. Das Fahrzeug des K hat B mit Folien beklebt, die das weltweit bekannte Firmenzeichen (Logo) der B zeigen. Insgesamt hat B etwa 40 Partner, die in einheitlicher, von B gestellter Firmenkleidung aufzu-treten haben. B kontrolliert das Erscheinungsbild der Fahrzeuge und hat nach dem Vertrag das Recht, die Beseitigung von Blech- und Lackschäden zu verlangen sowie die Einhaltung von Wartungs- und Pflegeplänen zu überprüfen.

Der Vertrag sieht vor, dass sich die Partner von Montag bis Freitag spätestens um 6.00 Uhr im Depot einfinden müssen. Dabei darf sich keine fremde Fracht im Fahrzeug befinden. Anhand von sog. Rollkarten nimmt jeder Partner die für ihn bestimmten Frachtstücke von einem umlaufenden Förderband. Sie müssen ent-sprechend den Rollkarten innerhalb bestimmter Zeitblöcke (bis 9.00 Uhr, bis 10.00 Uhr oder bis 12.00 Uhr) an die Empfänger ausgeliefert werden. Ferner erhal-ten die Partner entsprechend ihrer Route Abholaufträge, die ebenfalls terminiert sind. In der Zeit von 11.00 Uhr bis 17.00 Uhr müssen sie sich stündlich telefonisch im Depot melden, um weitere, von Kunden erteilte Abholaufträge entgegenzuneh-men. Versäumen sie die Abholung von Sendungen oder liefern sie Sendungen nicht oder nicht pünktlich aus, werden laut Vertrag bei Verschulden Vertragsstrafen von bis zu 40 € pro Sendung fällig.

Der Vertrag sieht weiter vor, dass ein Partner maximal 20 Tage pro Jahr bestimmen kann, an denen er nicht zur Annahme von Frachtaufträgen verpflichtet ist. Diese Tage sind im Einvernehmen mit B spätestens vier Wochen vorher festzulegen. Nach dem Vertrag ist der Partner nicht verpflichtet, sein Fahrzeug selbst zu fahren, sondern er kann auch andere Personen als Fahrer einsetzen. Von dieser Möglichkeit hat K, wie die meisten Partner, keinen Gebrauch gemacht. Dem Partner ist es verboten, während der Laufzeit des Vertrags Frachtaufträge für Kunden der B auf eigene Rechnung oder Rechnung Dritter durchzuführen oder Kunden der B an konkurrierende Unternehmen zu vermitteln. Jede Partei kann den Vertrag ohne Angabe von Gründen mit einer Frist von sechs Wochen zum Quartalsende kündigen.

Mit einem Schreiben, das dem K am 14. 2. zugestellt wurde, erklärte B die Kündigung des Nahverkehrspartner-Vertrags zum 31. 3. Unmittelbar vor Ausspruch der Kündigung hatte sich ein wichtiger Kunde der B beschwert, weil K eine 9.00 Uhr-Sendung mit Tagungsunterlagen erst am Nachmittag zugestellt hatte, sodass sie auf der Tagung nicht mehr verwendet werden konnten. K erklärte dazu, er habe die Rollkarte „im Stress" zunächst übersehen. Bereits im Dezember des Vorjahres hatte B dem K ein als „Abmahnung" bezeichnetes Schreiben überreicht. Darin wird K darauf hingewiesen, dass er mehrfach nicht um 6.00 Uhr, sondern ein bis zwei Stunden später im Depot erschienen sei und dadurch die pünktliche Auslieferung der Sendungen gefährdet habe; im Wiederholungsfall werde das Vertragsverhältnis beendet.

Mit einer am 7. 3. beim ArbG Düsseldorf eingegangen Klage beantragt K festzustellen, dass das Arbeitsverhältnis zwischen K und B nicht durch die Kündigung der B vom 14. 2. aufgelöst worden ist. Er ist der Meinung, er genieße als Arbeitnehmer Kündigungsschutz. B beantragt die Abweisung der Klage. Sie ist der Ansicht, das Arbeitsgericht sei nicht zuständig, da zwischen den Parteien kein Arbeitsverhältnis vorliege. Auch in der Sache sei der Antrag des K unbegründet. B trägt dazu ergänzend vor, dass K – was unstreitig ist – am 28. 2. einem Kunden der B erklärt habe, B sei ein „Saftladen" und der Kunde solle sich besser ein anderes Transportunternehmen suchen.

Wie wird das ArbG entscheiden?

Vorüberlegungen

1   Im Zentrum der Aufgabe steht die Frage, ob eine Kündigung wirksam ist (**Wirksamkeitsklausur,** s. Einl. Rn. 15–17). Da nach der Entscheidung des Arbeitsgerichts gefragt ist, wird die Lösung sinnvollerweise in die Abschnitte „Zulässigkeit der Klage" und „Begründetheit der Klage" untergliedert. Im Rahmen der **Zulässigkeitsprüfung** sollte der Bearbeiter erkennen, dass das Arbeitsgericht im Urteilsverfahren entscheidet (§§ 2 V, 46 ff. ArbGG), weil im vorliegenden Fall nur eine Zuständigkeit nach § 2 ArbGG in Betracht kommt. Der Sachverhalt teilt die Rechtsansicht des Klägers mit, er genieße als Arbeitnehmer Kündigungsschutz, und die Rechtsansicht des Beklagten, es fehle bereits an der Zuständigkeit des Arbeitsgerichts, weil der Kläger kein Arbeitnehmer sei.

2   Mit diesen Hinweisen im Sachverhalt hat es folgende Bewandtnis: Die Abweisung einer Klage als unbegründet (**Sachurteil**) erzeugt weitergehende Rechtsfolgen als die Abweisung einer Klage als unzulässig (**Prozessurteil**): Zwar erwächst auch ein

Prozessurteil – ebenso wie ein Sachurteil – in Rechtskraft. Aber wenn der Kläger bei einer erneuten Klageerhebung den prozessualen Fehler vermeidet, indem er den zulässigen Rechtsweg beschreitet, muss sich das Gericht – anders als bei einem klageabweisenden, rechtskräftigen Sachurteil – erneut mit der Sache befassen.[1]

Die Lösung des vorliegenden Falles muss sich daher mit der Frage auseinandersetzen, ob eine etwa fehlende **Arbeitnehmereigenschaft** des K bereits die Zulässigkeit oder erst die Begründetheit der Klage ausschließt. Hilfreich ist ferner eine „Checkliste" der Prüfungspunkte, die im Rahmen der Zulässigkeit einer Klage im arbeitsgerichtlichen Urteilsverfahren eine Rolle spielen können:[2] **3**

Übersicht 1. Zulässigkeitsprüfung im Urteilsverfahren

1. Sachliche Zuständigkeit (§§ 2, 3 ArbGG) **4**
2. Örtliche Zuständigkeit (§§ 2 V, 46 II 1 ArbGG, 12ff. ZPO)
3. Parteifähigkeit (§ 50 ZPO, § 10 ArbGG)
4. Prozessfähigkeit (§§ 51 I, 52 ZPO)
5. Postulationsfähigkeit (§ 11 ArbGG)
6. Ordnungsgemäße Klageerhebung (§§ 253, 256 ZPO)

Wenn der Bearbeiter die Zulässigkeit der Klage bejaht hat, schließt sich die **Begründetheitsprüfung** an. Verneint er die Zulässigkeit, muss er die Begründetheit der Klage im Rahmen eines **Hilfsgutachtens** untersuchen, das die Zulässigkeit unterstellt. Die Klage ist begründet, wenn die Kündigung unwirksam ist. Da die **Unwirksamkeitsgründe** des Arbeitsrechts nur im Arbeitsverhältnis gelten, macht es für die Begründetheit der Klage einen entscheidenden Unterschied, ob der Bearbeiter die Arbeitnehmereigenschaft des K bejaht oder verneint. Sollte er die Arbeitnehmereigenschaft des K im Rahmen der Begründetheitsprüfung verneinen, müsste er in einem **Hilfsgutachten** die Arbeitnehmereigenschaft unterstellen und die arbeitsrechtlichen Unwirksamkeitsgründe hilfsweise prüfen. Die folgende „Checkliste" ermöglicht dem Bearbeiter eine grobe Orientierung: **5**

Übersicht 2. Wirksamkeit einer ordentlichen Arbeitgeberkündigung

1. Erklärung, Form (§ 623 BGB), Stellvertretung, Zugang[3] **6**
2. Ausschlussfrist (§ 4 Satz 1 i.V. m. § 7 KSchG) (Voraussetzung der Geltendmachung der folgenden Kündigungsmängel)
3. Beteiligung des Betriebsrats (§ 102 BetrVG)
4. Besondere Unwirksamkeitsgründe[4]
5. Allgemeiner Kündigungsschutz (§§ 1–14 KSchG)[5]
6. Einhaltung der Kündigungsfrist (§ 622 BGB)

---

[1] Thomas/Putzo/*Reichold,* § 322 ZPO Rn. 3.
[2] Einzelheiten: *Junker,* Grundkurs, Rn. 870–878.
[3] Detailübersicht: *Junker,* Grundkurs, Rn. 330 (Übersicht 6.1).
[4] Detailübersicht: *Junker,* Grundkurs, Rn. 349 (Übersicht 6.2).
[5] Detailübersicht: *Junker,* Grundkurs, Rn. 382 (Übersicht 6.3).

7   Schon bei einem kurzen Blick auf diese Übersicht wird deutlich, dass zwei dieser Prüfungspunkte von vornherein entfallen: Ein **Betriebsrat** ist laut Sachverhalt nicht vorhanden; für einen **besonderen Kündigungsschutz,** etwa wegen einer Schwerbehinderung (§ 85 SGB IX), gibt es keine Anhaltspunkte. Zur Einhaltung der **Kündigungsfrist** (Prüfungspunkt 6) ist nur Stellung zu nehmen, wenn nicht schon die Kündigung als solche aus einem der vorgenannten Gründe (Prüfungspunkte 1–5) unwirksam ist.

8   Schließlich ist noch – außerhalb der anzustellenden Vorüberlegungen und im Ausblick auf die weiteren Fälle dieser Sammlung – eine **Parallele von Fall 1** (verhaltensbedingte Kündigung) **und Fall 7** (betriebsbedingte Kündigung) zu erwähnen: In beiden Fällen geht es um die Grenzen der rechtlichen Gestaltungsfreiheit des Unternehmers (Arbeitgebers).[6] In **Fall 1** will der Unternehmer die Geltung des Arbeitsrechts ausschließen, indem er eine Gestaltung anstrebt, in der seine „Nahverkehrspartner" nicht Arbeitnehmer, sondern selbständige Frachtführer i. S. d. Handelsrechts sind. Es stellt sich die Frage, ob diese Gestaltung aus rechtlicher Sicht den **gewünschten Erfolg** hat (**keine Arbeitnehmereigenschaft** der „Nahverkehrspartner"). In **Fall 7** möchte der Arbeitgeber – ohne dass sich in der Sache viel ändert – den Tatbestand einer (Teil-)Betriebsstilllegung herbeiführen, um betriebsbedingte Kündigungen aussprechen zu können. Es fragt sich auch hier, ob die Gestaltung den **gewünschten Erfolg** hat (**kein Betriebsübergang** und deshalb kein Übergang der Arbeitsverhältnisse).

Lösung

9   Das ArbG Düsseldorf wird der Klage stattgeben und entsprechend dem Antrag des K entscheiden, wenn die Klage zulässig und begründet ist.

I. Zulässigkeit der Klage

10 Die Klage ist zulässig, wenn alle Sachurteilsvoraussetzungen erfüllt sind. Fraglich ist insbesondere, ob der Rechtsweg zum Arbeitsgericht eröffnet ist.

1. Sachliche Zuständigkeit des ArbG (§ 2 I Nr. 3 lit. b ArbGG)

11 Der Rechtsweg zu den Arbeitsgerichten – und damit zugleich die sachliche Zuständigkeit des ArbG Düsseldorf – könnte sich aus § 2 I Nr. 3 lit. b ArbGG ergeben. Die Vorschrift begründet eine **ausschließliche Zuständigkeit** der Gerichte für Arbeitssachen für bürgerliche Rechtsstreitigkeiten zwischen **Arbeitnehmern und Arbeitgebern** über das Bestehen oder Nichtbestehen eines Arbeitsverhältnisses.[7] Um § 2 I Nr. 3 lit. b ArbGG anwenden zu können, muss die vom Kläger mit einer Kündigungsschutzklage angegriffene Kündigung gegenüber einem **Arbeitnehmer i. S. d. § 5 I 1 ArbGG** ausgesprochen worden sein.[8] Es fragt sich, ob bereits der

---

6   Zur Bedeutung der Begriffe „Unternehmer" und „Arbeitgeber" siehe *Junker,* Grundkurs, Rn. 122.

7   Die Begriffe „Arbeitsverhältnis" und „Arbeitnehmer" bezeichnen dieselbe Voraussetzung, denn ein Arbeitsverhältnis besteht, wenn der Erbringer der charakteristischen Leistung als Arbeitnehmer zu qualifizieren ist: *Junker,* Grundkurs, Rn. 91.

8   *BAG* 28. 10. 1993 – 2 AZB 12/93, AP Nr. 19 zu § 2 ArbGG 1979 = NZA 1994, 234 (235, 236).

Rechtsweg zu den Arbeitsgerichten davon abhängt, dass die Arbeitnehmereigenschaft des K feststeht, oder ob für den Rechtsweg zu den Arbeitsgerichten nach § 2 I Nr. 3 lit. b ArbGG die bloße Rechtsansicht des K ausreicht, er sei Arbeitnehmer. Das hängt vom **Streitgegenstand** der Klage ab. Den Streitgegenstand bestimmt ausschließlich die klagende Partei. Ihr Klagebegehren ergibt sich aus dem Klageantrag i.V.m. der Klagebegründung (§ 253 II Nr. 2 ZPO).

a) Auch nichtarbeitsrechtliche Grundlagen

Es gibt Fälle, in denen nach dem Vorbringen des Klägers das klägerische Begehren **12** auch auf nichtarbeitsrechtliche Rechtsgrundlagen gestützt werden kann. Das ist der Fall, wenn sich das Klagebegehren **entweder** aus einem Arbeitsverhältnis **oder** aus einem freien Dienstverhältnis ergeben kann (sog. „**aut-aut-Fälle**"), oder wenn das Begehren des Klägers **sowohl** nach arbeitsrechtlichen **als auch** nach nichtarbeitsrechtlichen Vorschriften begründet sein kann (sog. „**et-et-Fälle**"). Ließe man in diesen Fällen die bloße Behauptung des Klägers genügen, er sei Arbeitnehmer, könnte es dazu kommen, dass das Arbeitsgericht über einen rechtswegfremden Anspruch zu entscheiden hätte („Rechtswegerschleichung"). Daher ist in diesen Fällen schon im Rahmen der Zulässigkeit über die Arbeitnehmereigenschaft des Klägers zu entscheiden.[9]

b) Nur arbeitsrechtliche Rechtsgrundlagen

Anders ist es in den Fällen, in denen das Begehren des Klägers nur auf arbeitsrecht- **13** liche Grundlagen gestützt werden kann, sodass der Antrag des Klägers mit der Bejahung der Zulässigkeit steht und fällt (sog. „**sic-non-Fälle**"). Dann ist mit der Verneinung der Zuständigkeit der Rechtsstreit auch in der Sache entschieden, weil die Klage nicht nur unzulässig, sondern auch unbegründet ist: Wenn der Kläger kein Arbeitnehmer ist, kann er auch materiell-rechtlich keinen Anspruch aus dem Arbeitsrecht haben.[10] Anspruchs- und zuständigkeitsbegründende Tatsachen fallen zusammen. Die Arbeitnehmereigenschaft ist in diesem Fall eine sog. **doppelrelevante Tatsache.** Ein Eingriff in die Zuständigkeit der ordentlichen Gerichte scheidet aus; die Verweisung des Rechtsstreits an das Gericht eines anderen Rechtswegs kommt von vornherein nicht in Betracht.[11] Es genügt somit in diesen Fällen die bloße Rechtsansicht des Klägers, er sei Arbeitnehmer, um den Rechtsweg zum Arbeitsgericht zu bejahen.

Bei einer **Kündigungsschutzklage** liegt kein sic-non-Fall vor, wenn die Unwirk- **14** samkeit der Kündigung auch auf einen Grund gestützt wird, der die Arbeitnehmereigenschaft nicht voraussetzt, wie z.B. die **Sittenwidrigkeit** der Kündigung, der **fehlende Zugang** oder die **mangelnde Stellvertretung.**[12] Dabei kann es aber auch in einem Gutachten nicht auf die rein abstrakte Möglichkeit des Bestehens solcher

---

[9] *BAG* 28. 10. 1993 – 2 AZB 12/93, AP Nr. 19 zu § 2 ArbGG 1979 = NZA 1994, 234 (232–242); Schwab/Weth/*Walker*, ArbGG, § 2 Rn. 210–219.

[10] *BAG* 24. 4. 1996 – 5 AZB 25/95, BAGE 83, 40 (49 f.) = AP Nr. 1 zu § 2 ArbGG 1979 Zulässigkeitsprüfung m. Anm. *Hager* = NZA 1996, 1005.

[11] *BAG* 18. 12. 1996 – 5 AZB 25/96, BAGE 85, 46 (53 f.) = AP Nr. 3 zu § 2 ArbGG 1979 Zulässigkeitsprüfung = NZA 1997, 509.

[12] *BAG* 9. 10. 1996 – 5 AZB 18/96, AP Nr. 2 zu § 2 ArbGG 1979 Zulässigkeitsprüfung = NZA 1997, 175; Schwab/Weth/*Walker*, § 2 ArbGG Rn. 236.

Unwirksamkeitsgründe ankommen, sondern nur darauf, ob nach dem Sachverhalt Anlass besteht, Unwirksamkeitsgründe zu prüfen, die keine Arbeitnehmereigenschaft voraussetzen.[13] Solche Gründe sind im vorliegenden Fall nicht ersichtlich. Es handelt sich daher um eine Klage, die nur Erfolg haben kann, wenn K Arbeitnehmer ist (sic-non-Fall). Demnach genügt die bloße Rechtsansicht des K, er sei Arbeitnehmer, um den Rechtsweg zu den Arbeitsgerichten und die sachliche Zuständigkeit des ArbG Düsseldorf zu begründen.

2. Örtliche Zuständigkeit (§ 46 II 1 ArbGG i. V. m. §§ 12 ff. ZPO)

15 Die örtliche Zuständigkeit des ArbG Düsseldorf ist nach § 46 II 1 ArbGG i. V. m. § 17 I ZPO begründet: B kann als GmbH vor Gericht klagen und verklagt werden (§ 13 I GmbHG). Der allgemeine Gerichtsstand der Gesellschaften, die als solche verklagt werden können, wird durch ihren Sitz bestimmt (§ 17 I 1 ZPO). Wenn sich aus dem Sachverhalt nichts anderes ergibt, gilt als Sitz der Gesellschaft der Ort, wo die Verwaltung geführt wird (§ 17 I 2 ZPO). Die Verwaltung der B wird in Düsseldorf geführt.

3. Weitere Sachurteilsvoraussetzungen

16 Die **Parteifähigkeit** der B folgt aus § 50 ZPO i. V. m. § 13 I GmbHG. B wird durch ihre Geschäftsführer gerichtlich vertreten (§ 35 I GmbHG). Nach § 4 Satz 1 KSchG ist die **Feststellungsklage** die richtige Klageart. Das Feststellungsinteresse (§ 256 I ZPO) leitet sich daraus ab, dass die Kündigung als von Anfang an rechtswirksam gilt, wenn die Rechtsunwirksamkeit nicht rechtzeitig durch Feststellungsklage geltend gemacht wird (§ 7 KSchG). Da die Sachurteilsvoraussetzungen erfüllt sind, ist die Klage zulässig.

II. Begründetheit der Klage

17 Die Klage ist begründet, wenn die streitgegenständliche Kündigung unwirksam ist. Nach den **allgemeinen Anforderungen** an eine Kündigungserklärung muss die Kündigung in schriftlicher Form (§ 623 BGB) von einer kündigungsberechtigten Person erklärt und dem Adressaten zugegangen sein. Die Mängel der Form, der Vertretungsmacht oder des Zugangs kann der Arbeitnehmer auch **ohne Beachtung des Klageerfordernisses** nach § 4 Satz 1 i. V. m. § 7 KSchG geltend machen.[14] Aus dem Sachverhalt ergeben sich keinerlei Anhaltspunkte, dass solche Mängel vorliegen können (Rn. 14).

18 Für einen **besonderen Kündigungsschutz** des K, etwa wegen einer Schwerbehinderung, gibt es ebenfalls keine Anhaltspunkte. Die Kündigung könnte jedoch gemäß dem **allgemeinen Kündigungsschutz** nach § 1 I KSchG rechtsunwirksam sein. Dann müsste zwischen K und B ein Arbeitsverhältnis bestehen (§ 1 I KSchG, dazu 1), es müssten die sonstigen Anwendungsvoraussetzungen der §§ 1 I, 23 I

---

[13] An die Stelle des vom Kläger bestimmten Streitgegenstands im Gerichtsverfahren tritt in der Falllösung der stets in tatsächlicher Hinsicht unstreitige Sachverhalt; bietet er keinen Anlass, in der Begründetheitsprüfung außerarbeitsrechtliche Unwirksamkeitsgründe zu untersuchen, handelt es sich für Gutachtenzwecke um einen sic-non-Fall; a.A. *Greiner,* Jura 2014, 273 (276 f.).

[14] *Junker,* Grundkurs, Rn. 332.

KSchG erfüllt sein (dazu 2), es dürfte nicht die Fiktion der Wirksamkeit nach § 4 Satz 1 i. V. m. § 7 KSchG eingetreten sein (dazu 3), und die Kündigung dürfte nicht sozial gerechtfertigt sein (§ 1 II 1 KSchG, dazu 4).

1. Bestehen eines Arbeitsverhältnisses (§ 1 I KSchG)

Der allgemeine Kündigungsschutz nach § 1 KSchG ist nur anzuwenden, wenn die **19** Kündigung **gegenüber einem Arbeitnehmer** erklärt wurde (§ 1 I KSchG). Der Begriff des Arbeitnehmers, der zugleich über das Bestehen eines Arbeitsverhältnisses entscheidet,[15] wird nicht einheitlich definiert. Während die **Rechtsprechung** das entscheidende Kriterium in der persönlichen Abhängigkeit erblickt, stellt ein Teil der **Literatur** darauf ab, ob freiwillig ein Unternehmerrisiko übernommen wurde, dem entsprechende Erwerbschancen gegenüberstehen.

a) Rechtsprechung: Persönliche Abhängigkeit

Nach der Rechtsprechung unterscheidet sich das Arbeitsverhältnis vom Rechtsver- **20** hältnis eines freien Dienstnehmers oder Werkunternehmers durch den **Grad der persönlichen Abhängigkeit** bei der Erbringung der Dienst- oder Werkleistung.[16]

aa) Allgemeine Kriterien (§ 84 I 2 HGB)

Die Kriterien, nach denen sich der Grad der persönlichen Abhängigkeit bemisst, **21** ergeben sich zum einen im Umkehrschluss aus § 84 I 2 HGB. **Selbständig** ist nach dieser Vorschrift, wer im Wesentlichen seine Tätigkeit frei gestalten und seine Arbeitszeit bestimmen kann. **Unselbständig** ist folglich derjenige, der – insbesondere in Bezug auf die Art, den Ort und die Zeit der Tätigkeit – dem **Weisungsrecht** (Direktionsrecht) seines Vertragspartners unterliegt. Zum anderen ist darauf zu achten, inwieweit die **Vertragsgestaltung** den Freiraum für die Erbringung der geschuldeten Leistung begrenzt und den Arbeitnehmer in eine arbeitsteilige Organisation eingliedert. Arbeitnehmer ist demnach, wer auf Grund eines privatrechtlichen Vertrags im Dienst eines anderen zur Leistung weisungsgebundener, fremdbestimmter Arbeit in persönlicher Abhängigkeit verpflichtet ist.[17]

bb) Bezeichnung des Vertrags

Der Arbeitnehmereigenschaft des K könnte entgegenstehen, dass der Formular- **22** vertrag den K als „Frachtführer (§ 407 HGB)" bezeichnet. Ein Frachtführer i. S. d. Handelsrechts ist ein zur Beförderung von Gütern verpflichteter **gewerblicher Unternehmer** (§ 407 III HGB). Obwohl der Frachtführer schon von Gesetzes wegen erheblichen Weisungsrechten seines Vertragspartners unterliegt (§§ 418, 421 I HGB), ist er nach den Regeln des HGB ein **selbständiger Gewerbetreibender** (und damit kein Arbeitnehmer). Das Vertragsverhältnis zwischen B und K wäre folglich nicht als Arbeitsverhältnis zu qualifizieren, wenn allein die Bezeichnung des Vertrages durch die Parteien maßgebend wäre.

---

[15] *Junker,* Grundkurs, Rn. 91.

[16] *BAG* 19. 11. 1997 – 5 AZR 653/96, BAGE 87, 129 (135); *BAG* 20. 8. 2003 – 5 AZR 610/02, NZA 2004, 39 (39).

[17] *BAG* 15. 2. 2012 – 10 AZR 301/10, AP Nr. 123 zu § 611 BGB Abhängigkeit = NZA 2012, 731 (Rn. 13); *BAG* 25. 9. 2013 – 10 AZR 282/12, AP Nr. 126 zu § 611 BGB Abhängigkeit = NZA 2013, 1348 (Rn. 16).

23 Die Arbeit des K – das Ausliefern und Abholen von Fracht – zählt zu den Aufga-ben, die nach der **Eigenart der Tätigkeit** sowohl von einem Selbständigen als auch von einem Arbeitnehmer erbracht werden können.[18] Bei solchen Tätigkeiten spielen für die Abgrenzung die **tatsächlichen Umstände** der Leistungserbringung eine Rol-le, nicht aber die Bezeichnung, welche die Parteien ihrem Rechtsverhältnis gegeben haben, oder gar die von ihnen gewollte Rechtsfolge. Der Vertragstyp folgt aus dem wirklichen Geschäftsinhalt.[19] Entscheidend ist damit, ob K nach der tatsächlichen Vertragsdurchführung in einem höheren Maße von B persönlich abhängig ist, als es das Gesetz bei einem Frachtführer i. S. d. Handelsrechts voraussetzt.

cc) Gestaltung der Tätigkeit

24 Nach den aus § 84 I 2 HGB abgeleiteten Abgrenzungskriterien kommt es zunächst darauf an, ob der Verpflichtete die **Art und Weise** der Tätigkeit sowie den **Arbeits-ort** im Wesentlichen frei von Weisungen des Vertragspartners gestalten kann.[20] Nach der Vertragsgestaltung und ihrer praktischen Durchführung kann K faktisch nur Aufträge bearbeiten, die B ihm zuteilt: Zwar ist es ihm vertraglich nicht ver-wehrt, Frachtaufträge für eigene Rechnung (oder für Rechnung Dritter) auszufüh-ren, soweit das nicht für Kunden der B geschieht. Aber auf Grund der tatsächlichen zeitlichen Inanspruchnahme des K und auf Grund der Verpflichtung, ab 11.00 Uhr stündlich im Depot nach Aufträgen zu fragen, ist dem K eine **Tätigkeit für andere Auftraggeber** faktisch kaum möglich. Das gilt umso mehr, als es K untersagt ist, beim morgendlichen Eintreffen im Depot fremde Fracht auf dem Fahrzeug mitzu-führen.

25 Nicht vorgeschrieben ist dem K die **Reihenfolge der Zustellung** und – daraus re-sultierend – die Fahrtroute. Wegen der engen Terminvorgabe für die Auslieferung und Abholung bleibt K jedoch nur eine geringe Gestaltungsfreiheit: Um die Fracht-aufträge effizient und pünktlich durchführen zu können, muss er den schnellsten und kürzesten Weg wählen. Die Gestaltung der Tätigkeit wird weiterhin durch die Vorschriften zum **Erscheinungsbild von Fahrer und Fahrzeug** eingeschränkt (Firmenkleidung des K, Firmenzeichen am Fahrzeug). Auch die vertragliche Ver-pflichtung, Blech- und Lackschäden am Fahrzeug zu beseitigen sowie **Wartungs-und Pflegepläne** einzuhalten, entspricht nicht dem vertraglichen Pflichtenkreis eines selbständigen Frachtführers. Insgesamt verblieb dem K kein wesentlicher Spielraum hinsichtlich der Gestaltung seiner Tätigkeit.

dd) Arbeitszeit und Urlaubsregelung

26 Nach der Regelung des § 84 I 2 HGB ist es ein wichtiges Kriterium für die Selb-ständigkeit, ob der Beschäftigte im Wesentlichen seine **Arbeitszeit** frei bestimmen kann.[21] Ständige Dienstbereitschaft ist ein starkes Indiz für die Unselbständigkeit.[22]

---

[18] *BAG* 19. 11. 1997 – 5 AZR 653/96, BAGE 87, 129 (136); *BAG* 17. 4. 2013 – 10 AZR 272/12, BAGE 145, 26 = AP Nr. 125 zu § 611 BGB Abhängigkeit = NZA 2013, 903 (Rn. 15).

[19] *BAG* 19. 11. 1997 – 5 AZR 653/96, BAGE 87, 129 (136); *BAG* 29. 8. 2012 – 10 AZR 499/11, BAGE 143, 77 = AP Nr. 124 zu § 611 BGB Abhängigkeit = NZA 2012, 1433 (Rn. 15).

[20] *BAG* 19. 11. 1997 – 5 AZR 653/96, BAGE 87, 129 (135 f.); *BAG* 26. 5. 1999 – 5 AZR 469/98, AP Nr. 104 zu § 611 BGB Abhängigkeit = NZA 1999, 983 (985).

[21] *BAG* 22. 8. 2001 – 5 AZR 502/99, AP Nr. 109 zu § 611 BGB Abhängigkeit = NZA 2003, 662 (664); *BAG* 9. 10. 2002 – 5 AZR 405/01, AP Nr. 114 zu § 611 BGB Abhängigkeit = ZTR 2003, 353 (353).

K muss spätestens um 6.00 Uhr im Depot sein, die zugeteilten Frachtstücke innerhalb bestimmter Zeitblöcke ausliefern und sich von 11.00 Uhr bis 17.00 Uhr
stündlich telefonisch im Depot melden. Da auch im Rahmen von Dienst- oder
Werkverträgen detaillierte Terminvorgaben gemacht werden können, begründen
allein Termine für die Erledigung einer Aufgabe noch nicht das Vorliegen eines Arbeitsverhältnisses. In ihrer Gesamtschau führen die Terminvorgaben und die Melde-
zeiten im vorliegenden Fall aber dazu, dass die B an jedem Arbeitstag in der Zeit
von 6.00 Uhr bis 17.00 Uhr uneingeschränkt über die Arbeitsleistung des K verfügen kann.

Ein Indiz für ein Arbeitsverhältnis ist auch, dass K nur in Abstimmung mit der B –   **27**
die spätestens vier Wochen vorher erfolgen muss – (maximal) 20 Tage jährlich
bestimmen kann, an denen er nicht zur Annahme von Frachtaufträgen verpflichtet
ist. Diese Vertragsgestaltung entspricht in ihrem praktischen Ergebnis einer **Urlaubsregelung** im Arbeitsverhältnis (vgl. § 7 I 1 BUrlG). Ein selbständiger Frachtführer vereinbart dagegen typischerweise nicht mit einer Auftraggeberin, welche
Tage im Jahr er zur freien Verfügung hat. Auch die Urlaubsregelung des zwischen B
und K geschlossenen Vertrages bestätigt, dass K in erheblichem Maße von B persönlich abhängig ist.

ee) Einsatz von Hilfspersonen

Gegen ein Arbeitsverhältnis könnte sprechen, dass K nach dem Vertrag nicht ver-   **28**
pflichtet ist, sein Fahrzeug selbst zu fahren, sondern auch andere Personen als Fah-
rer einsetzen kann. Die Pflicht, die **Leistung in Person** zu erbringen (vgl. § 613
Satz 1 BGB), ist ein typisches Merkmal des Arbeitsverhältnisses.[23] Das vertraglich
vereinbarte Recht, die **Leistung durch Dritte** erbringen zu lassen, spricht gegen ein
Arbeitsverhältnis. Im vorliegenden Fall besteht dieses Recht jedoch nur „auf dem
Papier". In den drei Jahren seiner Tätigkeit für B hat K von diesem Recht keinen
Gebrauch gemacht; das Gleiche gilt für die meisten der übrigen „Nahverkehrspartner". Der Einsatz von Hilfspersonen ist demnach entweder wirtschaftlich nicht attraktiv, oder es stehen praktische Hürden entgegen. Da es nicht auf den Wortlaut
des Vertrages, sondern auf die tatsächliche Vertragsdurchführung ankommt,[24]
spricht die vertraglich vorgesehene Möglichkeit, Hilfspersonen einzusetzen, nicht
gegen ein Arbeitsverhältnis.[25]

ff) Gewerbeanmeldung, Betriebsmittel

Es fragt sich schließlich, ob es einem Arbeitsverhältnis widerspricht, dass K ein   **29**
Kleintransportgewerbe angemeldet hat und seine Tätigkeit mit seinem eigenen
Fahrzeug durchführt. Die **Anmeldung eines Gewerbes** ist öffentlich-rechtlicher
Natur; sie entscheidet nicht über die privatrechtlichen Beziehungen der Beteiligten.

---

[22] *BAG* 19. 11. 1997 – 5 AZR 653/96, BAGE 87, 129 (140); *BAG* 15. 2. 2012 – 10 AZR 111/11, AP
Nr. 122 zu § 611 BGB Abhängigkeit = NZA 2012, 733 (Rn. 14).

[23] *BAG* 19. 11. 1997 – 5 AZR 653/96, BAGE 87, 129 (137); *BAG* 20. 1. 2010 – 5 AZR 99/09, AP
Nr. 119 zu § 611 BGB Abhängigkeit = DB 2010, 788 (Rn. 15).

[24] *BAG* 16. 7. 1997 – 5 AZR 212/96, BAGE 86, 170 (174) = AP Nr. 4 zu § 611 BGB Zeitungsaus-
träger = NZA 1998, 368; *BAG* 17. 4. 2013 – 10 AZR 272/12, BAGE 145, 26 = AP Nr. 126 zu
§ 611 BGB Abhängigkeit = NZA 2013, 903 (Rn. 15).

[25] Ebenso *BAG* 19. 11. 1997 – 5 AZR 653/96, BAGE 87, 129 (138) in der Entscheidung, welcher der
vorliegende Fall nachgebildet ist.

Auch der **Einsatz des eigenen Fahrzeugs** ist für die Unterscheidung zwischen einem Arbeitsverhältnis und einem freien Rechtsverhältnis nicht ausschlaggebend: Die Selbständigkeit des Dienstverpflichteten wird nicht dadurch begründet, dass er mit der Bereitstellung eines Arbeitsmittels Verpflichtungen, Belastungen und Risiken übernimmt, die über die typischen Pflichten eines Arbeitnehmers hinausgehen.[26] Zu fragen ist vielmehr, ob der Einsatz des eigenen Fahrzeugs dem K die Möglichkeit eröffnet, seine Tätigkeit im Wesentlichen frei zu gestalten. Das ist nach den vorstehenden Überlegungen gerade nicht der Fall. Nach den Kriterien der Rechtsprechung ist K Arbeitnehmer; das Rechtsverhältnis zwischen B und K stellt ein Arbeitsverhältnis dar.

b) Literatur: Freiwillige Risikoübernahme

30 Ein Teil der Literatur geht davon aus, dass der **Selbständige** typischerweise als Wettbewerber am Markt auftrete. Daraus folge die typische Interessenlage des Selbständigen: Dem **Risiko,** keine Aufträge zu erhalten und kein Einkommen zu erzielen, stehe die unternehmerische **Chance** erfolgsabhängiger Gewinne gegenüber. Dagegen sei der **Arbeitnehmer** kein Marktteilnehmer in diesem Sinne; typische Arbeitnehmermerkmale seien die auf Dauer angelegte Tätigkeit für einen Auftraggeber ohne eigene Mitarbeiter, im Wesentlichen ohne eigenes Kapital und im Wesentlichen ohne eigene Organisation.[27] Entscheidend für die Zuordnung der konkreten Tätigkeit zur abhängigen Arbeit oder zum selbstständigen Beruf ist danach, ob der Beschäftigte in tatsächlicher Entscheidungsfreiheit zwischen diesen beiden Systemen wählen kann: Unternehmer ist nur derjenige, der freiwillig ein Unternehmerrisiko übernimmt, Arbeitnehmer dagegen derjenige, der es nicht oder unfreiwillig trägt.[28]

31 Im vorliegenden Fall ist die Tätigkeit des K als „Nahverkehrspartner" der B auf Dauer angelegt. Der Vertrag verbietet es K zwar nicht, auch für andere Auftraggeber zu arbeiten; auf Grund der Vertragsgestaltung kann K jedoch nur für die B tätig werden. Auch die Möglichkeit, andere Personen als Fahrer einzusetzen, ist für K entweder nicht realistisch oder nicht attraktiv. Außer seinem eigenen Fahrzeug setzt K keine eigenen Mittel ein und verfügt auch nicht über eine eigene Organisation. Er hat weder freiwillig ein Unternehmerrisiko übernommen noch hat er die Chance, erfolgsabhängige Gewinne zu erzielen. Folglich ist K auch nach den Kriterien der Literatur nicht als Selbständiger, sondern als Arbeitnehmer zu qualifizieren.

2. Sonstige Anwendungsvoraussetzungen (§§ 1 I, 23 I KSchG)

32 Der **betriebliche Anwendungsbereich** der §§ 1–14 KSchG ist eröffnet, wenn im Betrieb der B mehr als zehn (§ 23 I 2, 3 KSchG) Arbeitnehmer beschäftigt werden. Der im Sachverhalt mitgeteilte Umfang der Geschäftstätigkeit der B erlaubt die Unterstellung, dass allein durch die Arbeitnehmer in der Verwaltung diese Schwellenwerte überschritten werden. Es kommt also nicht darauf an, ob außer K auch die

---

[26] *BAG* 19. 11. 1997 – 5 AZR 653/96, BAGE 87, 129 (142 f.).

[27] ErfK/*Preis,* § 611 BGB Rn. 55 f., 74 f.; *Wank,* DB 1992, 90 (92); a.A. *BAG* 25. 5. 2005 – 5 AZR 347/04, BAGE 115, 1 = AP Nr. 117 zu § 611 BGB Abhängigkeit = DB 2005, 2529: „Für das Arbeitsverhältnis ist das unternehmerische Risiko unerheblich."

[28] *Wank,* Arbeitnehmer und Selbständige (1988), S. 122–127.

übrigen „Nahverkehrspartner" als Arbeitnehmer zu qualifizieren sind. Der **persönliche Anwendungsbereich** des § 1 KSchG setzt voraus, dass das Arbeitsverhältnis des K im Unternehmen der B ohne Unterbrechung länger als sechs Monate bestanden hat (Wartezeit, § 1 I KSchG). K ist rund drei Jahre bei B beschäftigt. Der allgemeine Kündigungsschutz nach §§ 1 ff. KSchG ist anwendbar.

3. Rechtzeitige Klageerhebung (§ 4 Satz 1 i.V.m. § 7 KSchG)

K muss die Unwirksamkeit der Kündigung innerhalb einer Ausschlussfrist von drei **33** Wochen nach Zugang der schriftlichen Kündigung durch Einreichung einer Kündigungsschutzklage beim Arbeitsgericht geltend machen (§ 4 Satz 1 KSchG); ansonsten gilt die Kündigung als von Anfang an rechtswirksam (§ 7 KSchG). Mit Zustellung des Schreibens am 14. 2. ist dem K die Kündigung zugegangen. Unterstellt man, dass der Monat Februar des (im Sachverhalt nicht mitgeteilten) Jahres 28 Tage hat, ist der letzte Tag der Dreiwochenfrist der 7. 3. (§§ 187 I, 188 II BGB). Indem K an diesem Tag beim ArbG Düsseldorf die Kündigungsschutzklage eingereicht hat, hat er die dreiwöchige Frist des § 4 Satz 1 KSchG gewahrt (§§ 166, 167 ZPO). Die Wirksamkeitsfiktion des § 7 KSchG ist nicht eingetreten.

4. Soziale Rechtfertigung der Kündigung (§ 1 II 1 KSchG)

Nach § 1 I KSchG ist die Kündigung des Arbeitsverhältnisses gegenüber einem Ar- **34** beitnehmer rechtsunwirksam, wenn sie sozial ungerechtfertigt ist. Eine soziale Rechtfertigung könnte sich aus Gründen ergeben, die im Verhalten des K liegen (§ 1 II 1 KSchG).

a) Grund im Verhalten des Arbeitnehmers

Gründe im Verhalten des Arbeitnehmers sind in erster Linie Vertragsverletzungen, **35** die im Leistungsbereich, im Vertrauensbereich oder in Verstößen gegen die betriebliche Ordnung liegen können.[29] Dem Sachverhalt lassen sich mehrere Ereignisse entnehmen, die als Kündigungsgrund im Verhalten des K in Betracht kommen.

aa) Wiederholtes Zuspätkommen im Vorjahr

Ein verhaltensbedingter Kündigungsgrund könnte darin liegen, dass K im Dezem- **36** ber des Vorjahres mehrfach nicht um 6.00 Uhr, sondern ein bis zwei Stunden später im Depot erschienen ist. Wiederholtes Zuspätkommen stellt eine **Vertragsverletzung** dar und ist grundsätzlich („an sich") geeignet, eine verhaltensbedingte Kündigung zu rechtfertigen, ohne dass der Eintritt von Störungen im Betriebsablauf näher dargelegt werden muss.[30] Die Verspätungen haben jedoch schon im Dezember eine **Abmahnung** nach sich gezogen, in der K auf seine Unpünktlichkeit hingewiesen und ihm für den Wiederholungsfall die Beendigung des Vertragsverhältnisses angedroht wurde. Hat der Arbeitgeber eine Vertragsverletzung zunächst zum Anlass

---

[29] *Von Hoyningen-Huene/Linck/Krause,* § 1 KSchG Rn. 489; MünchKommBGB/*Hergenröder,* § 1 KSchG Rn. 191.

[30] *BAG* 13. 3. 1987 – 7 AZR 601/85, AP Nr. 18 zu § 1 KSchG 1969 Verhaltensbedingte Kündigung = NZA 1987, 518 (519); *BAG* 17. 1. 1991 – 2 AZR 375/90, BAGE 67, 75 = AP Nr. 25 zu § 1 KSchG 1969 Verhaltensbedingte Kündigung = NZA 1991, 557 = EzA § 1 KSchG Verhaltensbedingte Kündigung m. Anm. *Rüthers/Franke; Rolfs,* § 1 KSchG Rn. 41.

für eine Abmahnung genommen, kann er später wegen dieser Pflichtwidrigkeit keine Kündigung aussprechen: Mit der Abmahnung hat er konkludent auf sein Recht verzichtet, wegen der Gründe, die Gegenstand der Abmahnung waren, eine Kündigung zu erklären, wenn nicht besondere Umstände vorliegen, die gegen einen stillschweigenden Kündigungsverzicht sprechen.[31] Solche Umstände sind hier nicht ersichtlich. Das wiederholte Zuspätkommen des K im Vorjahr kann daher die Kündigung nicht rechtfertigen.

bb) Verspätete Ablieferung der Tagungsunterlagen

37 Einen verhaltensbedingten Kündigungsgrund i.S.d. § 1 II 1 KSchG könnte die verspätete Ablieferung der Tagungsunterlagen im Februar darstellen. K hatte die **vertragliche Pflicht,** die ihm zugeteilten Frachtstücke innerhalb bestimmter Zeitblöcke an die Empfänger auszuliefern. Mit der deutlich verspäteten Zustellung der Tagungsunterlagen, die vom Empfänger nicht mehr verwendet werden konnten, hat K gegen diese Vertragspflicht verstoßen. Diese Pflichtverletzung ist „an sich" als verhaltensbedingter Kündigungsgrund geeignet, wenn ein Verschulden vorliegt und die Parteien die Kündigung wegen dieses Fehlverhaltens nicht ausgeschlossen haben.

38 (1) Die verhaltensbedingte Kündigung wegen einer Pflichtverletzung setzt grundsätzlich ein **Verschulden** des Arbeitnehmers voraus.[32] K hat Vorsatz und Fahrlässigkeit zu vertreten (§ 276 I 1 BGB). Fahrlässig hat er gehandelt, wenn er die im Verkehr erforderliche Sorgfalt außer Acht gelassen hat (§ 276 II BGB). Die pünktliche Auslieferung der Frachtstücke ist für eine im Transportgewerbe tätige Arbeitgeberin von zentraler Bedeutung. K musste daher gerade auf diesen Aspekt seiner Tätigkeit achten. Das Übersehen einer Rollkarte begründet einen vermeidbaren Verstoß gegen die objektiv gebotene Sorgfalt. K hat daher schuldhaft gegen seine Vertragspflicht verstoßen.

39 (2) Die von K zu vertretende unpünktliche Auslieferung eines Frachtstücks könnte als Kündigungsgrund ausscheiden, weil bei diesem Tatbestand nach dem Vertrag eine **Vertragsstrafe** von bis zu 40 Euro pro Sendung fällig werden soll. Dann müsste die Vertragsstrafe wirksam vereinbart und als Kündigungsausschluss zu verstehen sein. Vertragsstrafenabreden in formularmäßig geschlossenen Arbeitsverträgen sind unter Berücksichtigung der im Arbeitsrecht geltenden Besonderheiten (§ 310 IV 2 BGB) der Inhaltskontrolle unterworfen (§§ 307, 309 Nr. 6 BGB).[33] Ob die zwischen B und K konkret getroffene Abrede der Inhaltskontrolle standhält, kann offen bleiben, wenn die Abrede jedenfalls nicht als Ausschluss der Kündigung auszulegen ist.

---

[31] *BAG* 6. 3. 2003 – 2 AZR 128/02, AP Nr. 30 zu § 611 BGB Abmahnung = NZA 2003, 1388 (1389); *BAG* 13. 12. 2007 – 6 AZR 145/04, BAGE 125, 208 = AP Nr. 83 zu § 1 KSchG 1969 m. Anm. *Gotthardt* = NZA 2008, 403 (Rn. 24); *von Hoyningen-Huene/Linck/Krause,* § 1 KSchG Rn. 539; KR/*Fischermeier,* § 626 BGB Rn. 280.

[32] *BAG* 3. 11. 2011 – 2 AZR 748/10, AP Nr. 65 zu § 1 KSchG 1969 Verhaltensbedingte Kündigung = NZA 2012, 607 (Rn. 20); *Junker,* Grundkurs, Rn. 368.

[33] *BAG* 4. 3. 2004 – 8 AZR 196/03, BAGE 110, 8 (19) = AP Nr. 3 zu § 309 BGB = NZA 2004, 727; *BAG* 25. 5. 2005 – 5 AZR 572/04, BAGE 115, 19 (32) = AP Nr. 1 zu § 310 BGB = NZA 2005, 1111; *BAG* 23. 1. 2014 – 8 AZR 130/13, NZA 2014, 777 (Rn. 16 ff.); ausf. *Junker,* Grundkurs, Rn. 226-229.

Eine drohende Vertragsstrafe soll den Arbeitnehmer zu vertragstreuem Verhalten **40** veranlassen; ferner soll sie dem Arbeitgeber einen gewissen Mindestschadensersatz sichern.[34] Eine darüber hinausgehende Bedeutung hat die Vertragsstrafenabrede nicht. Insbesondere kann der Arbeitnehmer nicht darauf vertrauen, das mit einer Vertragsstrafe bewehrte Verhalten solle als Kündigungsgrund ausscheiden. Die Vertragsstrafenabrede steht daher, auch wenn sie im konkreten Fall wirksam sein sollte, der Heranziehung des mit der Vertragsstrafe bewehrten Verhaltens als Kündigungsgrund nicht entgegen.[35] Die verspätete Ablieferung der Tagungsunterlagen ist ein „an sich" geeigneter, verhaltensbedingter Kündigungsgrund i. S. d. § 1 II 1 KSchG.

cc) Abfällige Äußerung des K gegenüber einem Kunden

Schließlich kommt die Äußerung des K gegenüber einem Kunden, die B sei ein **41** „Saftladen" und der Kunde solle sich besser ein anderes Transportunternehmen suchen, als verhaltensbedingter Kündigungsgrund in Betracht. Geschäftsschädigende Äußerungen eines Arbeitnehmers gegenüber einem Kunden des Arbeitgebers können geeignet sein, eine verhaltensbedingte Kündigung zu stützen. Die fragliche Aussage hat K jedoch erst nach dem Zugang der Kündigung getätigt. Die Rechtmäßigkeit einer Kündigung beurteilt sich nach der Sachlage im **Zeitpunkt des Zugangs** der Kündigungserklärung. Kündigungsgründe, die erst nach Zugang der Kündigung entstanden sind, können zur sozialen Rechtfertigung dieser Kündigung nicht herangezogen werden.[36] Damit scheidet die Äußerung vom 28. 2. als Grund für die Kündigung vom 14. 2. aus.

dd) Zwischenergebnis

Einen „an sich" geeigneten verhaltensbedingten Grund für die Kündigung vom **42** 14. 2. bildet nur die verspätete Ablieferung der Tagungsunterlagen.

b) Erfordernis einer Abmahnung

Nach dem Prinzip der Verhältnismäßigkeit, das dem gesamten Kündigungsrecht **43** zugrunde liegt, muss einer verhaltensbedingten Kündigung im Regelfall eine Abmahnung vorausgehen. Mit ihr beanstandet der Arbeitgeber das Fehlverhalten des Arbeitnehmers, fordert ihn zu einem künftigen vertragsgemäßen Verhalten auf und macht deutlich, dass im Wiederholungsfall weitere arbeitsrechtliche Folgen drohen.[37] Es fragt sich, ob B dem Abmahnungserfordernis Genüge getan hat, indem sie den K im Dezember des Vorjahres wegen Unpünktlichkeit abgemahnt hat. Erforderlich ist eine **Gleichartigkeit** des Abgemahnten und des für die Kündigung herangezogenen Verstoßes.[38] Die Abmahnung im Dezember bezog sich auf mehrfaches verspätetes Erscheinen des K im Depot; der als Kündigungsgrund geeignete Pflicht-

---

[34] *Hromadka,* NJW 2002, 2523 (2528); *Reichold,* ZTR 2002, 202 (207); *Singer,* RdA 2003, 194 (202).

[35] So für die außerordentliche Kündigung KR/*Fischermeier,* § 626 BGB Rn. 65.

[36] *BAG* 19. 11. 1997 – 5 AZR 653/96, BAGE 87, 129 (143).

[37] *BAG* 23. 6. 2009 – 2 AZR 283/08, AP Nr. 5 zu § 1 KSchG 1969 Abmahnung = DB 2009, 2052 (Rn. 21 f.); *Hromadka/Maschmann* I, § 6 Rn. 157, 157 a; KR/*Fischermeier,* § 626 BGB Rn. 270 ff.; MünchKommBGB/*Henssler,* § 626 Rn. 94.

[38] *BAG* 13. 12. 2007 – 2 AZR 818/06, AP Nr. 64 zu § 4 KSchG 1969 = NZA 2008, 579 (Rn. 41 f.); A/P/S/*Dörner,* § 1 KSchG Rn. 425; ErfK/*Müller-Glöge,* § 626 BGB Rn. 45.

verstoß liegt darin, dass K vorwerfbar vergessen hat, eine Lieferung pflichtgemäß beim Empfänger abzuliefern. Da Verspätungen den **Umfang,** Schlechtleistungen dagegen den **Inhalt** der Hauptleistungspflicht betreffen, ist die Gleichartigkeit der Pflichtverletzungen zu verneinen. Es fehlt daher an einer einschlägigen Abmahnung.

44 Eine verhaltensbedingte Kündigung wegen der Schlechtleistung im Februar genügt daher nur dem Verhältnismäßigkeitsprinzip, wenn die Abmahnung ausnahmsweise entbehrlich war. Nach §§ 314 II 2, 323 II BGB ist die **Entbehrlichkeit** der Abmahnung zu bejahen, wenn der Arbeitnehmer nicht in der Lage oder nicht willens ist, sein Verhalten zu ändern, oder wenn das Vertrauensverhältnis durch eine schwere Pflichtverletzung derart gestört ist, dass es nicht wiederhergestellt werden kann.[39] Es gibt keinen Anhaltspunkt dafür, dass K nicht in der Lage oder nicht willens ist, sich künftig vertragstreu zu verhalten. Die einmalige verspätete Auslieferung ist auch keine derart schwerwiegende Pflichtverletzung, dass dadurch das Vertrauensverhältnis zwischen K und B unheilbar zerstört wäre. Das gilt umso mehr, als dem K nur leichte Fahrlässigkeit vorzuwerfen ist.

45 Eine Abmahnung war daher nicht entbehrlich. Die Kündigung verstößt gegen das Verhältnismäßigkeitsgebot (Ultima-ratio-Prinzip). Die Kündigung des Arbeitsverhältnisses ist folglich nicht nach § 1 II 1 KSchG sozial gerechtfertigt. Sie ist gemäß § 1 I KSchG rechtsunwirksam.

III. Ergebnis

46 Die Kündigungsschutzklage des K ist zulässig und begründet. Das ArbG Düsseldorf wird der Klage stattgeben und entsprechend dem Antrag des K entscheiden.

---

[39] *BAG* 9. 6. 2011 – 2 AZR 381/10, AP Nr. 234 zu § 626 BGB = NZA 2011, 1027 (Rn. 17 ff.); *BAG* 25. 10. 2012 – 2 AZR 495/11, AP Nr. 239 zu § 626 BGB = NZA 2013, 319 (Rn. 16).

Fall 2. Fragerecht des Arbeitgebers

Nach *BAG* 20. 5. 1999 – 2 AZR 320/98, AP Nr. 50 zu § 123 BGB = NZA 1999, 975

Weitere Themen: Anfechtung wegen arglistiger Täuschung – Einstellung in den öffentlichen Dienst – Fehlerhaftes Arbeitsverhältnis – Entgeltfortzahlung im Krankheitsfall

Zur Vertiefung: *Junker,* Grundkurs, § 3 I (Rn. 145–156)

Sachverhalt

Horst Krause (K) bewarb sich im Februar beim Land Brandenburg (B) um eine Anstellung im mittleren Polizeivollzugsdienst („Streifenpolizist") auf der Basis eines privatrechtlichen Arbeitsvertrags. Dabei gab er wahrheitsgemäß an, ihm sei wegen Trunkenheit im Straßenverkehr im Vorjahr der Führerschein für acht Monate entzogen worden und er habe eine Geldstrafe zahlen müssen.

Im April unternahm K mit einem von ihm reparierten, weder zugelassenen noch versicherten Geländefahrzeug eine Probefahrt. Er zerstörte dabei auf einem Acker einen großen Teil des dort befindlichen Saatguts und benutzte eine öffentliche Straße.

Am 10. 5. verpflichtete sich K, nachdem er einen Auswahlwettbewerb an der Landespolizeischule Potsdam bestanden hatte, die Einstellungsbehörde des Landes B zu benachrichtigen, falls bis zu seinem Dienstantritt ein strafrechtliches Ermittlungsverfahren gegen ihn eingeleitet werden sollte.

Mit einer „Beschuldigtenbenachrichtigung" vom 12. 6. wurde K wegen des Vorfalls vom April zu einer polizeilichen Vernehmung geladen. K erteilte am 30. 6. einer Rechtsanwältin eine Strafprozessvollmacht wegen eines „Ermittlungsverfahrens". Am 1. 7. schlossen K und B den Arbeitsvertrag; der Dienstantritt war am selben Tag. K hatte im Dienst ein Kraftfahrzeug zu führen.

Mitte Juli erhielt K einen Strafbefehl wegen Sachbeschädigung und Verstoßes gegen das PflVG mit einer Gesamtgeldstrafe von 120 Tagessätzen zu 25 €. Der Strafbefehl wurde rechtskräftig. Am 14. 10. erfuhr das Land B von dem Vorfall aus dem Monat April und dem daraufhin eingeleiteten Ermittlungsverfahren.

Bei Schweißarbeiten in der Garage des K kam es am Abend des 31. 10. zu einer Benzinverpuffung; infolge von Brandverletzungen war K den ganzen Monat November arbeitsunfähig erkrankt. Mit einem Schreiben, das K am Abend des 30. 11. zugegangen ist, erklärte B die Anfechtung des Arbeitsvertrags wegen arglistiger Täuschung. Das am 30. 11. fällige Novembergehalt des K kam nicht mehr zur Auszahlung. K fragt, ob er einen Anspruch auf Zahlung des Novembergehalts hat.

Vorüberlegungen

1 Anders als in **Fall 1** (Nahverkehrspartner) ist im vorliegenden Fall nicht nach den Erfolgsaussichten einer Klage gefragt, sondern nur ein materiellrechtliches Gutachten gefordert. Die **Zulässigkeit einer Klage** ist daher nicht zu erörtern. Im Rahmen der **Begründetheitsprüfung** ist nach dem **Bestehen eines Anspruchs** gefragt. Ausgangspunkt der Prüfung ist daher die Überlegung „Wer will was von wem woraus?" Bis auf das „Woraus" wird diese Frage schon am Ende des Sachverhalts beantwortet: K verlangt die Zahlung seines Novembergehalts vom Land B.

2 Die Frage nach dem „Woraus" ist identisch mit der Frage nach einer **Anspruchsgrundlage.** Da K im November nicht gearbeitet hat, macht er einen Anspruch auf **Lohn ohne Arbeit** geltend.[1] Da K arbeitsunfähig erkrankt war, ist die Anspruchsgrundlage der Arbeitsvertrag (§ 611 I BGB) i.V.m. § 3 I 1 EFZG (Entgeltfortzahlung im Krankheitsfall).[2] Einen Überblick über die wichtigsten weiteren Anspruchsgrundlagen für „Lohn ohne Arbeit" gibt die nachstehende Übersicht:

Übersicht 3. „Lohn ohne Arbeit" (wichtige Vorschriften)

3 – Mutterschutz, §§ 3, 6 MuSchG (Rn. 257, 258)[3]
  – Elternzeit, § 15 BEEG (Rn. 258)
  – Erholungsurlaub, § 1 BUrlG (Rn. 259)
  – Gesetzliche Feiertage, § 2 EFZG (Rn. 263)
  – Annahmeverzug des Arbeitgebers, § 615 Sätze 1, 2 BGB (Rn. 272–274)
  – Persönliche Hinderungsgründe, § 616 BGB (Rn. 275–276)
  – Erkrankung des Arbeitnehmers, § 3 I 1 EFZG (Rn. 277–287)
  – Betriebsrisiko des Arbeitgebers, § 615 Satz 3 BGB (Rn. 288–293)

4 Da der Sachverhalt eine Vielzahl von Datumsangaben enthält, ist es unabdingbar, vor dem Einstieg in weitere Vorüberlegungen eine **Zeittabelle** anzufertigen. Sie ist später nicht als Bestandteil der Lösung abzugeben, sondern dient nur der schnellen Orientierung des Bearbeiters und könnte im vorliegenden Fall folgendermaßen aussehen:

---

[1] Übersicht über mögliche Anspruchsgrundlagen für „Lohn ohne Arbeit" bei *Brox/Rüthers/Henssler,* Rn. 257–263; *Junker,* Grundkurs, Rn. 258–267, 271–293; *Hromadka/Maschmann* I, § 8 Rn. 32–180.

[2] § 3 I 1 EFZG ist nach h.M. keine eigenständige Anspruchsgrundlage, sondern erhält als Hilfsnorm den Anspruch auf das arbeitsvertraglich geschuldete Entgelt (§ 611 I BGB) aufrecht, soweit die Voraussetzungen des EFZG erfüllt sind: H/W/K/*Schliemann,* § 3 EFZG Rn. 5; Erman/*Belling,* § 616 BGB Rn. 96; MünchArbR/*Schlachter,* § 72 Rn. 9; a.A. Staudinger/*Oetker,* § 616 BGB Rn. 179.

[3] Die Randnummern (Rn.) beziehen sich auf *Junker,* Grundkurs.

Zeittabelle

Vorjahr	Führerscheinentzug und Geldstrafe (Trunkenheit im Verkehr)	**5**
Februar	Bewerbung; Angabe des Vorfalls vom Vorjahr	
April	Sachbeschädigung, Verstoß gegen PflVG	
10. 5.	Entstehung einer Benachrichtigungspflicht	
12. 6.	„Beschuldigtenbenachrichtigung"	
30. 6.	Prozessvollmacht wegen „Ermittlungsverfahren"	
1. 7.	Abschluss des Arbeitsvertrags, Arbeitsbeginn	
Mitte Juli	Strafbefehl (rechtskräftig)	
14. 10.	B erhält Kenntnis vom Ermittlungsverfahren	
1. 10.	K arbeitsunfähig erkrankt	
30. 11.	Zugang der Anfechtungserklärung der B	

Aus den weiteren Vorüberlegungen ergibt sich ein Kernproblem der Aufgabe: Hat B **6** am 30. 11. wirksam die **Anfechtung des Arbeitsvertrags** erklärt? Die Anfechtung ist – ebenso wie beispielsweise die Kündigung (z.B. §§ 314, 626 BGB), der Rücktritt (§ 346 BGB) oder die Aufrechnung (§ 387 BGB) – ein **Gestaltungsrecht,** das durch Abgabe einer Willenserklärung ausgeübt wird.[4] Gestaltungsrechte geben dem Inhaber die Befugnis, allein – ohne Mitwirkung eines anderen (z.B. des Vertragspartners) – auf eine bestehende Rechtslage einzuwirken. Bei ihnen bedarf es eines Gestaltungsgrundes und der Abgabe einer rechtsgestaltenden Willenserklärung (Gestaltungserklärung); hinzukommt – je nach Gestaltungsrecht – die Einhaltung einer Frist und die Abwesenheit von Ausschlussgründen.

Daraus ergibt sich bei der **Anfechtung** von Willenserklärungen ein **vierstufiges 7 Prüfungsschema:** Sie setzt voraus, dass ein **Anfechtungsgrund** besteht (§§ 119, 120, 123 BGB), der Anfechtungsberechtigte innerhalb der **Anfechtungsfrist** (§§ 121, 124 BGB) eine **Anfechtungserklärung** abgibt (§ 143 I BGB) und **kein Anfechtungsausschluss** – z.B. nach § 144 I BGB wegen Bestätigung des Rechtsgeschäfts – eingreift.[5]

Der Schwerpunkt der rechtlichen Problematik liegt in Anfechtungsfällen meist **8** beim **Anfechtungsgrund.** Schon wegen der längeren Anfechtungsfrist – § 124 I BGB (ein Jahr) im Vergleich zu § 121 I 1 BGB (unverzüglich) – und der fehlenden Schadensersatzpflicht des Anfechtenden ist im Rahmen der Fallbearbeitung die **Täuschungsanfechtung** nach § 123 I, 1. Alt. BGB vorrangig vor der **Irrtumsanfechtung** nach § 119 BGB. Bei § 123 I, 1. Alt. BGB kommt es im Arbeitsverhältnis meist darauf an, ob der Arbeitgeber von einem Bewerber verlangen durfte, ihn vor der Einstellung über bestimmte Tatsachen – im vorliegenden Fall: die Einleitung eines strafrechtlichen Ermittlungsverfahrens – aufzuklären. Die Rechtsprechung unterscheidet drei Arten von Aufklärungsbegehren des Arbeitgebers:[6]

---

4 Jauernig/*Mansel,* § 143 BGB Rn. 2; Palandt/*Ellenberger,* § 143 BGB Rn. 1.
5 *Junker,* Grundkurs, Rn. 190–192.
6 *Junker,* Grundkurs, Rn. 151–153.

Übersicht 4. Fragerecht des Arbeitgebers

9   Allgemein: Berechtigtes, billigenswertes und schutzwürdiges Interesse des Arbeit-
    gebers, das die Interessen des Arbeitnehmers überwiegt. Im Einzelnen:

1. Generell zulässige Fragen (insbesondere qualifikations- und tätigkeitsbezogene
   Fragen)
   Beispiele: Ausbildung, beruflicher Werdegang, zuletzt ausgeübte Tätigkeit
2. Begrenzt zulässige Fragen
   Beispiele: Vorstrafen, anhängige Straf- oder Ermittlungsverfahren
3. Generell unzulässige Fragen
   *Beispiele: Schwangerschaft,[7] Schwerbehinderteneigenschaft, wenn die Behinderung
   für die Ausübung der vorgesehenen Tätigkeit keine Bedeutung hat (es gibt kein „tä-
   tigkeitsneutrales Fragerecht")[8]*

Lösung

10   K könnte gegen B aus dem am 1. 7. geschlossenen Arbeitsvertrag (§ 611 I BGB)
     i. V. m. § 3 I 1 EFZG einen Anspruch auf Zahlung des Novembergehalts haben. Die
     Vorschrift des § 3 I 1 EFZG erhält unter bestimmten Voraussetzungen den Vergü-
     tungsanspruch aus § 611 I BGB aufrecht, obwohl in der fraglichen Zeit nicht gear-
     beitet wurde („Lohn ohne Arbeit"). Berechtigt ist „ein Arbeitnehmer" (§ 3 I 1
     EFZG). Die Aufrechterhaltung des Vergütungsanspruchs setzt daher voraus, dass im
     Monat November zwischen K und B ein Arbeitsverhältnis bestand. An dieser Vor-
     aussetzung fehlt es, wenn das Land B die in seinem Namen abgegebene, auf Ab-
     schluss des Arbeitsvertrags mit K gerichtete Willenserklärung am 30. 11. wirksam
     angefochten hat (dazu I) und die Anfechtung nach § 142 I BGB auf die Zeit ab
     dem 1. 11. zurückwirkt (dazu II).

I. Voraussetzungen der Anfechtung

11   Eine wirksame Anfechtung setzt voraus, dass ein **Anfechtungsgrund** besteht, B eine
     Anfechtungserklärung innerhalb der **Anfechtungsfrist** abgegeben hat und **kein
     Ausschluss der Anfechtung** eingreift.

1. Anfechtungsgrund (§ 123 I, 1. Alt. BGB)

12   Indem K vor dem Dienstantritt am 1. 7. das gegen ihn eingeleitete strafrechtliche
     Ermittlungsverfahren verschwiegen hat, könnte er für B den Anfechtungsgrund der
     arglistigen Täuschung geschaffen haben (§ 123 I, 1. Alt. BGB). Dann müsste K

---

7   *EuGH* 3. 2. 2000 – C-207/98, Slg. 2000, I-569 – Mahlburg; *EuGH* 4. 10. 2001 – C-109/00, Slg.
    2001, I-6993 – Tele Danmark; *BAG* 6. 2. 2003 – 2 AZR 621/01, AP Nr. 21 zu § 611a BGB
    m. Anm. *Kamanabrou* (Bl. 2 R) = NZA 2003, 848.
8   ErfK/*Preis,* § 611 BGB Rn. 274; KR/*Etzel/Gallner,* §§ 85–90 SGB IX Rn. 31; *Hromadka/
    Maschmann* I, § 5 Rn. 47; offengelassen in *BAG* 7. 7. 2011 – 2 AZR 396/10, AP Nr. 70 zu § 123
    BGB = NZA 2012, 34 (Rn. 17).

eine Täuschung begangen haben (dazu a), die das Land B zur Abgabe der auf Vertragsschluss gerichteten Willenserklärung bestimmt hat (dazu b) und vonseiten des K mit Vorsatz geschah (dazu c).

a) Widerrechtliche Täuschung

Ob K eine Täuschung begangen hat, hängt davon ab, welche Anforderungen an **13** eine Täuschung i.S.d. § 123 I BGB gestellt werden. Auch wenn in der 1. Alt. des § 123 I BGB (Täuschung) das Wort „widerrechtlich" nicht vorkommt, entspricht es allgemeiner Ansicht, dass die Widerrechtlichkeit (Rechtswidrigkeit) der Täuschung ein ungeschriebenes Tatbestandsmerkmal des § 123 I BGB ist.[9] Eine **Täuschung** liegt vor, wenn ein Bewerber Tatsachen vorspiegelt, entstellt oder verschweigt und dadurch beim Arbeitgeber eine unrichtige Vorstellung (einen Irrtum) erregt, bestärkt oder aufrechterhält.[10] Im Fall des Verschweigens einer Tatsache (Täuschung durch Unterlassen) ist die Täuschung rechtswidrig, wenn den Bewerber hinsichtlich dieser Tatsache eine Aufklärungspflicht (Offenbarungspflicht) trifft.[11]

Eine **Tatsache** ist die Einleitung eines strafrechtlichen Ermittlungsverfahrens gegen **14** K wegen Sachbeschädigung und Verstoßes gegen das PflVG; die Einleitung dieses Ermittlungsverfahrens geschah spätestens durch Ladung vom 12. 6. (§ 163a I StPO). Ein Verschweigen dieser Tatsache bei Abschluss des Arbeitsvertrags am 1. 7. ist eine rechtswidrige Täuschung, wenn K hinsichtlich dieser Tatsache eine Aufklärungspflicht hatte. K hatte sich am 10. 5. verpflichtet, vor Dienstantritt – der im vorliegenden Fall mit dem Abschluss des Arbeitsvertrags zusammenfiel – gegen ihn eingeleitete strafrechtliche Ermittlungsverfahren zu offenbaren. Es fragt sich, ob dadurch eine wirksame und rechtlich bindende Offenbarungspflicht des K begründet wurde.

aa) Frage nach laufenden Ermittlungsverfahren

Eine Aufklärungspflicht des K setzt voraus, dass das Land B am 10. 5. berechtigt **15** war, K nach **anhängigen Ermittlungsverfahren** zu befragen: Wenn schon kein Fragerecht des Landes B nach laufenden Ermittlungsverfahren bestand, kann erst recht keine Pflicht des K bestehen, ein in der Zeit vom 10. 5. bis zum Dienstbeginn noch anhängig werdendes Ermittlungsverfahren von sich aus zu offenbaren.[12] Die Frage nach einem **Ermittlungsverfahren** wiederum kann allenfalls insoweit zulässig sein [dazu (2)], als der Arbeitgeber berechtigt wäre, nach einer entsprechenden **Vorstrafe** zu fragen [dazu (1)].[13]

(1) Arbeitgeberfragen an einen Bewerber sind im Interesse der informationellen **16** Selbstbestimmung, des allgemeinen Persönlichkeitsrechts und der Berufsfreiheit des Bewerbers nur zulässig, soweit ein berechtigtes, billigenswertes und schutzwürdiges

---

[9]   Aus den Motiven ergibt sich, dass der Gesetzgeber davon ausging, die arglistige Täuschung sei ohnehin stets rechtswidrig. Nachw. bei *MünchKommBGB/Kramer,* § 123 Rn. 10.

[10]   *BAG* 5. 10. 1995 – 2 AZR 923/94, BAGE 81, 120 (123) = AP Nr. 40 zu § 123 BGB = NZA 1996, 371; *BAG* 7. 7. 2011 – 2 AZR 396/10, AP Nr. 70 zu § 123 BGB = NZA 2012, 34 (Rn. 16); *BAG* 6. 9. 2012 – 2 AZR 270/11, AP Nr. 72 zu § 123 BGB = NZA 2013, 1087 (Rn. 24).

[11]   Palandt/*Ellenberger,* § 123 BGB Rn. 5; MünchKommBGB/*Kramer,* § 123 Rn. 16.

[12]   So der Gedankengang im Urteil des *BAG* 20. 5. 1999 – 2 AZR 320/98, NZA 1999, 975 (976 sub dd).

[13]   ErfK/*Preis,* § 611 BGB Rn. 281; H/W/K/*Thüsing,* § 123 BGB Rn. 13.

Interesse an der Beantwortung besteht.[14] Speziell die **Frage nach Vorstrafen** bedeutet einen erheblichen Eingriff in die Individualsphäre des Bewerbers. Nach Vorstrafen darf der Arbeitgeber den Bewerber bei der Einstellung daher nur fragen, wenn und soweit die Art des zu besetzenden Arbeitsplatzes dies erfordert. Dabei kommt es nicht auf die subjektive Meinung des Arbeitgebers an, welche Vorstrafen er als einschlägig ansieht; entscheidend ist vielmehr ein objektiver Maßstab.[15]

17 (a) Die **Art des Arbeitsplatzes** muss die Frage nach einer Vorstrafe erfordern. Der Gebrauch eines nicht haftpflichtversicherten Fahrzeugs auf öffentlichen Wegen (§ 6 I PflVG) ist eine Verkehrsstraftat i. e. S.; die mit einem Fahrzeug begangene Sachbeschädigung (§ 303 I StGB) ist eine Verkehrsstraftat i. w. S. Ein **Kraftfahrer** darf nach allgemeiner Ansicht nach verkehrsrechtlichen Vorstrafen gefragt werden.[16] Nichts anderes kann für einen (angestellten) **Polizisten** gelten, der – einem Kraftfahrer vergleichbar – im Dienst ein Kraftfahrzeug zu führen hat: Bereits der Umstand, dass ein Streifenpolizist i. d. R. einen erheblichen Teil seiner Dienstzeit hinter dem Steuer eines Kraftfahrzeugs ableistet, begründet ein berechtigtes, billigenswertes und schutzwürdiges Interesse des Landes B an der Aufklärung über verkehrsrechtliche Vorstrafen.

18 (b) Allerdings folgt eine Beschränkung des Fragerechts aus den Wertungen des **Bundeszentralregistergesetzes,** wonach sich der Bewerber als nicht vorbestraft bezeichnen darf, wenn die Verurteilung nicht in das Führungszeugnis aufzunehmen oder zu tilgen ist (§§ 51, 53 BZRG). Hinsichtlich dieser Wertungen bestehen keine Unterschiede zwischen dem Fragerecht des privaten und des öffentlichen Arbeitgebers.[17] In das Führungszeugnis nicht aufzunehmen ist eine Geldstrafe von nicht mehr als 90 Tagessätzen (§ 32 II BZRG). Im vorliegenden Fall ist K wegen der Vergehen, auf die sich das Ermittlungsverfahren bezog, durch Strafbefehl (§ 407 StPO) mit einer Gesamtgeldstrafe von 120 Tagessätzen belegt worden. Das BZRG stünde dem Fragerecht hinsichtlich einer solchen Vorstrafe nicht entgegen.

19 (2) Es fragt sich, ob der Arbeitgeber in dem Rahmen, in dem er nach Vorstrafen fragen darf, auch die Aufklärung über anhängige strafrechtliche **Ermittlungsverfahren** verlangen kann. Dem könnte der in Art. 6 II EMRK niedergelegte Grundsatz entgegenstehen, wonach jeder Mensch bis zu seiner rechtskräftigen Verurteilung als unschuldig zu gelten hat. Die **Unschuldsvermutung** bindet jedoch unmittelbar nur den Richter, der über die Begründetheit einer (strafrechtlichen) Anklage zu entscheiden hat. Aus der Unschuldsvermutung lässt sich nicht der Schluss ziehen, dass dem Betroffenen aus der Tatsache eines anhängigen Ermittlungsverfahrens überhaupt keine Nachteile entstehen dürfen.[18] Wenn und soweit bereits ein strafrecht-

---

[14] *BAG* 11. 11. 1993 – 2 AZR 467/93, BAGE 75, 77 (81) = AP Nr. 38 zu § 123 BGB = NZA 1994, 407 = EzA § 123 BGB Nr. 40 m. Anm. *Rieble*; *BAG* 15. 11. 2012 1998 – 6 AZR 339/11, BAGE 143, 343 = AP Nr. 69 zu § 138 BGB = NZA 2013, 429 (Rn. 23).

[15] *BAG* 5. 12. 1957 – 1 AZR 594/56, BAGE 5, 159 (163) = AP Nr. 2 zu § 123 BGB = NJW 1958, 516; *BAG* 20. 5. 1999 – 2 AZR 320/98, NZA 1999, 975 (976 sub bb).

[16] *Hromadka/Maschmann* I, § 5 Rn. 52; *Milthaler*, Das Fragerecht des Arbeitgebers nach den Vorstrafen des Bewerbers (2005), S. 192.

[17] *BAG* 15. 1. 1970 – 2 AZR 64/69, AP Nr. 7 zu § 1 KSchG Verhaltensbedingte Kündigung; H/W/K/*Thüsing*, § 123 BGB Rn. 12; MünchArbR/*Buchner*, § 30 Rn. 344.

[18] *BAG* 20. 5. 1999 – 2 AZR 320/98, NZA 1999, 975 (976 sub cc); *BAG* 6. 9. 2012 – 2 AZR 270/11, AP Nr. 72 zu § 123 BGB = NZA 2013, 1087 (Rn. 24).

liches Ermittlungsverfahren Zweifel an der persönlichen Eignung des Bewerbers für die in Aussicht genommene Stelle begründen kann, darf der Arbeitgeber auch nach anhängigen Ermittlungsverfahren fragen.[19] Im vorliegenden Fall könnten sich Zweifel an der persönlichen Eignung des K für den Polizeivollzugsdienst aus zwei Erwägungen ergeben:

(a) Bei der Einstellung in den **öffentlichen Dienst** wird das Grundrecht des **20** Art. 12 I GG auf freie Wahl des Arbeitsplatzes durch Art. 33 II GG ergänzt, wonach beim Zugang zu einem öffentlichen Amt Eignung, Befähigung und fachliche Leistung den Ausschlag geben. Der Begriff des öffentlichen Amtes erfasst nicht nur Beamte, sondern auch Arbeiter und Angestellte im öffentlichen Dienst.[20] Geeignet i. S. von Art. 33 II GG ist nur, wer dem angestrebten Amt in körperlicher, psychischer und charakterlicher Hinsicht gewachsen ist. Nicht nur bei einer Übernahme in ein Beamtenverhältnis, sondern auch bei einer Einstellung als Angestellter im Polizeivollzugsdienst darf das Land B an die persönliche und charakterliche Eignung des Bewerbers erhebliche Anforderungen stellen. Der Gebrauch eines nicht versicherten Fahrzeugs auf einer öffentlichen Straße und die vorsätzliche Zerstörung von Saatgut durch Befahren eines Ackers begründen Zweifel an der Eignung des K für den Polizeivollzugsdienst.

(b) Ein weiteres Argument für die Zulässigkeit einer Frage nach einem laufenden **21** Ermittlungsverfahren gegen K ist die **einschlägige Vorstrafe** aus dem Vorjahr wegen Trunkenheit im Straßenverkehr. Wenn das Land B grundsätzlich bereit war, K trotz dieser Vorstrafe in den Polizeivollzugsdienst einzustellen, so muss dem Land B die Frage erlaubt sein, ob K sich wenigstens zwischen der Bewerbung und dem Abschluss des Arbeitsvertrags gesetzestreu verhielt oder ob gegen ihn wegen vergleichbarer Delikte erneut ein Ermittlungsverfahren anhängig geworden war.[21] K hätte daher am 10. 5. ein laufendes Ermittlungsverfahren der vorliegenden Art offenbaren müssen.

bb) Frage nach künftigen Ermittlungsverfahren

Um eine rechtswidrige Täuschung seitens des K bejahen zu können, genügt eine **22** Aufklärungspflicht hinsichtlich am 10. 5. anhängiger Ermittlungsverfahren jedoch nicht. K müsste darüber hinaus eine Offenbarungspflicht hinsichtlich **künftig anhängig werdender Ermittlungsverfahren** gehabt haben. Soweit der Arbeitgeber den Bewerber nach einem laufenden Ermittlungsverfahren befragen darf, ist es bei einem längeren Bewerbungsverfahren auch zulässig, den Bewerber zur Aufdeckung anhängig werdender Ermittlungsverfahren zu verpflichten.[22] Eine solche Verpflichtung berührt die Interessen des Bewerbers nicht stärker als die durch den Arbeitgeber im Laufe eines längeren Bewerbungsverfahrens wiederholt gestellte Frage nach einem anhängigen Ermittlungsverfahren. Dem Arbeitnehmer ist es daher zumutbar, das später eingeleitete Ermittlungsverfahren zu offenbaren. K hat folglich das Land

---

[19] *BAG* 20. 5. 1999 – 2 AZR 320/98, NZA 1999, 975 (976 sub cc); *BAG* 27. 7. 2005 – 7 AZR 508/04, BAGE 115, 296 (303) = AP Nr. 63 zu Art. 33 II GG = NZA 2005, 1243.

[20] *BVerwG* 11. 2. 1981 – BVerwG 6 P 44.79, BVerwGE 61, 325 (330).

[21] So auch *BAG* 20. 5. 1999 – 2 AZR 320/98, NZA 1999, 975 (976 sub ee) in dem Urteil, dem der vorliegende Fall nachgebildet ist; ebenso *Reichold*, EWiR § 123 BGB 3/1999, 1039 (1040).

[22] *BAG* 20. 5. 1999 – 2 AZR 320/98, NZA 1999, 975 (976 sub dd).

B widerrechtlich getäuscht, indem er es unterlassen hat, das vor Dienstantritt anhängig gewordene Ermittlungsverfahren anzuzeigen.

b) Ursächlichkeit der Täuschung

23 Durch die widerrechtliche Täuschung müssten die Beamten der Einstellungsbehörde des Landes B zur Abgabe ihrer auf Abschluss eines Arbeitsvertrags mit K gerichteten Willenserklärung bestimmt worden sein (§ 123 I BGB). Die Kausalität ist bereits gegeben, wenn die Täuschung für die Abgabe der Willenserklärung mitursächlich geworden ist.[23] Es entspricht der Lebenserfahrung, dass das Land B den K bei Kenntnis von einem Ermittlungsverfahren hinsichtlich neuer, schwerwiegender Verfehlungen nicht in den Polizeivollzugsdienst eingestellt hätte. Die Ursächlichkeit der Täuschung für die Vertragserklärung der Beamten des Landes B ist daher zu bejahen.

c) Vorsatz des Bewerbers („Arglist")

24 Die Täuschung müsste nach dem Wortlaut des § 123 I, 1. Alt. BGB „arglistig" gewesen sein. Arglist liegt vor, wenn K wusste oder zumindest billigend in Kauf genommen hat, dass er eine Tatsache verschwieg, die für die Einstellungsentscheidung des Arbeitgebers relevant sein konnte. Für „Arglist" genügt (bedingter) Vorsatz; eine besondere „Heimtücke" wird nicht verlangt.[24] Fraglich ist allein, ob K vor dem Dienstantritt am 1. 7. davon Kenntnis hatte, dass ein Ermittlungsverfahren gegen ihn anhängig geworden war. Da er einen Tag vor dem Abschluss des Arbeitsvertrages eine Rechtsanwältin wegen eines „Ermittlungsverfahrens" beauftragte, ist von dieser Kenntnis auszugehen.[25]

2. Anfechtungserklärung (§ 143 I, II BGB)

25 Als Ausübung eines Gestaltungsrechts bedarf die Anfechtung einer Erklärung (§ 143 I BGB), die bei Anfechtung einer auf Vertragsschluss gerichteten Willenserklärung gegenüber dem Vertragspartner abzugeben ist (§ 143 II BGB). Das Land B hat dem K am 30. 11. eine Anfechtungserklärung zugestellt; es ist davon auszugehen, dass das Land B bei der Abgabe dieser Willenserklärung ordnungsgemäß vertreten wurde.

3. Anfechtungsfrist (§ 124 I BGB)

26 Die Anfechtung nach § 123 BGB muss innerhalb eines Jahres erfolgen (§ 124 I BGB); die Jahresfrist beginnt mit dem Zeitpunkt, in welchem der Anfechtungsberechtigte die Täuschung entdeckt (§ 124 II 1 BGB). B hat von der Täuschung am 14. 10. erfahren und mit der am 30. 11. dem K zugegangenen Erklärung die Ausschlussfrist des § 124 I, II 1 BGB gewahrt.

---

[23] *BAG* 11. 11. 1993 – 2 AZR 467/93, BAGE 75, 77 (84); *BAG* 20. 5. 1999 – 2 AZR 320/98, NZA 1999, 975 (976 f.); *BAG* 7. 7. 2011 – 2 AZR 396/10, AP Nr. 70 zu § 123 BGB = NZA 2012, 34 (Rn. 16 f.); AR/*Löwisch*, § 123 BGB Rn. 10.

[24] H/W/K/*Thüsing*, § 123 BGB Rn. 2; MünchKommBGB/*Kramer*, § 123 Rn. 8, 9; Palandt/ *Ellenberger*, § 123 BGB Rn. 11.

[25] Ebenso *BAG* 20. 5. 1999 – 2 AZR 320/98, NZA 1999, 975 (977) in dem Urteil, dem der vorliegende Fall nachgebildet ist.

4. Kein Ausschluss der Anfechtung

Schließlich darf die Anfechtung nicht ausgeschlossen sein. Eine Anfechtung ist **27** nicht nur ausgeschlossen, wenn der Anfechtungsberechtigte den anfechtbaren Vertrag bestätigt hat (§ 144 I BGB), sondern auch, wenn die Ausübung des Anfechtungsrechts gegen Treu und Glauben verstößt (§ 242 BGB).[26]

a) Interessenabwägung

Das Anfechtungsrecht könnte ausgeschlossen sein, wenn bei der Anfechtung von **28** Arbeitsverhältnissen – ähnlich wie bei einer außerordentlichen Kündigung nach § 626 I BGB – eine umfassende, auf Treu und Glauben (§ 242 BGB) gestützte Interessenabwägung vorzunehmen wäre und das Interesse des K am Fortbestand des Arbeitsverhältnisses das Interesse des Landes B überwiegen würde. Die **Anfechtung** dient dazu, Mängel der Willenserklärung zu korrigieren und die Bindung an eine fehlerhafte – und damit nicht mehr von der freien Selbstbestimmung des Erklärenden getragene – Willenserklärung zu beseitigen. Die **Kündigung** hat demgegenüber die Funktion, die Lösung von einem Dauerschuldverhältnis zu ermöglichen, wenn eine Partei das Vertragsverhältnis nicht mehr fortsetzen möchte. Schon aus dieser unterschiedlichen Funktion folgt, dass das Gebot der Interessenabwägung auf die Anfechtung nicht übertragbar ist.[27]

b) Bedeutungsverlust

Nach verbreiteter Ansicht ist die Anfechtung eines Dauerschuldverhältnisses nach **29** Treu und Glauben (§ 242 BGB) ausgeschlossen, wenn der Anfechtungsgrund für den Anfechtenden infolge Zeitablaufs bedeutungslos geworden ist, weil seine Rechtslage durch die arglistige Täuschung nicht mehr beeinträchtigt wird.[28] Diese Ansicht trägt dem Umstand Rechnung, dass bei einem Dauerschuldverhältnis der Anfechtungsgrund angesichts der nachträglichen Entwicklung so weit an Bedeutung verloren haben kann, dass er eine Auflösung des Arbeitsverhältnisses nicht mehr rechtfertigt.

An den Bedeutungsverlust sind jedoch strenge Maßstäbe anzulegen: Es ist das We- **30** sen der arglistigen Täuschung, dass der wahre Sachverhalt oft erst viel später offenbar wird. Würde § 242 BGB großzügig angewendet, würde der besonders „gerissene" Täuscher – der den wahren Sachverhalt lange geheim halten kann – prämiert. Im vorliegenden Fall sind keine besonderen Umstände ersichtlich, die erkennen lassen, dass die Interessen des Landes B nach viermonatiger Tätigkeit des K nicht mehr beeinträchtigt sind. Die Anfechtung ist nicht nach § 242 BGB ausgeschlossen. Die Voraussetzungen einer Anfechtung nach § 123 I, 1. Alt. BGB liegen vor.

II. Rechtsfolge der Anfechtung

Der Anspruch des K auf Zahlung des Februargehaltes entfällt nur, wenn die am **31** 30. 11. erklärte Anfechtung das Arbeitsverhältnis ab dem 1. 11. beseitigt. Es fragt sich, ob die vom Land B erklärte Anfechtung diese Rechtsfolge hat.

---

[26] Palandt/*Ellenberger,* § 143 BGB Rn. 1.

[27] *BAG* 28. 5. 1998 – 2 AZR 549/97, AP Nr. 46 zu § 123 BGB = NZA 1998, 1052; *BAG* 20. 5. 1999 – 2 AZR 320/98, NZA 1999, 975 (977 sub II 2).

[28] *BAG* 12. 2. 1970 – 2 AZR 184/69, BAGE 22, 278 (281 f.) = AP Nr. 17 zu § 123 BGB = NJW 1970, 1565; *BAG* 20. 5. 1999 – 2 AZR 320/98, NZA 1999, 975 (977 sub II 1).

1. Grundsatz: Rückwirkung (§ 142 I BGB)

32 Nach § 142 I BGB lautet die Rechtsfolge der Anfechtung, dass der Arbeitsvertrag **als von Anfang an nichtig anzusehen** ist. Ein wirksam angefochtener Arbeitsvertrag wird nach § 142 I BGB grundsätzlich mit rückwirkender Kraft („ex tunc") beseitigt.[29] Wenn es im vorliegenden Fall bei diesem Grundsatz bliebe, würde der Arbeitsvertrag sogar schon **ab 1.7.** als Rechtsgrundlage für Vergütungsansprüche beseitigt.

2. Lehre vom fehlerhaften Arbeitsverhältnis

33 Entgegen dem Wortlaut des § 142 I BGB nimmt die Rechtsprechung an, dass ein **in Vollzug gesetztes Arbeitsverhältnis** nur mit Wirkung für die Zukunft („ex nunc") angefochten werden kann. Begründet wird diese sog. Lehre vom fehlerhaften (nicht: „faktischen"[30]) Arbeitsverhältnis mit den Schwierigkeiten einer bereicherungsrechtlichen Rückabwicklung und dem Arbeitnehmerschutz: Als **Dauerschuldverhältnis** erzeugt der Arbeitsvertrag eine Vielzahl von Pflichten, Leistungen und Rechtspositionen, die im Interesse des Arbeitnehmers nicht ohne weiteres ausgelöscht werden können.[31] Zwar hätte der Arbeitnehmer für die Vergangenheit einen Anspruch aus §§ 812 ff. BGB. Der Arbeitgeber könnte aber geltend machen, dass die Arbeitsleistung des Arbeitnehmers für ihn keinen wirtschaftlichen Wert hatte – z.B. während einer Einarbeitungszeit – und er daher nicht bereichert ist (§ 818 III BGB). Zudem würde ein Bereicherungsanspruch des Arbeitnehmers nicht dem Pfändungsschutz unterliegen, wie dies beim Arbeitsentgelt der Fall ist (§ 850c ZPO). Der durch Dienstantritt in Vollzug gesetzte Arbeitsvertrag wird daher **für die Vergangenheit** so behandelt, als wäre er fehlerfrei zustande gekommen; die Anfechtung wirkt nur **für die Zukunft** – also **ab 1.12.** –, sodass K nach der Lehre vom fehlerhaften Arbeitsverhältnis seinen Vergütungsanspruch für den Monat November behält.

3. Ausnahme von dieser Lehre

34 Eine Ausnahme von der Lehre vom fehlerhaften Arbeitsverhältnis könnte sich jedoch daraus ergeben, dass K seit dem 1.11. wegen seiner Erkrankung nicht mehr gearbeitet hat. Früher bejahte das BAG einen Ausnahmetatbestand nur dann, wenn das **Arbeitsverhältnis außer Funktion gesetzt** wurde. Die Anfechtung sollte dann zumindest auf den Zeitpunkt der sog. Außerfunktionsetzung zurückwirken. Eine „Außerfunktionsetzung" sollte aber nur vorliegen, wenn in das Arbeitsverhältnis willentlich – etwa durch Kündigung eingegriffen wurde, nicht dagegen bei einer – vom Willen der Vertragsparteien unabhängigen – Unterbrechung des Leistungsaus-

---

[29] *BAG* 3.12.1998 – 2 AZR 754/97, BAGE 90, 251 (254 f.) = AP Nr. 49 zu § 123 BGB = NZA 1999, 584.

[30] Der Begriff „faktisches Arbeitsverhältnis" ist irreführend, weil er den Eindruck erweckt, das Arbeitsverhältnis komme allein durch die tatsächliche („faktische") Arbeitsleistung zustande. Es besteht Einigkeit, dass es stets eines – wenn auch gestörten („fehlerhaften") – Vertragsschlusses bedarf; s. auch *Hanau/Adomeit*, Rn. 639; *Zöllner/Loritz/Hergenröder*, § 12 II 1 b.

[31] *BAG* 5.12.1957 – 1 AZR 594/56, BAGE 5, 159 (161) = AP Nr. 2 zu § 123 BGB = NJW 1958, 516; *BAG* 20.2.1986 – 2 AZR 244/85, BAGE 51, 167 = AP Nr. 31 zu § 123 BGB m.Anm. *Coester* = NZA 1986, 739; AR/*Löwisch*, § 142 BGB Rn. 2; *Zöllner/Loritz/Hergenröder*, § 12 II 1 b.

tausches durch Erkrankung des Arbeitnehmers.[32] Das ergab sich nach der früheren Rechtsprechung aus dem Gedanken des Arbeitnehmerschutzes.

Das Merkmal der „Außerfunktionsetzung" ist jedoch unscharf und ohne gesetzliche **35** Grundlage. Besser ist es, mit der neueren Rechtsprechung auf den Sinn und Zweck der Lehre vom fehlerhaften Arbeitsverhältnis abzustellen: **Probleme der Rückabwicklung** entstehen nicht für einen Zeitraum, in welchem der Arbeitnehmer erkrankungsbedingt nicht gearbeitet hat: Dem Vermögen des Arbeitgebers ist dann keine Arbeitsleistung zugewachsen, für die im Rahmen der Rückabwicklung Ersatz zu leisten wäre. Der Gesichtspunkt des **Arbeitnehmerschutzes** kann jedenfalls dann nicht zum Tragen kommen, wenn sich der Arbeitnehmer den Abschluss des Arbeitsvertrags durch arglistige Täuschung erschlichen hat: Der arglistig Täuschende hätte einen nicht zu rechtfertigenden Vorteil, wenn der Anfechtung des Vertragspartners auch dann nur eine Wirkung für die Zukunft beigelegt würde, wenn und soweit der Arbeitnehmer vor der Abgabe der Anfechtungserklärung durch den Arbeitgeber nicht gearbeitet hat.[33] Die am 30. 11. erklärte Anfechtung wirkt daher auf den Zeitpunkt zurück, ab welchem K krankheitsbedingt nicht mehr gearbeitet hat. Sie wirkt also **ab 1. 11.**

4. Ergebnis: Kein Anspruch

Die am 30. 11. wirksam erklärte Anfechtung des Arbeitsvertrages wirkt auf die Zeit **36** ab dem 1. 11. zurück. K hat keinen Anspruch auf Zahlung des Gehaltes für den Monat November.

---

[32] *BAG* 16. 9. 1982 – 2 AZR 228/80, BAGE 41, 54 (66) = AP Nr. 24 zu § 123 BGB = NJW 1984, 446; zustimmend und diese Ansicht nach wie vor für richtig haltend *Thüsing*, § 119 BGB Rn. 17; *Zöllner/Loritz/Hergenröder*, § 12 II 1 b.

[33] *BAG* 3. 12. 1998 – 2 AZR 754/97, BAGE 90, 251 (257 f.) = AP Nr. 49 zu § 123 BGB = NZA 1999, 584; zustimmend AR/*Löwisch*, § 142 BGB Rn. 2; ErfK/*Preis*, § 611 BGB Rn. 369; Erman/*Belling*, § 611 BGB Rn. 267; *Waltermann*, Rn. 173.

Fall 3. Wiedereinstellungsanspruch

Nach *BAG* 4. 12. 1997 – 2 AZR 140/97, BAGE 87, 221 = AP Nr. 4 zu § 1 KSchG 1969 Wiedereinstellung = NZA 1998, 702

Weitere Themen: Betriebsbedingte Kündigung, § 1 I, II KSchG – Sozialauswahl nach § 1 III KSchG – Weiterbeschäftigungsanspruch, § 102 V BetrVG

Zur Vertiefung: *Junker,* Grundkurs, § 3 III (Rn. 168–187)

Sachverhalt

Die Bandstahl AG (B) beschließt im Juni, die Fertigung von Glockenmessern (Spezialmessern in Glockenform zur Behandlung von Leder) wegen mangelnder Rentabilität zum Ende des Jahres stillzulegen und die Messer künftig in Italien herstellen zu lassen. In einem Interessenausgleich mit dem Betriebsrat vereinbart B den Abbau aller elf Arbeitsplätze in der Glockenmesserfertigung und kündigt zunächst sieben Arbeitnehmern zum 31. 12. Darunter ist der 40-jährige, ledige und seit 18 Jahren im Betrieb beschäftigte Arbeitnehmer Krause (K), der rechtzeitig eine Kündigungsschutzklage erhebt, deren Zulässigkeit zu unterstellen ist.

Nachdem versuchsweise Messer in Italien produziert worden sind, gelingt es der B, die Schleifzeiten und damit die Herstellungskosten so stark zu senken, dass die kalkulierten Preise der deutschen Produktion unter denen der italienischen Messer liegen. Daraufhin entschließt sich B im November, die Messerfertigung mit fünf Arbeitnehmern aufrechtzuerhalten. Die letzten vier geplanten Kündigungen spricht sie nicht mehr aus. Einen der gekündigten sieben Arbeitnehmer, den 53 Jahre alten, ledigen und seit 14 Jahren im Betrieb beschäftigten Arbeitnehmer Dreier (D), stellt sie wieder ein. Wie ist die Rechtslage bezüglich K?

Vorüberlegungen

1 Die Frage nach der **Rechtslage** ist keine Aufforderung, alle denkbaren Aspekte des Falles zu untersuchen, sondern muss stets zusammen mit den rechtlichen Hinweisen im Sachverhalt gelesen werden (Einl. Rn. 41). Im vorliegenden Fall hat der Arbeitnehmer „rechtzeitig eine Kündigungsschutzklage erhoben, deren Zulässigkeit zu unterstellen ist." Es liegt daher nahe, die Vorüberlegungen mit der Frage nach der Begründetheit dieser Klage beginnen zu lassen. Nach dem Sachverhalt spielt der **Zeitfaktor** in mehrfacher Hinsicht eine Rolle: Da im Juni der Entschluss fällt, einen bestimmten Produktionszweig zum 31. 12. stillzulegen (sodass die Arbeitsplätze in diesem Produktionszweig mit Ablauf dieses Tages wegfallen), muss der Arbeitgeber für eine darauf gestützte Kündigung die Fristen des § 622 BGB beachten.[1] Da der Arbeitnehmer K 18 Jahre im Betrieb beschäftigt ist, beträgt seine Kündi-

---

[1] Siehe dazu *Junker,* Grundkurs, Rn. 385.

gungsfrist sechs Monate zum Ende eines Kalendermonats (§ 622 II 1 Nr. 6 BGB). Das erklärt den Zugang der Kündigung bereits im Juni.

Das Zeitmoment spielt laut Sachverhalt aber auch insoweit eine Rolle, als sich wäh- **2** rend des langen Laufs der Kündigungsfrist offenbar die Umstände geändert haben: War der Arbeitgeber bei dem Ausspruch der Kündigung im Juni noch entschlossen, den Produktionszweig aufzugeben, ist vor dem Ablauf der Kündigungsfrist (d. h. dem vom Arbeitgeber gewollten Zeitpunkt des Wirksamwerdens der Kündigung) eine Änderung der Kalkulationsgrundlagen eingetreten, die den Arbeitgeber veranlasst, den geplanten Stilllegungsbeschluss zu revidieren. Es stellt sich damit die fallentscheidende Frage, welchen Einfluss diese Änderung auf die Wirksamkeit der Kündigung hat.

Lösung

I. Begründetheit der Kündigungsschutzklage

Die Kündigungsschutzklage des K gegen B ist begründet, wenn die Kündigung so- **3** zial ungerechtfertigt ist (§ 1 I KSchG). Die Kündigung könnte sozial gerechtfertigt sein, weil sie durch dringende betriebliche Erfordernisse bedingt ist, die einer Weiterbeschäftigung des K im Betrieb der B entgegenstehen (§ 1 II 1 KSchG), und kein milderes Mittel als die Änderungskündigung zur Verfügung steht (§ 1 II 2, 3 KSchG).

1. Maßgebender Zeitpunkt (Prognoseprinzip)

Ob ein betriebsbedingter Kündigungsgrund vorliegt, beurteilt sich zu dem **Zeit-** **4** **punkt,** in dem die Kündigungserklärung zugeht.[2] Das dringende betriebliche Erfordernis muss in diesem Zeitpunkt noch nicht eingetreten sein.[3] Es genügt, wenn die auf Betriebsstilllegung gerichtete unternehmerische Entscheidung zum Zeitpunkt des Zugangs der Kündigung bereits **greifbare Formen** angenommen hat und eine vernünftige betriebswirtschaftliche Betrachtung die **Prognose** rechtfertigt, dass bei Wirksamwerden der Kündigung – also am Ende der Kündigungsfrist – der Arbeitsplatz wegfallen wird.[4] „Greifbare Formen" liegen bereits vor, wenn sich der Arbeitgeber entschließt, keine neuen Aufträge anzunehmen, den Arbeitnehmern zu kündigen und sie nur noch zur Abarbeitung der vorhandenen Aufträge während des Laufs der Kündigungsfrist einzusetzen.[5]

---

[2] *BAG* 15. 8. 1984 – 7 AZR 536/82, AP Nr. 16 zu § 1 KSchG 1969 Krankheit = NZA 1985, 357 = JuS 1985, 649 = SAE 1986, 70 m. Anm. *Schreiber; BAG* 21. 4. 2005 – 2 AZR 241/04, BAGE 114, 258 (260) = AP Nr. 74 zu § 1 KSchG 1969 Soziale Auswahl m. Anm. *v. Koppenfels-Spies* = NZA 2005, 1307.

[3] *BAG* 18. 1. 2001 – 2 AZR 514/99, BAGE 97, 10 (15) = AP Nr. 115 zu § 1 KSchG 1969 Betriebsbedingte Kündigung = NZA 2001, 719.

[4] *BAG* 27. 2. 1997 – 2 AZR 160/96, BAGE 85, 194 (200) = AP Nr. 1 zu § 1 KSchG 1969 Wiedereinstellung = NZA 1997, 757; *BAG* 12. 4. 2002 – 2 AZR 256/01, AP Nr. 120 zu § 1 KSchG 1969 Betriebsbedingte Kündigung = NZA 2002, 1205 (1206).

[5] *BAG* 7. 7. 2005 – 2 AZR 447/04, AP Nr. 136 zu § 1 KSchG 1969 Betriebsbedingte Kündigung = NZA 2005, 1351 (1352 f.); KR/*Griebeling*, § 1 KSchG Rn. 579b.

5 Es gilt somit das **Prognoseprinzip:** Die Kündigungsgründe sind zukunftsbezogen; die Kündigung kann mit einem erst in der Zukunft – d. h. bei Ablauf der Kündigungsfrist – eintretenden Ereignis gerechtfertigt werden.[6] B ist bei Ausspruch der Kündigung im Juni fest entschlossen, die Glockenmesserfertigung zum Ende des Jahres aufzugeben. Diesem Entschluss hat B **greifbare Formen** gegeben, indem er begonnen hat, zum 31. 12. betriebsbedingte Kündigungen auszusprechen und versuchsweise die Messerproduktion in Italien aufzunehmen. Die aus § 1 II 2 Nr. 1 lit. b i.V.m. § 1 II 3 KSchG folgende Verpflichtung des Arbeitgebers, dem Arbeitnehmer zur Vermeidung einer Beendigungskündigung eine **Weiterbeschäftigung** zu geänderten, möglicherweise auch schlechteren Arbeitsbedingungen anzubieten, bezieht sich nicht auf freie Arbeitsplätze in einem **im Ausland** gelegenen Betrieb des Unternehmens.[7] Somit liegt im maßgebenden Beurteilungszeitpunkt ein dringendes betriebliches Erfordernis vor, das einer Weiterbeschäftigung entgegensteht.

2. Veränderung von Umständen (Prognosekorrektur)

6 Diese Rechtslage wirft die Frage auf, ob eine **Prognosekorrektur** vorzunehmen ist, wenn – wie im vorliegenden Fall – der Arbeitgeber die Absicht, den Betrieb stillzulegen, zwischen dem Ausspruch und dem Wirksamwerden der Kündigung (teilweise) aufgibt. Dann würden jedoch Umstände, die nach dem Ausspruch der Kündigungserklärung eintreten, diese Gestaltungserklärung nachträglich unwirksam machen. Das wäre nicht nur unvereinbar mit dem Wesen des Gestaltungsrechts, sondern auch der Rechtssicherheit abträglich. Der Wegfall des Kündigungsgrundes nach dem Zugang der Kündigung hat daher keinen Einfluss auf deren Rechtswirksamkeit.[8] Der Umstand, dass B ihren Entschluss, die Glockenmesserfertigung stillzulegen, im November teilweise aufgibt, macht somit die Kündigung nicht unwirksam.

3. Zwischenergebnis

7 Die Kündigungsschutzklage ist unbegründet; das Arbeitsverhältnis des K endet mit dem Ablauf des 31. 12.

II. Wiedereinstellungsanspruch des K

8 Es könnte aber ein Anspruch des K gegen B auf Wiedereinstellung am 1. 1. des Folgejahres bestehen. Ein solcher **Wiedereinstellungsanspruch** würde sich auf Neubegründung eines Arbeitsverhältnisses richten, da die wirksame Kündigung das bestehende Arbeitsverhältnis beendet hat; er ist von einem **Weiterbeschäftigungsanspruch** zu unterscheiden, den § 102 V BetrVG nach Ablauf der Kündigungsfrist bis zum rechtskräftigen Abschluss des Rechtsstreits gewährt und der eine vorübergehende Fortsetzung des alten Arbeitsverhältnisses darstellt.[9]

---

[6] BAG 13. 2. 2008 – 2 AZR 543/06, AP Nr. 175 zu § 1 KSchG 1969 Betriebsbedingte Kündigung = NZA 2008, 821 (Rn. 20); *Preis*, NZA 1997, 1073 (1082); *Boewer*, NZA 1999, 1121 (1123 ff.).

[7] BAG 29. 8. 2013 – 2 AZR 809/12, BAGE 146, 37 = AP Nr. 202 zu § 1 KSchG 1969 = NZA 2014, 730 (Rn. 28).

[8] BAG 27. 2. 1997 – 2 AZR 160/96, BAGE 85, 194 (200) = AP Nr. 1 zu § 1 KSchG 1969 Wiedereinstellung = NZA 1997, 757.

[9] BAG 13. 11. 1997 – 8 AZR 295/95, BAGE 87, 115 (120) = AP Nr. 169 zu § 613a BGB = NZA 1998, 251.

1. Klageantrag

Eine positive Entscheidung über den Wiedereinstellungsanspruch im laufenden **9** (Kündigungsschutz-) Prozess setzt voraus, dass K einen entsprechenden Klageantrag stellt. Ein **Teil der Literatur** ist der Ansicht, ein solcher Antrag sei bereits im Kündigungsschutzantrag enthalten, da es für das praktische Ergebnis des Rechtsstreits keinen Unterschied bedeute, ob das Arbeitsverhältnis wegen Unwirksamkeit der Kündigung unverändert fortbestehe oder unmittelbar im Anschluss an das Wirksamwerden der Kündigung zu den bisherigen Bedingungen neu zu begründen sei.[10]

Nach **herrschender Meinung** ist der Antrag auf Wiedereinstellung nicht in dem **10** Kündigungsschutzantrag enthalten, weil sich der Kündigungsschutzantrag auf die Feststellung der Unwirksamkeit, das Wiedereinstellungsbegehren dagegen auf Abgabe einer Willenserklärung des Arbeitgebers richtet.[11] Folgt man dieser Ansicht, muss K die Klage um einen Antrag auf Wiedereinstellung erweitern (wovon im Folgenden auszugehen ist).

2. Herleitung des Anspruchs

Die dogmatische Begründung des Wiedereinstellungsanspruchs ergibt sich aus dem **11** Grundsatz von Treu und Glauben (§ 242 BGB): Nach dem Prognoseprinzip kann der Arbeitgeber bereits die Kündigung aussprechen, wenn der Kündigungsgrund erst in der Zukunft – bei Ablauf der Kündigungsfrist – eintritt. Der Wiedereinstellungsanspruch ist ein notwendiges **Korrektiv des Prognoseprinzips.** Nach der Rechtsprechung des 2. Senats des BAG schützt der Wiedereinstellungsanspruch den Arbeitnehmer in seinem Vertrauen, den sozialen Besitzstand nur zu verlieren, wenn die Prognose bei Ablauf der Kündigungsfrist noch zutrifft.[12] Der 7. Senat leitet den Kontrahierungszwang aus einer – ebenfalls auf § 242 BGB beruhenden – vertraglichen Nebenpflicht ab, die dem gekündigten Arbeitsverhältnis entstammt und den Arbeitgeber verpflichtet, auf die berechtigten Interessen des Arbeitnehmers Rücksicht zu nehmen.[13]

3. Voraussetzungen des Anspruchs

Aus der dogmatischen Herleitung folgen die Voraussetzungen des Wiedereinstel- **12** lungsanspruchs: Der Anspruch besteht, wenn (a) die Kündigung auf einer Prognose beruht und diese Prognose sich während der Kündigungsfrist als falsch erweist, (b) der Arbeitgeber mit Rücksicht auf die Wirksamkeit der Kündigung noch keine Dispositionen getroffen hat und (c) dem Arbeitgeber die unveränderte Fortsetzung des Arbeitsverhältnisses zuzumuten ist.[14] Im vorliegenden Fall fehlt es an der zweit-

---

[10] *Mathern,* NJW 1996, 818 (821); *Zwanziger,* BB 1997, 42 (45 f.).

[11] A/P/S/*Kiel,* § 1 KSchG Rn. 845; KR/*Griebeling,* § 1 KSchG Rn. 743a; MünchKommBGB/*Hergenröder,* § 1 KSchG Rn. 83.

[12] *BAG* 27. 2. 1997 – 2 AZR 160/96, BAGE 85, 194 (201) = AP Nr. 1 zu § 1 KSchG 1969 Wiedereinstellung = NZA 1997, 757; ebenso *Hergenröder,* EzA § 1 KSchG Wiedereinstellungsanspruch Nr. 3, S. 18; a.A. *Kaiser,* ZfA 2000, 205; *Raab,* RdA 2000, 147 (149 ff.).

[13] *BAG* 28. 6. 2000 – 7 AZR 904/98, BAGE 95, 171 (179) = AP Nr. 6 zu § 1 KSchG 1969 Wiedereinstellung = NZA 2001, 1097 = SAE 2001, 125 m. Anm. *Kort.*

[14] *BAG* 27. 2. 1997 – 2 AZR 160/96, BAGE 85, 194 (206) = AP Nr. 1 zu § 1 KSchG 1969 Wiedereinstellung = NZA 1997, 757; *BAG* 28. 6. 2000 – 7 AZR 904/98, BAGE 95, 121 (176, 179) = AP Nr. 6 zu § 1 KSchG 1969 Wiedereinstellung = NZA 2001, 1097.

genannten Voraussetzung: B hat anderweitige Dispositionen getroffen, indem sie den einzigen Arbeitsplatz, der nach der teilweisen Rücknahme der Stilllegung frei besetzbar war, durch einen anderen Arbeitnehmer besetzt hat. Eine derartige Disposition über den Arbeitsplatz schließt den Wiedereinstellungsanspruch grundsätzlich aus: Ähnlich wie die Weiterbeschäftigung nach § 1 II 2 Nr. 1 lit. b KSchG bezieht sich der Wiedereinstellungsanspruch nach § 242 BGB nur auf freie Arbeitsplätze; der Arbeitgeber ist nicht verpflichtet, zusätzliche Arbeitsplätze zu schaffen, die er für betriebswirtschaftlich nicht notwendig hält.[15]

4. Auswahl des Arbeitnehmers

13 Ein Wiedereinstellungsanspruch des K könnte ausnahmsweise trotzdem bestehen, wenn B bei der Auswahl des Arbeitnehmers soziale Gesichtspunkte zu berücksichtigen hatte (dazu a) und bei zutreffender Sozialauswahl K den Arbeitsplatz hätte bekommen müssen (dazu b): Dann hätte K einen Anspruch auf Wiederbegründung des Arbeitsverhältnisses am 1. 1.; es wäre Sache der B, zu entscheiden, ob und wie sie sich von dem bereits eingestellten Arbeitnehmer D trennt.

a) Gebot der Sozialauswahl

14 Nach der **Rechtsprechung** hat der Arbeitgeber bei der Auswahl der wiedereinzustellenden Arbeitnehmer soziale Gesichtspunkte zu berücksichtigen: Zwar sei keine Sozialauswahl nach den strikten Regeln des § 1 III KSchG vorzunehmen, aber der Arbeitgeber sei nach §§ 242, 315 I BGB verpflichtet, im Rahmen einer willkürfreien Auswahlentscheidung die sozialen Belange der betroffenen Arbeitnehmer zu würdigen.[16] Ein **Teil der Literatur** spricht sich hingegen dafür aus, eine Sozialauswahl nach den Kriterien des § 1 III KSchG zu treffen.[17] Ungekündigte Arbeitsverhältnisse sind nach beiden Ansichten nicht in die Auswahlentscheidung einzubeziehen, sodass laut Sachverhalt die Auswahl vorliegend nur zwischen K und D zu treffen ist.

b) Durchführung der Auswahl

15 Eine Entscheidung zwischen den zur Sozialauswahl bei Wiedereinstellung vertretenen Ansichten ist nicht erforderlich, wenn im vorliegenden Fall selbst nach den strikten Kriterien des § 1 III 1 KSchG die Sozialauswahl zu Lasten des K ausgeht. Der von B wieder eingestellte Arbeitnehmer D weist zwar eine vier Jahre geringere Betriebszugehörigkeit auf, hat aber ein 13 Jahre höheres Lebensalter als K. Angesichts der Schwierigkeiten älterer Arbeitnehmer, einen Arbeitsplatz zu finden, ist die Auswahlentscheidung der B auch nach den Maßstäben des § 1 III 1 KSchG sachgerecht.

III. Gesamtergebnis

16 Der Kündigungsschutzantrag des K nach § 1 KSchG ist nicht erfolgreich. Er hat auch keinen Anspruch auf Wiedereinstellung nach § 242 BGB.

---

[15] *BAG* 28. 6. 2000 – 7 AZR 904/98, BAGE 95, 171 (180) = AP Nr. 6 zu § 1 KSchG 1969 Wiedereinstellung = NZA 2001, 1097; *Kaiser,* ZfA 2000, 205 (217).

[16] *BAG* 28. 6. 2000 – 7 AZR 904/98, BAGE 95, 171 (181) = AP Nr. 6 zu § 1 KSchG 1969 Wiedereinstellung = NZA 2007, 1097.

[17] Nachw. bei *Hergenröder,* EzA § 1 KSchG Wiedereinstellungsanspruch Nr. 3, S. 22 f.

Fall 4. Weisungsrecht des Arbeitgebers

Nach *BAG* 7. 12. 2000 – 6 AZR 444/99, AP Nr. 61 zu § 611 BGB Direktionsrecht = NZA 2001, 780

Weitere Themen: Auslegung eines Arbeitsvertrags – Voraussetzung einer betrieblichen Übung – Tarifnormen als Grenze des Weisungsrechts – Mitbestimmung des Betriebsrats

Zur Vertiefung: *Junker,* Grundkurs, § 4 I (Rn. 200–229)

Sachverhalt

Andreas Kupferberg (K) ist bei der „Stadtwerke Bochum GmbH" (B) als Kontrollschaffner angestellt. Nach § 2 des Arbeitsvertrags unterliegt das Arbeitsverhältnis dem Bundesmanteltarifvertrag für den öffentlichen Dienst (BMT) und den ergänzenden Tarifverträgen. Die Arbeitszeit beginnt und endet gemäß § 15 BMT „an dem vorgeschriebenen Arbeitsplatz, bei wechselnden Arbeitsplätzen an dem jeweils vorgeschriebenen Arbeits- oder Sammelplatz." Nach § 7 der „Sondervereinbarung gemäß § 2 BMT für Angestellte im Betriebs- und Verkehrsdienst von Nahverkehrsbetrieben" ist Arbeitsplatz i. S. d. § 15 BMT das Fahrzeug oder der angewiesene Aufenthaltsplatz.

Ebenso wie die anderen Kontrollschaffner nimmt K die tägliche Arbeit in der Weise auf, dass er an der Bus- oder Bahnstation, die seiner Wohnung am nächsten liegt, in ein Fahrzeug einsteigt und dort sogleich seine Kontrolltätigkeit als Einzelkontrolleur beginnt. An verabredeten Sammelpunkten trifft er seine Kollegen, mit denen er dann gemeinsam die Fahrgäste kontrolliert. Entsprechend wird vor Dienstschluss verfahren: Die Kontrollschaffner trennen sich an einem zentralen Ort, jeder einzelne fährt nach Hause und beendet die Kontrolltätigkeit und damit die tägliche Arbeit beim Aussteigen aus einem Fahrzeug an der Bus- oder Bahnhaltestelle, die seiner Wohnung am nächsten liegt. Diese betriebliche Praxis ist nicht schriftlich festgelegt, sondern wird jedem Kontrollschaffner bei oder nach der Einstellung von Vorgesetzten oder Kollegen mündlich erläutert.

Am 27. 10. hat die Geschäftsführung der B mit Einwilligung des Betriebsrats die Kontrollschaffner angewiesen, ab 1. 1. des kommenden Jahres die tägliche Arbeit am Betriebshof der B zu beginnen und zu beenden und von Dienstbeginn bis Dienstende ausschließlich in Gruppen zu kontrollieren. Zur Begründung heißt es, durch gemeinsame Kontrollen werde nicht nur die Sicherheit der Kontrollschaffner verbessert, sondern auch die Intensität der Kontrollen erhöht, wodurch wiederum höhere Erlöse erzielt würden. Ferner entfielen durch einen gemeinsamen gleichzeitigen Dienstbeginn am Betriebshof Wartezeiten, die bisher dadurch entstehen, dass die Gruppenmitglieder i.d.R. nicht gleichzeitig am vereinbarten Sammelpunkt eintreffen.

K hält die Anweisung vom 27. 10. für unwirksam: Wenn der Arbeitsbeginn nicht mehr an der nächstgelegenen Bus- oder Bahnstation erfolge, sondern erst im Betriebshof, verlängere sich seine Abwesenheit von zu Hause um rund eine Stunde täglich. Das bedeute bei einer tariflichen Wochenarbeitszeit von 40 Stunden und fünf Arbeitstagen in der Woche eine Verlängerung der Abwesenheit von zuhause um 5/40 oder 12,5 %. Indem bei der Einstellung auf die betriebliche Praxis hingewiesen worden sei, habe B ihm vertraglich zugesagt, die tägliche Arbeit mit dem Einstieg in eine Bahn oder einen Bus an der seiner Wohnung nächstgelegenen Haltestelle beginnen und entsprechend beenden zu dürfen. Selbst wenn man nicht von einer vertraglichen Zusage ausgehe, habe sich seine Tätigkeit durch die langjährige Handhabung auf diese Praxis konkretisiert.

Der Leiter der Rechtsabteilung der B fragt,
1. ob sich K ab dem 1. 1. an die Anordnung vom 27. 10. halten muss und
2. ob die Anordnung vom 27. 10. – ihre Wirksamkeit unter allen anderen Gesichtspunkten unterstellt – auch dann wirksam hätte getroffen werden können, wenn der ordnungsgemäß unterrichtete Betriebsrat zuvor eine solche Anordnung der B ausdrücklich abgelehnt hätte.

Vorüberlegungen

1 Ebenso wie **Fall 2** (Polizeivollzugsdienst) zählt auch der vorliegende Fall zum Typus der **Anspruchsklausur** (s. Einl. Rn. 9, 11–14). Während in **Fall 2** nach dem **Anspruch des Arbeitnehmers** auf die Vergütung gefragt war, geht es im vorliegenden Fall um den **Anspruch des Arbeitgebers** auf die Leistung des Arbeitnehmers. Die **Frage 1** handelt allerdings nicht von dem „Ob" der Leistungspflicht des Arbeitnehmers, sondern von dem „Wie" der Leistungspflicht, also den Modalitäten der Arbeitsleistung.[1]

2 Die Modalitäten der Arbeitsleistung werden, soweit sie nicht schon im **Arbeitsvertrag** festgelegt sind, durch Ausübung des **Weisungsrechts** (Direktionsrechts) des Arbeitgebers bestimmt. Im vorliegenden Fall wird gefragt, ob der Arbeitnehmer einer „Anordnung" des Arbeitgebers nachzukommen hat. Daher ist zunächst zu fragen, ob es sich – was nahe liegt – um eine Weisung im Rechtssinne handelt. Sodann muss der Bearbeiter ein Prüfungsschema für das Weisungsrecht des Arbeitgebers – insbesondere die Wirksamkeit der Weisung – im Kopf haben, das etwa folgendermaßen aussehen könnte:

Übersicht 5. Weisungsrecht des Arbeitgebers

3 1. Rechtsgrundlage des Weisungsrechts: Arbeitsvertrag
 2. Ausübung durch weisungsberechtigte Person
 3. Wirksamkeit der Weisung (Grenzen des Weisungsrechts)
     a) Verstoß gegen höherrangige Rechtsquellen (insbesondere Gesetz, Tarifvertrag oder Betriebsvereinbarung)
     b) Verstoß gegen Beteiligungsrechte des Betriebsrats (insbesondere § 87 I Nrn. 1–3 BetrVG und § 99 II, III BetrVG)
     c) Verstoß gegen Festlegungen des Arbeitsvertrags
     d) Ausübungsschranke des billigen Ermessens (§ 106 Sätze 1, 3 GewO)

---

[1] Einführend: *Junker*, Grundkurs, Rn. 204 ff.

Bei der Antwort auf Frage 1 („Ausgangsfall") ist zu beachten, dass die fragliche An- 4
ordnung „mit Einwilligung des Betriebsrats" gegeben wurde. **Frage 2** („Abwandlung") weicht von dieser Vorgabe ab, indem nunmehr der ordnungsgemäß unterrichtete **Betriebsrat** die Anordnung ausdrücklich ablehnt. Da sich nur ein
Parameter des umfangreichen Sachverhalts ändert, wird sich beim Erstellen eines
Lösungskonzepts aller Voraussicht nach ergeben, dass die Bearbeitung von Frage 2
weniger Zeit und Raum beansprucht als die Bearbeitung der Frage 1. Für die Lösung der Frage 2 spielen die Beteiligungsrechte des Betriebsrats eine Rolle:

Übersicht 6. Beteiligung des Betriebsrats (wichtige Vorschriften)

1. Soziale Angelegenheiten (§§ 87–89 BetrVG)   5
2. „Echte" Mitbestimmungsrechte nach § 87 I Nrn. 1–13 BetrVG
3. Freiwillige Beteiligung nach § 88 BetrVG
4. Personelle Angelegenheiten (§§ 92–105 BetrVG)
   a) Zustimmungsverweigerungsrecht nach § 99 II, III BetrVG (Einstellung,
      Eingruppierung, Umgruppierung, Versetzung)
   b) Anhörungs- und Widerspruchsrecht bei Kündigungen (§ 102 BetrVG)
      → Sanktionen: § 102 I 3 BetrVG (Anhörung), § 102 IV, V BetrVG
      (Widerspruch)
5. Wirtschaftliche Angelegenheiten (§§ 106–113 BetrVG)
   a) Unterrichtungs- und Beratungsrecht (§ 111 BetrVG)
   b) „Echtes" Mitbestimmungsrecht bei Sozialplan (§§ 112, 112a BetrVG)

Lösung

Frage 1

K muss sich an die Anordnung vom 27. 10. halten und ab 1. 1. die Arbeit am Be- 6
triebshof aufnehmen und beenden, wenn die Anordnung eine rechtliche Grundlage
hat und rechtswirksam ist.

I. Rechtsgrundlage der Anordnung

Bei der Anordnung vom 27. 10. könnte es sich um eine Weisung handeln, die ihre 7
Rechtsgrundlage im Weisungsrecht (Direktionsrecht) des Arbeitgebers findet. Das
Weisungsrecht ist ein **Gestaltungsrecht,** das auch ohne ausdrückliche Vereinbarung
zum wesentlichen Inhalt des Arbeitsvertrages gehört.[2] Es ist notwendiger Bestandteil des Arbeitsverhältnisses, weil sich der Arbeitnehmer mit dem Abschluss des Arbeitsvertrags zu weisungsgebundener Arbeit verpflichtet. Aus der Natur des Arbeitsverhältnisses folgt das Recht des Arbeitgebers, Leistungs- und Verhaltenspflichten,

---

2   *BAG* 25. 10. 1989 – 2 AZR 633/88, AP Nr. 36 zu § 611 BGB Direktionsrecht = NZA 1990, 561
    (562); *BAG* 23. 1. 1992 – 6 AZR 87/90, AP Nr. 39 zu § 611 BGB Direktionsrecht = NZA 1992,
    795 (796 f.).

die im Arbeitsvertrag nur rahmenmäßig umschrieben sind, im Einzelnen nach Zeit, Art und Ort festzulegen.[3] Die **Rechtsgrundlage** des Weisungsrechts ist der Arbeitsvertrag; die gesetzliche Normierung des Weisungsrechts in § 106 Sätze 1, 2 GewO ist nicht konstitutiv, sondern nur deklaratorisch (klarstellend).[4]

8 Im vorliegenden Fall muss das Weisungsrecht, das der Arbeitgeberin B zusteht, durch die **vertretungsberechtigten Organe** der B (oder andere vertretungsberechtigte Personen) ausgeübt werden, da B als juristische Person (§ 13 I GmbHG) nicht selbst handeln kann. Vertretungsberechtigt – und damit für B weisungsbefugt – sind die Geschäftsführer (§ 35 I GmbHG). Die Anordnung vom 27. 10. müsste ferner **begrifflich eine Weisung** darstellen. Die Geschäftsführer der B haben am 27. 10. durch einseitige Willenserklärung den Ort festgelegt, an dem die Arbeitszeit des K (und der anderen Kontrollschaffner) ab 1. 1. beginnen und enden soll. Da sie ersichtlich von einem entsprechenden Gestaltungsrecht der B ausgegangen sind, kann die Erklärung vom 27. 10. nach dem Empfängerhorizont (§§ 133, 157 BGB) nur so ausgelegt werden, dass die Geschäftsführer ein Weisungsrecht der B ausüben wollten.

II. Rechtswirksamkeit der Anordnung

9 Die Weisung vom 27. 10. ist für K nur verbindlich, wenn sie rechtswirksam ist. Sie ist rechtswirksam, wenn die Geschäftsführer die **Grenzen des Weisungsrechts** eingehalten haben. Diese Grenzen ergeben sich, wie § 106 Satz 1 GewO deklaratorisch festhält, aus höherrangigen Rechtsquellen, aus den Beteiligungsrechten des Betriebsrats, aus dem Arbeitsvertrag als Rechtsgrundlage des Arbeitsverhältnisses und aus dem Gebot, das Weisungsrecht nach billigem Ermessen auszuüben.

1. Verstoß gegen einen Tarifvertrag

10 Gegenüber dem Arbeitsvertrag – und damit auch dem Weisungsrecht – höherrangige Rechtsquellen sind gesetzliche Vorschriften, Tarifverträge und Betriebsvereinbarungen.[5] Die Weisung vom 27. 10. könnte gegen „Bestimmungen eines anwendbaren Tarifvertrages" (§ 106 Satz 1 GewO) verstoßen. Der BMT und die ergänzende Sondervereinbarung haben im Arbeitsverhältnis zwischen B und K **normative Geltung** nach § 4 I 1 TVG, wenn B und K tarifgebunden sind (§ 3 I TVG). Ansonsten ergibt sich die Tarifgeltung aus der **Bezugnahmeklausel** im Arbeitsvertrag.[6] Die Weisung vom 27. 10. darf daher nicht gegen Bestimmungen dieser Tarifverträge verstoßen.

11 Die einschlägige tarifvertragliche Bestimmung ist § 15 BMT i. V. m. § 7 der Sondervereinbarung. Fahrkartenkontrolleure (Kontrollschaffner) versehen ihre Tätigkeit in ständig wechselnden Fahrzeugen und damit gemäß § 15 BMT i. V. m. § 7 der Sondervereinbarung an wechselnden Arbeitsplätzen. Daher ermöglicht es § 15

---

[3] *BAG* 27. 3. 1980 – 2 AZR 506/78, BAGE 33, 71 (75) = AP Nr. 26 zu § 611 BGB Direktionsrecht = AuR 1980, 311; *BAG* 23. 6. 1993 – 5 AZR 337/92, AP Nr. 42 zu § 611 BGB Direktionsrecht = NZA 1993, 1127 (1128).

[4] *BAG* 23. 9. 2004 – 6 AZR 567/03, BAGE 112, 80 = AP Nr. 64 zu § 611 BGB Direktionsrecht = NZA 2005, 359 (360); ErfK/*Preis,* § 106 GewO Rn. 4; *Hanau/Adomeit,* Rn. 68.

[5] Im Überblick: *Junker,* Grundkurs, Rn. 62–67; *Hromadka/Maschmann* I, § 2 Rn. 67.

[6] Siehe zur Wirkung von Bezugnahmeklauseln *Junker,* Grundkurs, Rn. 538.

BMT dem Arbeitgeber, das Fahrzeug oder den Sammelplatz vorzuschreiben, an welchem die Arbeitszeit beginnen und enden soll. B kann laut Tarifvertrag ihren Betriebshof als „Sammelplatz" festlegen, an welchem die Kontrollschaffner ihre Arbeit aufzunehmen und zu beenden haben. Die Weisung vom 27. 10. verstößt also nicht gegen tarifvertragliche Bestimmungen.

2. Beteiligungsrechte des Betriebsrats

Eine wichtige Aufgabe der Betriebsverfassung liegt darin, durch Mitwirkung des **12** Betriebsrats die einseitige Gestaltungsmacht des Arbeitgebers zu begrenzen. Daher bilden die Beteiligungsrechte des Betriebsrats eine Schranke des Weisungsrechts des Arbeitgebers. Im vorliegenden Fall hat der Betriebsrat seine Einwilligung zu der Maßnahme vom 27. 10. erklärt. Die Einwilligung (= vorherige Zustimmung, § 183 Satz 1 BGB) des Betriebsrats genügt sowohl bei den Mitbestimmungsrechten i.e.S. (z.B. § 87 BetrVG) als auch bei Zustimmungsverweigerungsrechten (z.B. § 99 II–IV BetrVG).[7] Es muss also nicht geprüft werden, ob Mitwirkungsrechte des Betriebsrats bestehen: Der Betriebsrat hat – selbst wenn solche Rechte bestehen – ordnungsgemäß mitgewirkt.

3. Festlegungen des Arbeitsvertrags

Der Arbeitsvertrag bildet nicht nur die Rechtsgrundlage, sondern auch die wichtigs- **13** te Grenze des Weisungsrechts: Was im Arbeitsvertrag festgelegt ist, kann im Wege einseitiger Direktion nicht mehr geändert werden (§ 106 Satz 1 GewO); eine Änderung des Arbeitsvertrags lässt sich nur durch einen Änderungsvertrag oder eine Änderungskündigung erreichen.[8] Es fragt sich daher, ob die bis zum 31. 12. bestehende Praxis über die Aufnahme und Beendigung der täglichen Arbeit für Kontrollschaffner zum Inhalt des Arbeitsvertrags zwischen K und B geworden ist. Das könnte geschehen sein durch mündliche Vereinbarung der Parteien im Zusammenhang mit dem Abschluss des Arbeitsvertrags (dazu a), durch Konkretisierung der arbeitsvertraglichen Pflichten des K auf die langjährig geübte Praxis (dazu b) oder durch Entstehung einer betrieblichen Übung im Unternehmen der B (dazu c).

a) Mündliche Vereinbarung der Parteien

Auch wenn der zwischen K und B abgeschlossene **Arbeitsvertrag** hinsichtlich des **14** Arbeitsbeginns und -endes keine über § 15 BMT i.V.m. § 7 der Sondervereinbarung hinausgehende Regelung enthält, könnte durch **mündliche Vereinbarung** zwischen K und B eine Regelung getroffen worden sein. Der schriftliche Abschluss des Arbeitsvertrags würde der Wirksamkeit weitergehender mündlicher Abreden nur entgegenstehen, wenn der Arbeitsvertrag eine sog. doppelte Schriftformklausel enthält.[9] Dafür gibt es keinen Anhaltspunkt.

---

[7] GK-BetrVG/*Raab,* § 99 Rn. 212; Richardi/*Thüsing,* BetrVG, § 99 Rn. 181.
[8] ErfK/*Preis,* § 106 GewO Rn. 5; *Hromadka,* NZA 2012, 233, 234; *Zöllner/Loritz/Hergenröder,* § 6 I 8.
[9] *BAG* 24. 6. 2003 – 9 AZR 302/02, BAGE 106, 345 (350 f.) = AP Nr. 63 zu § 242 BGB Betriebliche Übung = NZA 2003, 1145; *BAG* 20. 5. 2008 – 9 AZR 382/07, AP Nr. 35 zu § 307 BGB = NZA 2008, 1233 (Rn. 27).

15 Es fragt sich daher, ob K als „verständiger Erklärungsempfänger" (§§ 133, 157 BGB) den Hinweis auf die betriebliche Praxis bei seiner Einstellung dahin verstehen durfte, dass die damals für Kontrollschaffner geltende Regelung Vertragsbestandteil werde. Ist ihm der Hinweis auf die geltende Regelung damals von **Arbeitskollegen** gegeben worden, durfte K von vornherein nicht auf einen entsprechenden Rechtsbindungswillen der Arbeitgeberin B schließen. Aber auch wenn der Hinweis von einem **Vorgesetzten** gegeben wurde, durfte K nicht davon ausgehen, dass die bei Einstellung geltende Praxis unabhängig von der jeweiligen betrieblichen Regelung in seinem Arbeitsverhältnis für alle Zukunft unverändert weitergelten würde. Eine Willenserklärung von solcher Tragweite wird nicht beiläufig von Vorgesetzten abgegeben. Es bedarf deutlich stärkerer Indizien für einen entsprechenden Rechtsbindungswillen der Arbeitgeberin.[10]

16 Der mündliche Hinweis auf die bei der Einstellung des K geltende betriebliche Regelung ist folglich nicht als Angebot auf Abschluss einer entsprechenden einzelvertraglichen Vereinbarung zwischen B und K auszulegen.

b) Konkretisierung im Laufe der Zeit

17 Die nur rahmenmäßig – durch Bezugnahme auf die tarifvertraglichen Bestimmungen – getroffenen arbeitsvertraglichen Vereinbarungen über Arbeitsbeginn und Arbeitsende könnten sich im Laufe der Zeit dergestalt auf die praktizierte betriebliche Regelung konkretisiert haben, dass die betriebliche Regelung Inhalt der Arbeitsverträge der Kontrollschaffner geworden ist. Bei einer weit gefassten arbeitsvertraglichen Festlegung von Arbeitsbedingungen kann im Laufe der Zeit eine Konkretisierung eintreten, wenn zu dem bloßen Zeitablauf **besondere Umstände** hinzutreten, aus denen sich ergibt, dass der Arbeitnehmer künftig nicht mehr in anderer Weise eingesetzt werden soll.[11]

18 Während ein Teil der **Literatur** den Arbeitnehmer in solchen Fällen in seinem Vertrauen schützt, es werde bei der bisherigen Praxis verbleiben,[12] schließt die **Rechtsprechung** in solchen Fällen auf eine stillschweigende Vertragsänderung (§ 311 I BGB).[13] Im Ergebnis wirkt sich dieser Unterschied nicht aus, denn sowohl die Autoren als auch die Gerichte sind gegenüber Konkretisierungen des Arbeitsvertrags durch Zeitablauf und besondere Umstände zurückhaltend.

19 Im vorliegenden Fall ist die fragliche Regelung zwar über viele Jahre praktiziert worden. Es sind aber – über den bloßen Zeitablauf hinaus – **keine besonderen Umstände** ersichtlich, die den Schluss auf eine stillschweigende Vertragsänderung erlauben. Eine Konkretisierung der arbeitsvertraglichen Pflichten des K auf die langjährig praktizierte Regelung ist daher nicht eingetreten.

---

[10] So auch *BAG* 7. 12. 2000 – 6 AZR 444/99, NZA 2001, 780 (781) in der Entscheidung, der dieser Fall nachgebildet ist.

[11] *BAG* 7. 12. 2000 – 6 AZR 444/99, NZA 2001, 780 (781); *BAG* 17. 8. 2011 – 10 AZR 202/10, AP Nr. 14 zu § 106 GewO = NZA 2012, 265 (Rn. 19).

[12] *Birk,* Die arbeitsrechtliche Leitungsmacht (1973), S. 248; *Söllner,* Einseitige Leistungsbestimmung im Arbeitsrecht (1966), S. 36.

[13] *BAG* 12. 8. 1959 – 2 AZR 75/59, BAGE 8, 91 (98) = AP Nr. 1 zu § 305 BGB = AuR 1960, 155; *BAG* 13. 6. 2012 – 10 AZR 296/11, AP Nr. 15 zu § 106 GewO = NZA 2012, 1154 (Rn. 24).

c) Entstehung einer betrieblichen Übung

Schließlich ist zu fragen, ob sich die langjährig praktizierte Regelung im Rechts- **20** sinne zu einer betrieblichen Übung verfestigt hat. Eine betriebliche Übung ist die **regelmäßige Wiederholung** bestimmter Verhaltensweisen des Arbeitgebers, aus denen die Arbeitnehmer schließen können, ihnen solle eine Leistung oder Vergünstigung auf Dauer gewährt werden.[14] Ähnlich wie bei der Konkretisierung arbeitsvertraglicher Pflichten (dazu soeben b) sieht auch bei der betrieblichen Übung ein Teil der **Literatur** den dogmatischen Ansatzpunkt in einem Vertrauenstatbestand,[15] während die **Rechtsprechung** eine Willenserklärung des Arbeitgebers fingiert, die vom Arbeitnehmer stillschweigend angenommen wird (§ 151 BGB).[16]

Ein Unterschied der betrieblichen Übung zu der soeben erörterten Konkretisierung **21** arbeitsvertraglicher Pflichten durch Zeitablauf und besondere Umstände liegt darin, dass sich die betriebliche Übung nicht auf alle möglichen arbeitsvertraglichen Regelungen, sondern nur auf **Leistungen oder Vergünstigungen** richtet.[17] Ein weiterer Unterschied besteht nach verbreiteter Ansicht darin, dass das Arbeitgeberverhalten, das eine betriebliche Übung begründen soll, eine **Mehrzahl von Arbeitnehmern** betreffen muss,[18] während die vertragliche Konkretisierung von Leistungspflichten in Bezug auf einen konkreten Arbeitsvertrag geprüft wird. Dieser zweite Unterschied wirkt sich im vorliegenden Fall nicht aus, da K in keiner anderen Situation ist als die übrigen Kontrollschaffner.

aa) Leistung oder Vergünstigung

Nach dem herkömmlichen Verständnis der betrieblichen Übung müsste es sich bei **22** der bis zum 31. 12. geltenden Regelung um die Gewährung einer Leistung oder Vergünstigung seitens des Arbeitgebers handeln.[19] Nach der bisherigen Praxis im Unternehmen der B können die Kontrollschaffner ihre Arbeit an der nächstgelegenen Bus- oder Bahnhaltestelle beginnen und beenden, sodass – wenn der Arbeitnehmer nicht in der Nähe des Betriebshofs wohnt – im Vergleich zur Arbeitsaufnahme und -beendigung am Betriebshof erhebliche Wegezeiten entfallen, die nicht zur bezahlten Arbeitszeit gehören. Insofern handelt es sich bei der bisherigen Praxis um eine Vergünstigung.[20]

bb) Bindung des Arbeitgebers

Das Entstehen einer betrieblichen Übung setzt weiter voraus, dass die Arbeitneh- **23** mer aus der bisherigen Praxis schließen durften, ihnen solle die Vergünstigung auf

---

[14] *BAG* 7. 12. 2000 – 6 AZR 444/99, AP Nr. 61 zu § 611 BGB Direktionsrecht = NZA 2001, 780 (781); *BAG* 21. 1. 2009 – 10 AZR 219/08, BAGE 129, 167 = AP Nr. 42 zu § 307 BGB = NZA 2009, 310 (Rn. 13); *Hromadka/Maschmann* I, § 5 Rn. 180; H/W/K/*Thüsing,* § 611 BGB Rn. 228.

[15] „Vertrauenshaftungstheorie": *Hromadka,* NZA 1984, 241 (244); *Joost,* RdA 1989, 7 (11 f.).

[16] „Vertragstheorie": *BAG* 1. 3. 1972 – 4 AZR 200/71, AP Nr. 11 zu § 242 BGB Betriebliche Übung = NJW 1972, 1248 (1248 f.); *BAG* 16. 4. 1997 – 10 AZR 705/96, AP Nr. 53 zu § 242 BGB Betriebliche Übung = NZA 1998, 823 (824).

[17] Siehe zur sog. gegenläufigen betrieblichen Übung *BAG* 18. 3. 2009 – 10 AZR 281/08, BAGE 130, 21 = AP Nr. 83 zu § 242 BGB Betriebliche Übung m. Anm. *Maties* = NZA 2009, 601 (Rn. 16 ff.).

[18] ErfK/*Preis,* § 611 BGB Rn. 222; *Picker,* Die betriebliche Übung (2011), S. 21.

[19] *BAG* 7. 12. 2000 – 6 AZR 444/99, NZA 2001, 780 (781).

[20] Offengelassen in *BAG* 7. 12. 2000 – 6 AZR 444/99, NZA 2001, 780 (781).

Dauer gewährt werden. Dafür ist entscheidend, ob die Arbeitnehmer dem Erklärungsverhalten des Arbeitgebers unter Berücksichtigung von Treu und Glauben (§ 242 BGB) sowie den Begleitumständen einen Rechtsbindungswillen des Arbeitgebers entnehmen durften.[21] Allein daraus, dass B die bis zum 31. 12. geltende Regelung jahrelang unverändert gelassen hat, können die Kontrollschaffner nicht schließen, B wolle sich verpflichten, diese Regelung auf Dauer beizubehalten und insoweit auf die Ausübung ihres Direktionsrechts künftig zu verzichten. Dazu hätte es weiterer Umstände bedurft, die im vorliegenden Fall nicht ersichtlich sind.[22]

d) Zwischenergebnis

24 Da auch die Voraussetzungen einer betrieblichen Übung nicht erfüllt sind, hat sich die bisherige Praxis nicht zu einer arbeitsvertraglichen Regelung verfestigt. Der Arbeitsvertrag zwischen B und K steht der Weisung vom 27. 10. nicht entgegen.

4. Billiges Ermessen (§ 106 Sätze 1, 3 GewO)

25 Als Ausübung betrieblicher Leitungsmacht durch Gestaltungsrecht ist die Weisung – innerhalb der ohnehin schon bestehenden Grenzen – nicht in das freie Belieben, sondern in das billige Ermessen des Arbeitgebers gestellt (§ 106 Sätze 1, 3 GewO); sie ist für den Arbeitnehmer nur verbindlich, wenn sie der Billigkeit entspricht.[23] Die Leistungsbestimmung entspricht billigem Ermessen, wenn die wesentlichen Umstände des Einzelfalles abgewogen und die beiderseitigen Interessen angemessen berücksichtigt worden sind.[24]

a) Gemeinsame Interessen

26 Einem gemeinsamen Interesse von B und K könnte der Umstand dienen, dass durch die Neuregelung die **Sicherheit der Kontrollschaffner** verbessert wird. Angesichts der Zunahme der Gewalt gerade auch im Verkehr ist die Sicherheit von Fahrkartenkontrolleuren ein wichtiges Anliegen; es liegt nicht fern, dass einige der ertappten „Schwarzfahrer" aus Frustration handgreiflich werden oder versuchen, sich gewaltsam der Kontrolle zu entziehen. Da Zuschauer (Passanten, Fahrgäste) bei Akten von Gewalt in öffentlichen Verkehrsmitteln in der Praxis oft gleichgültig bleiben, ist gerade eine Gruppenkontrolle durch mehrere Kontrollschaffner geeignet, die Sicherheit des einzelnen Kontrolleurs zu erhöhen. Das gilt umso mehr, als die anderen Kontrolleure – anders als Fahrgäste – i.d.R. über Erfahrungen im Umgang mit renitenten „Schwarzfahrern" verfügen. Die Erhöhung der Sicherheit liegt nicht nur im Interesse des K, sondern auch im Interesse der B, die gemäß § 618 I

---

[21] *BAG* 11. 10. 1995 – 5 AZR 802/94, AP Nr. 9 zu § 611 BGB Arbeitszeit = NZA 1996, 718 (718); *BAG* 12. 1. 1994 – 5 AZR 41/93, AP Nr. 43 zu § 242 BGB Betriebliche Übung = NZA 1994, 694 („Wäldchestag"-Fall).

[22] Ebenso *BAG* 7. 12. 2000 – 6 AZR 444/99, NZA 2001, 780 (781) in der Entscheidung, der der vorliegende Fall nachgebildet ist.

[23] *BAG* 23. 6. 1993 – 5 AZR 337/92, AP Nr. 42 zu § 611 BGB Direktionsrecht = NZA 1993, 1127; *BAG* 11. 10. 1995 – 5 AZR 1009/94, AP Nr. 45 zu § 611 BGB Direktionsrecht = NZA-RR 1996, 313.

[24] *BAG* 25. 10. 1989 – 2 AZR 633/88, AP Nr. 36 zu § 611 BGB Direktionsrecht = NZA 1990, 561; *BAG* 23. 9. 2004 – 6 AZR 567/03, BAGE 112, 80 = AP Nr. 64 zu § 611 BGB Direktionsrecht = NZA 2004, 359 (361).

BGB gehalten ist, für größtmögliche Sicherheit ihrer Arbeitnehmer zu sorgen,[25] und die bei verletzungsbedingten Arbeitsausfällen Entgeltfortzahlung nach § 3 I EFZG leisten muss.

b) Interessen der Arbeitgeberin

Die Arbeitgeberin B hat ein Interesse daran, die **Intensität der Kontrollen** zu er- **27** höhen, um die Effektivität des Kontrolldienstes zu verbessern und – durch Erhöhung der „Aufklärungsquote" sowie Abschreckung potentieller Schwarzfahrer – insgesamt **höhere Beförderungsentgelte** zu erzielen. Die gleichzeitige Kontrolle durch mehrere Schaffner ist intensiver als die Einzelkontrolle: Zwar kann der einzelne Schaffner bei gemeinsamen Kontrollen keine größere Zahl von Fahrgästen überprüfen als bei Einzelkontrollen. Wird ein Fahrzeug jedoch von mehreren Schaffnern gleichzeitig kontrolliert, ist die Chance der Fahrgäste geringer, sich der Kontrolle zu entziehen.[26] Auch der künftige Wegfall der Wartezeiten an dem Sammelpunkt einzeln anreisender Kontrollschaffner dient der **Verbesserung der Erlössituation,** weil die Arbeitszeit der Kontrollschaffner effektiver genutzt wird. Insgesamt sprechen damit bedeutende wirtschaftliche Gesichtspunkte für die von B getroffene Anordnung. Diese wirtschaftlichen Aspekte nützen mittelbar auch den Kontrollschaffnern: Verbessert sich die Ertragslage eines Unternehmens, sind die Arbeitsplätze sicherer.

c) Interessen des Arbeitnehmers

K hat ebenso wie die anderen Kontrollschaffner ein Interesse an möglichst kurzen **28** **Wegezeiten zum Arbeitsplatz** (d. h. zu dem Ort, an dem die tägliche Arbeitszeit beginnt und endet). Zusätzliche Wegezeiten von fünf Stunden pro Woche sind eine erhebliche Verschlechterung gegenüber dem Status quo, sodass die Kritik des K an der Neuregelung verständlich ist. Auf der anderen Seite sind in einer Großstadt wie Bochum Wegezeiten von einer Stunde täglich nicht ungewöhnlich.[27] Auch müssen es Arbeitnehmer vielfach hinnehmen, dass der Arbeitgeber einen zunächst günstig zu ihrem Wohnort gelegenen Betrieb (z. B. ein Büro) an einen ungünstiger gelegenen Ort verlagert (z. B. weil der Mietvertrag ausläuft).

Vor diesem Hintergrund kann die Annehmlichkeit, welche die bisherige betrieb- **29** liche Regelung für K mit sich bringt, das Interesse der B nicht verdrängen, die Tätigkeit der Kontrollschaffner wirtschaftlicher zu gestalten, zumal auch gemeinsame Sicherheitsinteressen für die Neuregelung sprechen. Im Hinblick auf die gemeinsamen Interessen der Vertragsparteien und die wirtschaftlichen Interessen der B ist es K zuzumuten, dass die bisherige, für K günstigere Gestaltung von Dienstbeginn und Dienstende wegfällt und die Kontrollschaffner die für Arbeitnehmer allgemein üblichen Wegezeiten aufzuwenden haben.[28] Die Weisung vom 27. 10. entspricht folglich dem billigen Ermessen.

---

[25] Der Rückgriff auf eine sog. Fürsorgepflicht des Arbeitgebers erübrigt sich wegen der ausdrücklichen Regelung in § 618 I BGB; *Junker,* Grundkurs, Rn. 264; ErfK/*Preis,* § 611 BGB Rn. 615, 618.

[26] Argumentation nach *BAG* 7. 12. 2000 – 6 AZR 444/99, NZA 2001, 780 (782).

[27] *BAG* 7. 12. 2000 – 6 AZR 444/99, NZA 2001, 780 (782) hält deshalb Wegezeiten in dieser Größenordnung für „einen Arbeitnehmer i. d. R. ohne weiteres zumutbar."

[28] So explizit *BAG* 7. 12. 2000 – 6 AZR 444/99, NZA 2001, 780 (782) in der Entscheidung, der der vorliegende Fall nachgebildet ist.

III. Ergebnis

30 Bei der Anordnung vom 27. 10. handelt es sich um eine Weisung (dazu oben I), die rechtswirksam ist (dazu oben II). K muss sich an diese Anordnung halten und ab 1. 1. die Arbeit am Betriebshof aufnehmen und beenden.

Frage 2

31 Die Weisung vom 27. 10. hätte auch bei ausdrücklich vom Betriebsrat erklärter Ablehnung wirksam getroffen werden können, wenn kein „Ablehnungsrecht" des Betriebsrats einschlägig ist (dazu I) oder – soweit ein solches Recht des Betriebsrats besteht – die Ablehnung keinen Einfluss auf die Wirksamkeit der Anordnung der B vom 27. 10. hat (dazu II).

I. Zustimmungsrecht des Betriebsrats

32 Die Ablehnung der Weisung vom 27. 10. durch den Betriebsrat kann Rechtswirkungen nur entfalten, wenn und soweit der Betriebsrat ein Ablehnungsrecht hat. Ein solches Recht könnte sich aus dem Betriebsverfassungsgesetz ergeben, das die Beteiligung des Betriebsrats in sozialen, personellen und wirtschaftlichen Angelegenheiten unterscheidet.

1. Wirtschaftliche Angelegenheiten (§ 111 BetrVG)

33 Nach § 111 Satz 1 i. V. m. Satz 3 Nrn. 4, 5 BetrVG hat der Betriebsrat in Unternehmen mit i. d. R. mehr als 20 wahlberechtigten Arbeitnehmern Beteiligungsrechte bei grundlegenden Änderungen der Betriebsorganisation und bei der Einführung grundlegend neuer Arbeitsmethoden. Der Oberbegriff für diese Maßnahmen ist die **Betriebsänderung.** Es kann unterstellt werden, dass die Stadtwerke Bochum GmbH (B) mehr als 20 wahlberechtigte Arbeitnehmer beschäftigen. Fällt eine Maßnahme des Arbeitgebers unter einen Tatbestand der Betriebsänderung, muss er einen Interessenausgleich über das „Ob", „Wann" und „Wie" der Maßnahme versuchen und zu diesem Zweck notfalls von sich aus die Einigungsstelle anrufen (§ 112 I–III BetrVG).

34 Ob dem Betriebsrat ein Unterlassungsanspruch gegen die Durchführung einer Betriebsänderung i. S. d. § 111 BetrVG zusteht, solange der Arbeitgeber seine Obliegenheiten nach §§ 111, 112 I–III BetrVG nicht erfüllt hat, ist umstritten.[29] Unstreitig berührt jedoch die unterlassene Unterrichtung, Beratung oder Anrufung der Einigungsstelle nicht die **Wirksamkeit** einer Maßnahme, die der Arbeitgeber ergriffen hat, um die Betriebsänderung durchzusetzen.[30] Es kann daher offen bleiben, ob der Gegenstand der Anordnung vom 27. 10. einen Tatbestand des § 111 Satz 1 i. V. m. Satz 3 Nrn. 4, 5 BetrVG erfüllt: Selbst wenn es so wäre, hätte die Ablehnung durch den Betriebsrat keinen Einfluss auf die Wirksamkeit der am 27. 10. erteilten Weisung.

---

[29] Bejahend *Kohte,* FS Richardi (2007), S. 601 ff.; *Zabel,* AuR 2008, 173; verneinend AR/*Rieble,* § 111 BetrVG Rn. 24; GK-BetrVG/*Oetker,* § 111 Rn. 277, 279; *Walker,* ZfA 2004, 501 (527); *Junker,* NZA Beilage 1/2012, S. 8 (10).

[30] GK-BetrVG/*Oetker,* § 111 Rn. 185; Richardi/*Annuß,* BetrVG, § 111 Rn. 164.

2. Personelle Einzelmaßnahmen (§ 99 BetrVG)

Nach § 99 I 1 BetrVG ist der Betriebsrat in Unternehmen mit i.d.R. mehr als 20 **35**
wahlberechtigten Arbeitnehmern u.a. vor jeder Versetzung zu unterrichten; er kann
aus bestimmten Gründen die Zustimmung zu einer Versetzung verweigern (§ 99 II
BetrVG). Die Ablehnung der Maßnahme vom 27. 10. ist gleichzusetzen mit einer
Verweigerung der Zustimmung. Es fragt sich daher, ob die Anordnung vom
27. 10. eine **Versetzung i.S.d. § 99 I 1 BetrVG** bedeutet. Eine Versetzung besteht
nach der Legaldefinition des § 95 III 1 BetrVG aus der Zuweisung eines anderen
Arbeitsbereichs; der Arbeitsbereich wird sowohl räumlich als auch funktional abge-
grenzt.[31]

Im vorliegenden Fall ändert sich nicht der **Inhalt der Aufgabe** – der „Arbeitsbe- **36**
reich" in funktionaler Hinsicht –, sondern der **Arbeitsort,** und zwar insofern, als
die Arbeitszeit nicht mehr an einer Haltestelle beginnt und endet, sondern auf dem
Betriebshof der B. Die Kontrollschaffner werden nach der Eigenart ihrer Tätigkeit
üblicherweise nicht ständig an einem bestimmten Arbeitsplatz (im räumlichen Sinne) beschäftigt, sondern in wechselnden Fahrzeugen. Daher gilt die Bestimmung
des jeweiligen Arbeitsplatzes (Fahrzeugs) gemäß **§ 95 III 2 BetrVG** nicht als Versetzung. Dann kann aber auch die Neufestlegung des ersten und des letzten Arbeitsor-
tes (Arbeitsplatzes) nicht den Versetzungstatbestand erfüllen. Es besteht daher kein
Zustimmungsverweigerungsrecht des Betriebsrats nach § 99 I 1, II BetrVG.

3. Soziale Angelegenheiten (§ 87 BetrVG)

Bei den Katalogtatbeständen des § 87 I BetrVG hat der Betriebsrat ein Mitbestim- **37**
mungsrecht. Er kann dieses Recht dadurch ausüben, dass er eine Maßnahme des
Arbeitgebers ablehnt, die unter einen dieser Tatbestände fällt.[32] Dann kann der Arbeitgeber die entsprechende Maßnahme nicht treffen, sondern es entscheidet –
wenn der Arbeitgeber von der Maßnahme nicht Abstand nehmen will – die Einigungsstelle (§ 87 II BetrVG). Es fragt sich daher, ob einer der Tatbestände des
§ 87 I BetrVG erfüllt ist.

a) Ordnung des Betriebs (§ 87 I Nr. 1 BetrVG)

Nach § 87 I Nr. 1 BetrVG hat der Betriebsrat ein Mitbestimmungsrecht in Fragen **38**
der Ordnung des Betriebs und des Verhaltens der Arbeitnehmer im Betrieb. Die
beiden Tatbestände „Ordnung des Betriebs" und „Verhalten der Arbeitnehmer im
Betrieb" lassen sich nicht strikt trennen, denn auch die betriebliche Ordnung zielt
auf ein bestimmtes Verhalten der Arbeitnehmer ab.[33] Die Rechtsprechung unterscheidet vielmehr zwischen dem mitbestimmungspflichtigen Ordnungsverhalten
und dem mitbestimmungsfreien Leistungsverhalten, auch „Arbeitsverhalten" genannt: Als **Ordnungsverhalten** mitbestimmungspflichtig sind alle Maßnahmen,
die über die Konkretisierung der Arbeitspflicht hinausgehen und das Zusammenle-

---

[31] *BAG* 2. 4. 1996 – 1 AZR 743/95, AP Nr. 34 zu § 95 BetrVG 1972 = NZA 1997, 112 (Autoverkäu-
fer); *BAG* 26. 10. 2004 – 1 ABR 45/03, NZA 2005, 535 (536) (Staplerfahrer); Richardi/*Thüsing,*
BetrVG, § 99 Rn. 100.

[32] AR/*Rieble,* § 87 BetrVG Rn. 1; Richardi/*Richardi,* BetrVG, § 87 Rn. 53, 54.

[33] AR/*Rieble,* § 87 BetrVG Rn. 16; Richardi/*Richardi,* BetrVG, § 87 Rn. 175, 177.

ben und Zusammenwirken der Arbeitnehmer im Betrieb gestalten. Als **Leistungsverhalten (Arbeitsverhalten)** mitbestimmungsfrei sind Maßnahmen, die nach ihrem objektiven Regelungszweck die Erbringung der Arbeitsleistung des Arbeitnehmers konkretisieren und kontrollieren.[34] Die Anweisung, die Tätigkeit künftig am Betriebshof der B aufzunehmen und zu beenden, betrifft die Erbringung der Hauptleistungspflicht des Arbeitnehmers und damit das mitbestimmungsfreie Leistungsverhalten (Arbeitsverhalten). Ein Mitbestimmungsrecht nach § 87 I Nr. 1 BetrVG besteht nicht.

b) Gruppenarbeit (§ 87 I Nr. 13 BetrVG)

39 Der Betriebsrat könnte nach § 87 I Nr. 13 BetrVG ein Mitbestimmungsrecht haben. Dann müsste die Anordnung vom 27. 10. Grundsätze über die Durchführung von Gruppenarbeit betreffen. Nach der Legaldefinition in § 87 I Nr. 13 BetrVG liegt ein **Tatbestand der Gruppenarbeit** vor, wenn eine Gruppe von Arbeitnehmern im Rahmen des betrieblichen Arbeitsablaufs eine ihr übertragene Gesamtaufgabe im Wesentlichen eigenverantwortlich erledigt. Eigenverantwortlich handelt eine Gruppe, wenn sie die einzelnen Arbeitsschritte selbständig organisiert, d. h. plant, steuert und verteilt.[35] Die Kontrollschaffner nehmen eine ihr übertragene Gesamtaufgabe wahr, wobei sie eigenständig auswählen, welchen Bus oder welche Bahn sie kontrollieren und wie sie die Kontrollaufgaben untereinander aufteilen. Es handelt sich daher um Gruppenarbeit i. S. d. § 87 I Nr. 13 BetrVG.

40 Die Anordnung vom 27. 10. müsste **Grundsätze über die Durchführung** dieser Gruppenarbeit zum Gegenstand haben. Gruppenarbeit ist nach § 87 I Nr. 13 BetrVG nicht in allen Einzelheiten mitbestimmungspflichtig, sondern nur im **Grundsätzlichen,** da ansonsten die Eigenverantwortung der Gruppe beseitigt würde und zugleich die wesentliche Voraussetzung des Mitbestimmungstatbestandes entfiele.[36] Ferner ist nach dem Gesetzeswortlaut nur die **Durchführung** der Gruppenarbeit mitbestimmungspflichtig (das „Wie"), nicht dagegen die Einführung, Abschaffung oder Erweiterung (das „Ob") der Gruppenarbeit.[37] Im vorliegenden Fall geht es nicht um die Modalitäten der Gruppenarbeit, sondern um die Erstreckung der Gruppenarbeit auf Zeiträume, in denen bisher Einzelkontrollen stattfanden. Eine solche Anordnung fällt nicht unter den Tatbestand des § 87 I Nr. 13 BetrVG.

c) Arbeitsbeginn und -ende (§ 87 I Nr. 2 BetrVG)

41 Nach § 87 I Nr. 2 BetrVG hat der Betriebsrat über den Beginn und das Ende der täglichen Arbeitszeit mitzubestimmen. Die tägliche Arbeitszeit i. S. d. § 87 I Nr. 2 BetrVG ist die Zeit, während der die Arbeitnehmer ihrer vertraglich geschuldeten Arbeitspflicht nachkommen müssen; sie beginnt und endet folglich am Arbeits-

---

[34] *BAG* 28. 5. 2002 – 1 ABR 32/01, BAGE 101, 216 (223) = AP Nr. 39 zu § 87 BetrVG 1972 Ordnung des Betriebes = NZA 2003, 166 (Ethikregeln) (als Schwerpunktbereichsklausur behandelt von *Franzen,* Jura 2005, 715); *BAG* 7. 2. 2012 – 1 ABR 63/10, BAGE 140, 343 = AP Nr. 42 zu § 87 BetrVG 1972 Ordnung des Betriebes = NZA 2012, 685 (Rn. 17) (Parkplatznutzung).

[35] AR/*Rieble,* § 87 BetrVG Rn. 83; D/K/K/W/*Klebe,* § 87 BetrVG Rn. 304; Richardi/*Richardi,* BetrVG, § 87 Rn. 953.

[36] AR/*Rieble,* § 87 BetrVG Rn. 84; GK-BetrVG/*Wiese,* § 87 Rn. 1059.

[37] H/W/K/*Clemenz,* § 87 BetrVG Rn. 216; Richardi/*Richardi,* BetrVG, § 87 Rn. 954.

platz.[38] Mitbestimmungspflichtig ist daher auch die Frage, wie der Zeitpunkt des Beginns und des Endes der Arbeitszeit zu bestimmen ist, und damit auch die Festlegung des Ortes, dessen Erreichen oder Verlassen für Beginn oder Ende der täglichen Arbeitszeit maßgebend sein soll.[39] Die Anordnung vom 27. 10. unterliegt daher einem Mitbestimmungsrecht des Betriebsrats nach § 87 I Nr. 2 BetrVG.

II. Rechtsfolgen fehlender Zustimmung

Da der Mitbestimmungstatbestand des § 87 I Nr. 2 BetrVG erfüllt ist, stellt sich die **42** Frage, ob die Ablehnung durch den Betriebsrat die Weisung der B vom 27. 10. unwirksam macht. Die Tatbestände des § 87 I BetrVG unterliegen der gleichberechtigten Entscheidung von Arbeitgeber und Betriebsrat: Nach der Konzeption des Gesetzes darf der Arbeitgeber eine Maßnahme, die dem § 87 I BetrVG unterliegt, nur durchführen, wenn er sich zuvor mit dem Betriebsrat geeinigt hat oder die Einigung durch einen Spruch der Einigungsstelle ersetzt worden ist (§ 87 II BetrVG). Daraus folgt, dass eine einseitige, die Arbeitnehmer belastende Maßnahme des Arbeitgebers gegenüber den Arbeitnehmern keine Wirkung entfaltet (Theorie der notwendigen Mitbestimmung).[40]

III. Ergebnis

Die Anordnung vom 27. 10. unterfällt dem Mitbestimmungstatbestand des § 87 I **43** Nr. 2 BetrVG. Wenn der Betriebsrat diese Anordnung abgelehnt hätte, wäre diese Anordnung nicht wirksam und müsste von den Arbeitnehmern nicht befolgt werden.

---

[38] *BAG* 14. 11. 2006 – 1 ABR 5/06, BAGE 120, 162 = AP Nr. 121 zu § 87 BetrVG 1972 Arbeitszeit = NZA 2007, 458 (Rn. 27) (Bankfiliale); *BAG* 12. 11. 2013 – 1 ABR 59/12, AP Nr. 131 zu § 87 BetrVG 1972 Arbeitszeit = NZA 2014, 557 (Rn. 20) (S-Bahn Hannover); AR/*Rieble*, § 87 BetrVG Rn. 19; H/W/K/*Clemenz*, § 87 BetrVG Rn. 69; GK-BetrVG/*Wiese*, § 87 Rn. 301.

[39] *LAG Nürnberg* 21. 5. 1990 – 7 TaBV 59/89, LAGE § 87 BetrVG Arbeitszeit Nr. 20.

[40] *BAG* 26. 4. 1988 – 3 AZR 168/86, BAGE 58, 156 (165) = AP Nr. 16 zu § 87 BetrVG 1972 Altersversorgung = NZA 1989, 216 (Ruhegeldanspruch); *BAG* 11. 6. 2002 – 1 AZR 390/01, BAGE 101, 288 (295 f.) = AP Nr. 113 zu BetrVG § 87 1972 Lohngestaltung = NZA 2003, 75 (Vergütungssystem); AR/*Rieble*, § 87 BetrVG Rn. 12; GK-BetrVG/*Wiese*, § 87 Rn. 98; *Löwisch/Kaiser*, BetrVG, § 87 Rn. 146; *Reichold*, FS Konzen (2006), S. 763 (766).

Fall 5. Rückzahlung von Ausbildungskosten

Nach *BAG* 6. 5. 1998 – 5 AZR 535/97, BAGE 88, 340 = AP Nr. 28 zu § 611 BGB Ausbildungsbeihilfe = NZA 1999, 77

Weitere Themen: AGB-Kontrolle von Arbeitsverträgen, §§ 305–310 BGB – Betriebsbedingte Kündigung, § 1 I, II KSchG – Auslegung von Willenserklärungen, §§ 133, 157 BGB

Zur Vertiefung: *Junker,* Grundkurs, § 4 III (Rn. 237–256)

Sachverhalt

Die Reisedienst Kiesewetter GmbH (K) betreibt ein Omnibusunternehmen und beschäftigt regelmäßig mehr als zehn Arbeitnehmer. Sie fährt im Auftrag der Stadt Braunschweig im Schulbusverkehr. Mit Arbeitsvertrag vom 1. 1. des Vorjahres stellte sie den arbeitslosen Verkäufer Benno Bunse (B) als Busfahrer ein. Arbeitsbeginn sollte der 1. 4. des Vorjahres sein. In den drei Monaten zwischen Vertragsschluss und Arbeitsbeginn erwarb B den Führerschein der Klasse 2 und den Personenbeförderungsschein. Die Ausbildungskosten in Höhe von 6300 € zahlte K. Eine Vergütung erhielt B in dieser Zeit nicht. Der von K vorformulierte und im Unternehmen der K allgemein verwendete Arbeitsvertrag enthält in § 9 die Regelung, dass der Arbeitnehmer im Fall der Beendigung des Arbeitsverhältnisses die von K übernommenen Ausbildungskosten im ersten Jahr zu zwei Dritteln und im zweiten Jahr zu einem Drittel zu erstatten habe.

Mit Schreiben vom 23. 5. des laufenden Jahres kündigte K das Arbeitsverhältnis. In dem Schreiben heißt es: „Leider müssen wir Ihnen mitteilen, dass wir das bestehende Arbeitsverhältnis mit Ablauf des 13. 7. wegen Arbeitsmangel kündigen. Nach dem 13. 7. sind beide Parteien von sämtlichen Rechten und Pflichten aus dem Arbeitsverhältnis enthoben." In der Zeit vom 14. 7. bis zum 24. 8. lagen im Land Niedersachsen die Sommerschulferien. K hatte allen ihren Mitarbeitern im Schulbusverkehr zu Beginn der Ferien gekündigt, um sie am Ferienende wieder einzustellen. B nahm das bereits Anfang Juli ausgesprochene Wiedereinstellungsangebot der K zum 25. 8. nicht an, weil er inzwischen zum 1. 9. eine Stelle als Verkäufer gefunden hatte. K verlangt unter Berufung auf § 9 des Arbeitsvertrags, hilfsweise aus ungerechtfertigter Bereicherung, von B die Erstattung von einem Drittel der Ausbildungskosten (2100 €).

Abwandlung: Besteht ein Anspruch der K, wenn B von sich aus zum 1. 7. gekündigt hat, um eine Stelle als Verkäufer anzutreten?

Vorüberlegungen

1 Während in **Fall 1** eine **Wirksamkeitsklausur** zu lösen war (es ging um die Wirksamkeit einer Arbeitgeberkündigung, dazu oben in der Einl. Rn. 10, 15–17), gehört

der vorliegende Fall zum Typus der **Anspruchsklausur** (Einl. Rn. 9, 11–14), ebenso wie die drei vorangegangenen Fälle: In **Fall 2** war der **Anspruch des Arbeitnehmers** auf Erfüllung der Hauptleistungspflicht des Arbeitgebers – der Vergütungspflicht – zu beurteilen, **Fall 3** handelte von einem **Anspruch des Arbeitnehmers** auf Wiedereinstellung und **Fall 4** vom **Anspruch des Arbeitgebers** auf Erfüllung der **Hauptleistungspflicht** des Arbeitnehmers (Modalitäten der Arbeitsleistung, § 611 I BGB). Im vorliegenden **Fall 5** geht es um den Anspruch des Arbeitgebers auf Erfüllung einer **Nebenleistungspflicht** des Arbeitnehmers.

Obwohl der **Sachverhalt** einfach strukturiert und nicht umfangreich ist, ist eine **2** **Zeittabelle** hilfreich, die folgendermaßen aussehen könnte:

Zeittabelle

Vorjahr: **3**

1. 1.	Arbeitsvertrag K – B (§ 9: Kostenerstattung)
danach	Ausbildung des B (Kosten 6300 €)
1. 4.	Arbeitsbeginn des B als Busfahrer

Laufendes Jahr:

23. 5.	Kündigung seitens der K mit Ablauf 13. 7.
Anfang Juli	Wiedereinstellungsangebot der K zum 25. 8.
14. 7.	Beginn der Schulferien
24. 8.	Ende der Schulferien
1. 9.	B tritt Stelle als Verkäufer an

Die **Fallfrage** ist präzise formuliert, sodass sich der Bearbeiter sogleich der **An-** **4** **spruchsgrundlage** zuwenden kann, die in erster Linie in § 9 des Arbeitsvertrags zu finden ist. Ein Anspruch aus einer (Arbeits-)Vertragsklausel kann nur bestehen, wenn die **Klausel wirksam** ist und ihre **Voraussetzungen erfüllt** sind. Zwischen diesen beiden Anforderungen besteht kein logischer Vorrang:[1] Das BAG prüft in der Entscheidung, der die Klausur nachgebildet ist, zunächst die **Voraussetzungen** und dann die **Wirksamkeit** des Rückzahlungsvorbehalts.[2] Dieser Aufbau rechtfertigt sich daraus, dass die Voraussetzungen der Klausel relativ einfach festgestellt werden können, während bei der Wirksamkeit das Kernproblem des Falles liegt.

Zum Prüfungspunkt **Wirksamkeit der Rückzahlungsklausel** gibt der Sachverhalt **5** einen Hinweis, der nicht überlesen werden darf: Das Vertragswerk wird als der „von K vorformulierte und im Unternehmen der K allgemein verwendete" Arbeitsvertrag bezeichnet.[3] Diese Formulierung deutet darauf hin, dass der Anwendungsbereich

---

[1] Logischer Vorrang im Verhältnis zweier Anspruchsvoraussetzungen besteht, wenn die eine Voraussetzung für den Anspruch nur festgestellt werden kann, falls zuvor die andere Voraussetzung bejaht wurde; dann ist diese andere Voraussetzung logisch vorrangig.

[2] *BAG* 6. 5. 1998 – 5 AZR 535/97, BAGE 88, 340 (341, 342).

[3] Im Originalfall (*BAG* 6. 5. 1998 – 5 AZR 535/97, BAGE 88, 340) fehlt diese Präzisierung, obwohl es wahrscheinlich ist, dass auch dort ein von der Klägerin vorformulierter und im Unternehmen der Klägerin allgemein verwendeter Arbeitsvertrag vorlag. Die Präzisierung war damals entbehrlich, weil bis zum 31. 12. 2001 die Vorschrift des § 23 I AGB-Gesetz galt, wonach das AGB-Gesetz – der Vorläufer der heutigen §§ 305–310 BGB – bei Verträgen auf dem Gebiet des Arbeitsrechts keine Anwendung fand.

der §§ 305–310 BGB eröffnet sein könnte und ein Schwerpunkt auf der Inhalts-kontrolle der Klausel nach dem Recht der **Allgemeinen Geschäftsbedingungen (AGB)** liegt. Das **Aufbauschema** für die AGB-Kontrolle sieht vereinfacht so aus:[4]

Übersicht 7. AGB-Kontrolle (Grundschema)

6 1. Vorliegen von AGB (§ 305 I BGB)
   a) Vorformulierte Vertragsbedingungen
   b) vom Verwender gestellt (Ausnahme: § 310 III Nr. 1 BGB)
   c) für eine Vielzahl von Verträgen (Ausnahme: § 310 III Nr. 2 BGB)

2. Einbeziehung in den Vertrag
   a) § 305 II, III BGB gelten im Arbeitsrecht nicht (§ 310 IV 2 BGB)
   b) Vorrang der Individualabrede (§ 305 b BGB)
   c) Keine überraschende Klausel (§ 305 c I BGB)

3. Auslegung vor Inhaltskontrolle
   a) Allgemeine Auslegungsregeln
   b) Unklarheitenregel (§ 305 c II BGB)

4. Inhaltskontrolle der AGB
   a) Anwendbarkeit gemäß §§ 307 III, 310 IV 3 BGB
   b) Klauselverbote ohne Wertungsmöglichkeit (§ 309 BGB)
   c) Klauselverbote mit Wertungsmöglichkeit (§ 308 BGB)
   d) Generalklausel des § 307 I, II BGB (§ 310 III Nr. 3 BGB)

7 Ergänzend gilt eine Vorschrift, die für das gesamte Prüfungsschema bedeutsam ist: Nach § 310 IV 2 BGB sind bei der Anwendung der §§ 305–310 BGB die **im Arbeitsrecht geltenden Besonderheiten** angemessen zu berücksichtigen.[5] Im Rahmen der Fallbearbeitung ist also zumindest bei den problematischen Prüfungspunkten stets zu fragen, (1) ob es Besonderheiten des Arbeitsrechts gibt, welche die bürgerlich-rechtlichen Wertungen überlagern oder verdrängen, und – wenn ja – (2) ob die arbeitsrechtlichen Besonderheiten im konkreten Fall angemessen berücksichtigt sind.[6] Ferner spielt es für die Anwendbarkeit des – im Prüfungsschema dreimal erwähnten – § 310 III BGB eine Rolle, ob der Arbeitnehmer als Verbraucher i.S. von § 13 BGB anzusehen ist. Auf die vom BAG bejahte **Verbrauchereigenschaft des Arbeitnehmers**[7] ist in der Falllösung nur einzugehen, wenn und soweit es auf die Anwendung des § 310 III BGB ankommt.

---

[4] Ausführlicheres Lösungsschema bei *Rolfs*, § 305 BGB Rn. 3.

[5] Siehe dazu *BAG* 4. 3. 2004 – 8 AZR 196/03, BAGE 110, 8 (19) = AP Nr. 3 zu § 309 BGB = NZA 2004, 727 (Vertragsstrafenabrede); *BAG* 12. 1. 2005 – 5 AZR 364/04, BAGE 113, 140 (144) = AP Nr. 1 zu § 308 BGB = NZA 2005, 465 (Änderungsvorbehalt); *BAG* 20. 5. 2008 – 9 AZR 382/07, AP Nr. 35 zu § 307 BGB = NZA 2008, 1233 (Schriftformklausel).

[6] Leitlinien: Erman/*Roloff*, § 310 BGB Rn. 34a; H/W/K/*Gotthardt*, § 310 BGB Rn. 21f., Einzelheiten: Palandt/*Weidenkaff*, Einf. vor § 611 BGB Rn. 75–75c; ErfK/*Preis*, §§ 305–310 BGB Rn. 51–102.

[7] *BAG* 25. 5. 2005 – 5 AZR 572/04, BAGE 115, 19 (29) = AP Nr. 1 zu § 310 BGB = NZA 2005, 1112; *BAG* 19. 5. 2010 – 5 AZR 253/09, AP Nr. 13 zu § 310 BGB = NZA 2010, 939 (Rn. 23).

Lösung

Erster Teil: Grundfall

A. Anspruch aus § 9 des Arbeitsvertrags

K könnte gegen B einen Anspruch auf Zahlung von 2100 € aus der Rückzahlungs- **8**
klausel in § 9 des Arbeitsvertrags haben. Dann müssten die Voraussetzungen der
Rückzahlungsklausel vorliegen (dazu I), die Forderung dürfte nicht durch eine vertragliche Aufhebung des Rückzahlungsanspruchs erloschen sein (dazu II), und die
Rückzahlungsklausel müsste einer Wirksamkeitskontrolle standhalten (dazu III).

I. Voraussetzungen der Rückzahlungsklausel

Ein Anspruch auf Erstattung von einem Drittel der Ausbildungskosten setzt nach **9**
§ 9 des Arbeitsvertrags voraus, dass eine **Beendigung des Arbeitsverhältnisses im**
zweiten Jahr nach seiner Begründung – also in der Zeit vom 1. 1. bis zum 31. 12.
des laufenden Jahres – stattgefunden hat. Es fragt sich, ob die am 23. 5. mit Wirkung zum 13. 7. ausgesprochene Kündigung diese Voraussetzung erfüllt.

1. Wirksamkeit der Beendigung

Am Tatbestandsmerkmal „Beendigung des Arbeitsverhältnisses" könnte es fehlen, **10**
wenn die Vertragsklausel die Wirksamkeit der Beendigung voraussetzt und das Arbeitsverhältnis zwischen K und B nicht wirksam beendet wurde. Zwar spricht § 9
des Arbeitsvertrages ohne weiteren Zusatz von der **Beendigung** des Arbeitsverhältnisses. Die Auslegung der Vertragsklausel (§§ 133, 157 BGB) ergibt jedoch, dass
die Parteien die **Wirksamkeit** der Beendigung als selbstverständlich vorausgesetzt
und daher nicht gesondert angesprochen haben: Rückzahlungsklauseln verfolgen
den Zweck, den finanziell geförderten Arbeitnehmer für eine gewisse Zeit an den
Betrieb zu binden und zu verhindern, dass Mitbewerber die Früchte der vom Arbeitgeber finanzierten Ausbildung ernten.[8] Daher kommt ein Rückzahlungsanspruch nach dem Willen der Parteien nur in Betracht, wenn die Beendigung des
Arbeitsverhältnisses wirksam ist. Denn anderenfalls behält der Arbeitgeber den Anspruch auf die Arbeitsleistung des geförderten Arbeitnehmers.

Es bestehen Zweifel, ob die **Kündigung vom 23. 5.** das Arbeitsverhältnis wirksam **11**
beendet hat. Zwar scheitert die Wirksamkeit der Kündigung nicht daran, dass K
den gesetzlichen **Kündigungstermin** verfehlt hat (zum Fünfzehnten oder zum
Ende eines Kalendermonats, § 622 I BGB). Denn eine Kündigung zu einem nicht
zulässigen Termin (hier: zum 13. 7.) ist, wenn die Kündigung innerhalb der Dreiwochenfrist des § 4 Satz 1 KSchG angefochten wird, in eine Kündigung zum
nächsten zulässigen Termin umzudeuten, also im vorliegenden Fall zum 15. 7.; wird
sie nicht oder nicht rechtzeitig angefochten, ist sie nach § 7 KSchG zu dem erklärten Termin (13. 7.) wirksam.[9]

---

[8] ErfK/*Preis*, §§ 305–310 BGB Rn. 94; H/W/K/*Thüsing*, § 611 BGB Rn. 460; AR/*Kamanabrou*,
§ 611 BGB Rn. 218; Preis/*Stoffels*, Arbeitsvertrag II A 120 Rn. 3.

[9] *BAG* 1. 9. 2010 – 5 AZR 700/09, BAGE 135, 255 = AP Nr. 71 zu § 4 KSchG 1969 = NZA 2010,
1409; *BAG* 15. 5. 2013 – 5 AZR 130/12, AP Nr. 131 zu § 615 BGB = NZA 2013, 1076 (Rn. 15);
erläutert in *Junker*, Grundkurs, Rn. 383.

12 Die Zweifel an der Wirksamkeit der Kündigung ergeben sich aber daraus, dass B **Kündigungsschutz** genießt (§§ 1 I, 23 I 2, 3 KSchG) und eine betriebsbedingte Kündigung einen nicht nur vorübergehenden, sondern **dauerhaften Wegfall des Arbeitsplatzes** verlangt.[10] Daran könnte es fehlen, weil nach Ablauf der sechswöchigen Sommerschulferien das Beschäftigungsbedürfnis wieder vorhanden ist. Auch diese Zweifel an der Wirksamkeit der Kündigung können aber auf sich beruhen. K hat innerhalb von drei Wochen nach Zugang der schriftlichen Kündigung **keine Kündigungsschutzklage** erhoben, sodass die Kündigung als von Anfang an rechtswirksam gilt (§ 4 Satz 1 i.V.m. § 7 KSchG). Die Beendigung des Arbeitsverhältnisses zwischen K und B ist wirksam.

2. Beendigung durch den Arbeitgeber

13 Am Tatbestandsmerkmal „Beendigung des Arbeitsverhältnisses" in § 9 des Arbeitsvertrags würde es fehlen, wenn die Vertragsklausel dahin auszulegen wäre, dass nur eine Kündigung durch den Arbeitnehmer B, nicht dagegen eine Kündigung durch die Arbeitgeberin K die Rückzahlungspflicht auslösen soll.

a) Allgemeine Auslegungsregeln (§§ 133, 157 BGB)

14 Der **Wortlaut der Klausel** ist eindeutig und erfasst jegliche Beendigung des Arbeitsverhältnisses, gleichgültig welche Vertragspartei die Beendigung herbeigeführt oder veranlasst hat. Aus dem Sachverhalt ergeben sich keine Anhaltspunkte für eine **einschränkende Auslegung** der Vereinbarung dahin, dass nur eine vom Arbeitnehmer ausgesprochene Kündigung die Rückzahlungspflicht auslösen solle.[11] Nach den allgemeinen Auslegungsregeln löst folglich jegliche Form der (wirksamen, Rn. 10) Beendigung des Arbeitsverhältnisses den Rückzahlungsanspruch aus.

b) Anwendung der Unklarheitenregel (§ 305c II BGB)

15 Die allgemeinen Auslegungsregeln werden zwar im Anwendungsbereich der §§ 305–310 BGB durch die Unklarheitenregel des § 305 c II BGB ergänzt. Diese Vorschrift setzt aber voraus, dass nach Ausschöpfung der in Betracht kommenden Auslegungsmethoden **ein nicht behebbarer Zweifel** bleibt und **mindestens zwei Auslegungen** rechtlich vertretbar sind.[12] An einer solchen Unklarheit fehlt es, sodass es für die Auslegung des § 9 des Arbeitsvertrags nicht darauf ankommt, ob diese Vertragsklausel den Vorschriften der §§ 305–310 BGB unterliegt. Die Vertragsklausel erfasst tatbestandlich auch die Beendigung des Arbeitsverhältnisses durch Kündigung seitens der K. Die Voraussetzungen der Rückzahlungsklausel sind erfüllt.

II. Aufhebung des Rückzahlungsanspruchs

16 Der Rückzahlungsanspruch der K nach § 9 des Arbeitsvertrags könnte auf Grund der Formulierung des Kündigungsschreibens vom 23. 5. erloschen sein, wonach beide Parteien nach dem 13. 7. „von sämtlichen Rechten und Pflichten aus dem

---

[10] *BAG* 17. 6. 1999 – 2 AZR 141/99, BAGE 92, 71 (74) = AP Nr. 101 zu § 1 KSchG Betriebsbedingte Kündigung = NZA 1999, 1098; MünchKommBGB/*Hergenröder,* § 1 KSchG Rn. 290.
[11] Ebenso *BAG* 6. 5. 1998 – 5 AZR 535/97, BAGE 88, 340 (342) in der Entscheidung, welcher der vorliegende Fall nachgebildet ist.
[12] *BAG* 20. 1. 2010 – 10 AZR 914/08, AP Nr. 12 zu § 305 c BGB = NZA 2010, 445 (Rn. 17).

Arbeitsverhältnis enthoben" sein sollen. Zwar ist ein **einseitiger Verzicht** des Gläubigers auf einen schuldrechtlichen Anspruch nicht möglich,[13] aber nach § 397 I BGB erlischt das Schuldverhältnis, wenn ein **Erlassvertrag** zwischen dem Gläubiger und dem Schuldner geschlossen wird. In der Formulierung, dass nach dem 13. 7. „beide Parteien von sämtlichen Rechten und Pflichten aus dem Arbeitsverhältnis enthoben" sein sollen, könnte ein Angebot der K auf Abschluss eines Erlassvertrags i. S. d. § 397 I BGB zu erblicken sein. Da ein solches Angebot in Bezug auf die Rückzahlungspflicht dem B lediglich Vorteile bringt, kann von der Annahme eines solchen Angebots nach § 151 Satz 1 BGB ausgegangen werden.

Ob das Kündigungsschreiben vom 23. 5. in dem genannten Sinne auszulegen ist, hängt davon ab, ob B, gedacht als „objektiver Durchschnittsempfänger" des Schreibens, die Formulierung als Angebot auf Abschluss eines Erlassvertrages auffassen durfte (**normative Auslegung, §§ 133, 157 BGB**). Wegen der weitreichenden Rechtsfolge eines Erlassvertrages sind bei der Auslegung strenge Maßstäbe anzulegen; ein Angebot muss unmissverständlich erklärt werden.[14] In Kündigungsschreiben sind Formulierungen wie die von der K verwendete nicht unüblich. Sie haben den Sinn, den Beendigungswillen des Kündigenden zu unterstreichen und auf die Rechtsfolgen der Kündigung hinzuweisen. Daher könnte man in der von der K gewählten Formulierung ein Angebot auf Erlass der Rückzahlungspflicht nur erblicken, wenn diese Pflicht ausdrücklich in Bezug genommen wäre. Das ist nicht der Fall. Das Schreiben vom 23. 5. enthält daher kein Angebot auf Abschluss eines Erlassvertrags. Der Rückzahlungsanspruch aus § 9 des Arbeitsvertrags ist nicht erloschen. **17**

III. Wirksamkeit der Rückzahlungsklausel

Da die Voraussetzungen der Rückzahlungsklausel erfüllt sind (oben I) und die K dem B die Rückzahlungsschuld nicht erlassen hat (soeben II), hängt der Anspruch davon ab, ob die Rückzahlungsklausel einer Wirksamkeitskontrolle standhält. In Betracht kommen ein spezialgesetzliches Verbot (dazu 1), eine Inhaltskontrolle nach §§ 138 I, 242 BGB (dazu 2) und eine Inhaltskontrolle nach § 307 I BGB (dazu 3). **18**

1. Gesetzliches Verbot (§ 12 I 1, II Nr. 1 BBiG)

Nach § 12 I 1 BBiG ist eine Vereinbarung nichtig, die den Auszubildenden für die Zeit nach der Beendigung des Berufsausbildungsverhältnisses in der Ausübung seiner beruflichen Tätigkeit beschränkt. Das gilt insbesondere für eine Verpflichtung des Auszubildenden, für die Berufsausbildung eine Entschädigung zu zahlen (§ 12 II Nr. 1 BBiG). Dieses gesetzliche Verbot erfasst nach seinem Wortlaut und seiner systematischen Stellung im Gesetz jedoch nur die Berufsausbildung i. S. d. § 1 III BBiG, d. h. die Erstausbildung im Anschluss an die Vollzeitschulpflicht oder die Zweitausbildung in einem geordneten Ausbildungsgang i. S. d. § 1 III 1 BBiG; sie setzt voraus, dass der Auszubildende während der Ausbildung in einen Betrieb **19**

---

[13] *RG* 12. 11. 1909 – VII 29/09, RGZ 72, 168 (171); *RG* 23. 6. 1926 – V 478/25, RGZ 114, 155 (158); *BGH* 4. 12. 1986 – III ZR 51/85, NJW 1987, 3203; Erman/*Wagner*, § 397 BGB Rn. 1; MünchKommBGB/*Schlüter*, § 397 Rn. 1; Staudinger/*Rieble*, § 397 BGB Rn. 3.

[14] *RG* 20. 9. 1927 – VII 155/27, RGZ 118, 63 (66); *BGH* 15. 1. 2002 – X ZR 91/00, NJW 2002, 1044 (1046); Bamberger/Roth/*Dennhardt*, § 397 BGB Rn. 12; MünchKommBGB/*Schlüter*, § 397 Rn. 3; Palandt/*Grüneberg*, § 397 BGB Rn. 6; Staudinger/*Rieble*, § 397 BGB Rn. 103.

eingegliedert ist und für den Betrieb arbeitet.[15] Der Erwerb des Führerscheins und des Personenbeförderungsscheins ist keine Berufsausbildung in diesem Sinne. Ob die Parteien die Maßnahme als „Ausbildung" bezeichnet haben, spielt für die gesetzliche Einordnung keine Rolle.[16] Eine unmittelbare Anwendung des § 12 I 1, II Nr. 1 BBiG scheidet somit aus.

20 Es kommt daher nur eine **analoge Anwendung** dieses Vereinbarungsverbots in Betracht. Die Vorschrift des § 12 BBiG trägt dem besonderen Schutzbedürfnis von Auszubildenden i. S. d. § 1 III BBiG Rechnung. Dagegen hat ein zukünftiger Arbeitgeber keinen Anlass, einem arbeitslosen Stellenbewerber den Erwerb des Führerscheins und des Personenbeförderungsscheins zu finanzieren. Wenn er dennoch diese Kosten übernimmt, ist sein Interesse, eine Bindung für die Zukunft erreichen, grundsätzlich legitim. Das Vereinbarungsverbot des § 12 I 1, II Nr. 1 BBiG ist einer analogen Anwendung auf die berufliche Fortbildung oder Umschulung jedenfalls in der vorliegenden Konstellation nicht zugänglich.[17] Die Rückzahlungsklausel verstößt nicht gegen ein spezialgesetzliches Verbot.

2. Unwirksamkeit nach §§ 138 I, 242 BGB

21 Die Rechtsprechung hat lange Zeit eine als „richterliche Inhaltskontrolle" bezeichnete Überprüfung von **Rückzahlungsklauseln** im Rahmen der §§ 138 I, 242 BGB vorgenommen. Der Rückzahlungsanspruch müsse – so das BAG – aus der Sicht eines verständigen Betrachters einem begründeten und billigenswerten Interesse des **Arbeitgebers** entsprechen; die damit korrespondierende Rückzahlungspflicht müsse dem **Arbeitnehmer** nach Treu und Glauben zumutbar sein.[18] Die Kontrolle der Rückzahlungsklausel nach §§ 138 I, 242 BGB war keine reine **Rechtskontrolle,** sondern – wie z. B. nach § 315 BGB – zugleich eine **Billigkeitskontrolle:** Die Zumutbarkeit der Erstattungspflicht wurde unter Berücksichtigung aller Umstände des Einzelfalles erörtert.[19]

22 Diese Rechtsprechung wird insoweit durch die **Spezialvorschriften der §§ 305–310 BGB** verdrängt, als es um die Inhaltskontrolle nicht individuell vereinbarter, sondern **vorformulierter Rückzahlungsklauseln** geht. Wie sich aus § 310 IV 2 BGB schließen lässt, sind die Vorschriften über Allgemeine Geschäftsbedingungen (§§ 305–310 BGB) auch auf vorformulierte Klauseln in Arbeitsverträgen anzuwenden. Eine Unwirksamkeit von Rückzahlungsvereinbarungen nach §§ 138 I, 242 BGB kommt nicht mehr in Betracht, wenn und soweit die Kontrollvorschriften der §§ 305 ff. BGB anzuwenden sind.[20]

---

[15] *BAG* 21. 11. 2001 – 5 AZR 158/00, BAGE 100, 13 (17) = AP Nr. 31 zu § 611 BGB Ausbildungsbeihilfe = NZA 2002, 551.

[16] ErfK/*Schlachter,* § 1 BBiG Rn. 4; H/W/K/*Hergenröder,* § 1 BBiG Rn. 3.

[17] *BAG* 20. 2. 1975 – 5 AZR 240/74, AP Nr. 2 zu § 611 BGB Ausbildungsbeihilfe = RdA 1975, 268; *BAG* 21. 8. 2012 – 3 AZR 698/10, AP Nr. 46 zu § 611 BGB Ausbildungsbeihilfe = NZA 2012, 1428 (Rn. 39 ff.); Preis/*Stoffels,* Arbeitsvertrag II A 120 Rn. 14.

[18] *BAG* 6. 9. 1995 – 5 AZR 241/94, AP Nr. 23 zu § 611 BGB Ausbildungsbeihilfe = NZA 1996, 314 (315); *BAG* 6. 5. 1998 – 5 AZR 535/97, BAGE 88, 340 (342 f.).

[19] *BAG* 6. 5. 1998 – 5 AZR 535/97, BAGE 88, 340 (343); *BAG* 21. 11. 2001 – 5 AZR 158/00, BAGE 100, 13 (23) = AP Nr. 31 zu § 611 BGB Ausbildungsbeihilfe = NZA 2002, 551.

[20] *BAG* 19. 1. 2011 – 3 AZR 621/08, BAGE 137, 1 = AP Nr. 44 zu § 611 BGB Ausbildungsbeihilfe m. Anm. *Hanau* = NZA 2012, 85 (Rn. 27 ff.); ErfK/*Preis,* §§ 305–310 BGB Rn. 3 ff.; H/W/K/ *Thüsing,* § 611 BGB Rn. 463; Preis/*Stoffels,* Arbeitsvertrag II A 120 Rn. 18.

3. Unwirksamkeit nach § 307 I 1 BGB

Nach § 307 I BGB sind Bestimmungen in Allgemeinen Geschäftsbedingungen **23** (AGB) unwirksam, wenn sie den Vertragspartner des Verwenders entgegen den Geboten von Treu und Glauben unangemessen benachteiligen. Die Unwirksamkeit von § 9 des Arbeitsvertrags nach dieser Vorschrift setzt voraus, dass die Rückzahlungsklausel als vorformulierte Vertragsbedingung i.S.d. § 305 I 1 BGB in den Arbeitsvertrag einbezogen wurde (dazu a) und nach ihrem durch Auslegung ermittelten Inhalt (dazu b) den B unangemessen benachteiligt (dazu c).

a) Anwendbarkeit des AGB-Rechts

Die §§ 305–310 BGB sind – vorbehaltlich der Ausnahmen in § 310 III Nrn. 1, 2 **24** BGB – anwendbar, wenn die **Voraussetzungen des § 305 I BGB** vorliegen. Es muss sich um vorformulierte Vertragsbedingungen handeln, die vom Verwender gestellt wurden und für eine Vielzahl von Verträgen bestimmt sind (§ 305 I 1 BGB). Der Arbeitsvertrag zwischen K und B besteht aus Klauseln, die K formuliert hat und im Unternehmen allgemein verwendet. Diese Klauseln sind als Bestandteil der Vertragsurkunde (§ 305 I 2 BGB) in den Vertrag zwischen K und B einbezogen worden. Die §§ 305–310 BGB sind anwendbar.

b) Auslegung der Vertragsbedingung

Bevor die Rückzahlungsklausel auf ihre Wirksamkeit untersucht werden kann, muss **25** ihr Inhalt feststehen. Dabei gelten die allgemeinen Auslegungsregeln der §§ 133, 157 BGB, ergänzt um die Unklarheitenregel des § 305c II BGB.[21] Wie bereits festgestellt (Rn. 10–15), setzt § 9 des Arbeitsvertrags die **Wirksamkeit der Beendigung** voraus; sie differenziert nicht nach **Beendigungsgründen** und erfasst insbesondere auch die vom **Arbeitgeber** ausgesprochene Kündigung. Die **Bindungsdauer** beträgt maximal zwei Jahre, wobei der Umfang der Rückzahlungspflicht vom ersten Jahr zum zweiten Jahr abnimmt.

c) Unangemessene Benachteiligung (§ 307 I, II BGB)

Die Rückzahlungsklausel ist nach § 307 I 1 BGB unwirksam, wenn die besonderen **26** Anwendungs- und die materiellen Voraussetzungen der Vorschrift erfüllt sind. Nach § 307 III 1 BGB gilt **§ 307 I, II BGB** nur für Vertragsbestimmungen, die von Rechtsvorschriften abweichen oder Rechtsvorschriften ergänzen. Eine Klausel über die Rückzahlung von Ausbildungskosten soll eine **Nebenleistungspflicht** begründen, die im Gesetz nicht geregelt ist und auf Grund Gesetzes bestehende Nebenpflichten des Arbeitnehmers ergänzt.[22] Die Inhaltskontrolle gemäß § 307 I 1 BGB ist folglich anwendbar.

Die zwischen K und B vereinbarte Rückzahlungsklausel müsste B entgegen den **27** Geboten von Treu und Glauben unangemessen benachteiligen (§ 307 I 1 BGB). Unangemessen ist jede Beeinträchtigung von rechtlich anerkannten **Interessen des Arbeitnehmers,** die nicht durch begründete und billigenswerte **Interessen des Ar-**

---

[21] *BAG* 20. 1. 2010 – 10 AZR 914/08, AP Nr. 12 zu § 305c BGB = NZA 2010, 445 (Rn. 17).
[22] *BAG* 13. 12. 2011 – 3 AZR 791/09, AP Nr. 45 zu § 611 BGB Ausbildungsbeihilfe = NZA 2012, 738 (Rn. 14).

beitgebers gerechtfertigt ist oder durch gleichwertige Vorteile ausgeglichen wird.[23] Die Rechtsprechung unterscheidet zwischen der grundsätzlichen Zulässigkeit (dem „Ob") und den inhaltlichen Grenzen (dem „Wie") der Vereinbarung.[24]

aa) Grundsätzliche Zulässigkeit der Klausel

28 Die grundsätzliche Zulässigkeit einer Rückzahlungsklausel folgt auch im Rahmen des § 307 I 1 BGB – wie schon nach früherem Recht – aus einer Interessenabwägung, in die grundrechtlich geschützte Rechtspositionen einfließen müssen.[25] Das **Interesse des Arbeitgebers,** der seinem Arbeitnehmer eine Weiterbildung finanziert, geht dahin, die vom Arbeitnehmer erworbene Qualifikation möglichst langfristig für den Betrieb nutzen zu können. Dieses grundsätzlich berechtigte Interesse gestattet es dem Arbeitgeber, als Ausgleich für seine finanziellen Aufwendungen vom Arbeitnehmer den Abschluss einer Rückzahlungsvereinbarung zu verlangen.[26] Hinter diese berechtigten Belange des Arbeitgebers muss das **Interesse des Arbeitnehmers,** seinen Arbeitsplatz ohne Belastung mit Kosten frei wählen und wechseln zu können, zurücktreten, wenn der Arbeitnehmer durch die Ausbildung einen geldwerten beruflichen Vorteil erlangt.[27]

29 Der **Führerschein der Klasse 2** ist eine Qualifikation, die ein Arbeitnehmer in zahlreichen Berufen verwerten kann und die als nützlich angesehen wird. Auch der **Personenbeförderungsschein,** der dem Arbeitnehmer das Führen von Omnibussen im gewerblichen Personenkraftverkehr erlaubt, eröffnet dem Arbeitnehmer ein wichtiges Berufsfeld und bedeutet einen geldwerten beruflichen Vorteil. Eine Rückzahlungsklausel in Bezug auf die damit korrespondierenden Arbeitgeberaufwendungen ist daher grundsätzlich keine unangemessene Benachteiligung des Arbeitnehmers i. S. d. § 307 I 1 BGB.

bb) Inhaltliche Grenzen der Rückzahlungsklausel

30 Es fragt sich jedoch, ob die konkrete Ausgestaltung der Rückzahlungspflicht in § 9 des Arbeitsvertrags einer Inhaltskontrolle nach § 307 I 1 BGB standhält. Bedenken bestehen wegen der **Bemessung der Bindungsfrist,** die zwei Jahre beträgt, und wegen des Umstands, dass nach der Klausel auch eine **Arbeitgeberkündigung** die Rückzahlungspflicht auslöst.

31 (1) Die Rückzahlungsklausel könnte den Arbeitnehmer i. S. d. § 307 I 1 BGB unangemessen benachteiligen, weil sie eine unangemessen lange **Bindungsdauer** vorsieht. Nach der Rechtsprechung hängt die zulässige Bindungsdauer nicht von den **Kosten,** sondern von der **Dauer** der Weiterbildung ab: Die Weiterbildungs- und

---

23 *BAG* 4. 3. 2004 – 8 AZR 196/03, BAGE 110, 8 = AP Nr. 3 zu § 309 BGB m. Anm. *von Koppenfels-Spies* = NZA 2004, 727 (732) unter Hinweis auf *BGH* 3. 11. 1999 – VIII ZR 269/98, BGHZ 143, 104 (113) = NJW 2000, 1110.

24 *BAG* 19. 1. 2011 – 3 AZR 621/08, BAGE 137, 1 = AP Nr. 44 zu § 611 BGB Ausbildungsbeihilfe = NZA 2012, 85; ErfK/*Preis,* §§ 305–310 BGB Rn. 91; H/W/K/*Thüsing,* § 611 BGB Rn. 463.

25 *BAG* 21. 8. 2012 – 3 AZR 698/10, AP Nr. 46 zu § 611 BGB Ausbildungsbeihilfe = NZA 2012, 1428 (Rn. 15 ff.).

26 *BAG* 24. 6. 2004 – 6 AZR 383/03, BAGE 111, 157 = AP Nr. 34 zu § 611 BGB Ausbildungsbeihilfe = NZA 2004, 1035 (1036); *BAG* 11. 4. 2006 – 9 AZR 610/05, BAGE 118, 36 = AP Nr. 16 zu § 307 BGB = NZA 2006, 1042 (Rn. 24).

27 *BAG* 14. 1. 2009 – 3 AZR 900/07, BAGE 129, 121 = AP Nr. 41 zu § 611 BGB Ausbildungsbeihilfe = NZA 2009, 660 (Rn. 18); *Hergenröder,* FS Hadding (2004), S. 81 (98).

die Bindungsdauer müssen in einem angemessenen Verhältnis zueinander stehen.[28] Eine Fortbildung, die nicht länger als **einen Monat** dauere, rechtfertige regelmäßig nur eine Bindung des Arbeitnehmers bis zu sechs Monaten,[29] bei einer Fortbildungsdauer bis zu **zwei Monaten** könne im Regelfall höchstens eine einjährige Bindung vereinbart werden,[30] und bei einer Fortbildungsdauer von **drei bis vier Monaten** betrage die maximale Bindungsdauer zwei Jahre.[31] Im vorliegenden Fall hat die Fortbildung zum Kraftfahrer drei Monate gedauert. Nach den Kriterien der Rechtsprechung ist bei einer dreimonatigen Fortbildungsdauer eine zweijährige Bindungsdauer nicht unangemessen lang. Das gilt umso mehr, wenn die Fortbildung – wie hier zum Kraftfahrer – dem Arbeitnehmer in verschiedenen Berufen erhebliche Vorteile bringt.[32]

(2) Ein Grund für eine unangemessene Benachteiligung des Arbeitnehmers könnte **32** darin liegen, dass die Rückzahlungsklausel – ohne jede Einschränkung – jeden Tatbestand der **Beendigung** des Arbeitsverhältnisses erfasst. Die Einschränkung der Berufsfreiheit des Arbeitnehmers (Art. 12 I 1 GG) kann nur durch das Interesse des Arbeitgebers gerechtfertigt sein, die von ihm finanzierte Qualifikation des Arbeitnehmers langfristig für den Betrieb nutzen zu können. Eine Rückzahlungsklausel stellt daher eine ausgewogene Gesamtregelung nur dar, wenn der Arbeitnehmer es in der Hand hat, durch eigene Betriebstreue der Rückzahlungspflicht zu entgehen. Kündigt der **Arbeitgeber** aus Gründen, die nicht – wie z. B. ein vertragswidriges Verhalten des Arbeitnehmers – aus der Sphäre des Arbeitnehmers stammen, liegt es am Arbeitgeber selbst, dass seine Bildungsinvestition sich nicht amortisiert. Ist er nicht bereit oder in der Lage, dem Betrieb die Qualifikation des Arbeitnehmers zu erhalten, entfällt die Grundlage der Kostenbeteiligung: Verluste auf Grund von Investitionen, die nachträglich wertlos werden, hat grundsätzlich der Arbeitgeber zu tragen.[33]

Die gleiche Interessenlage besteht, wenn der **Arbeitnehmer** das Arbeitsverhältnis **33** aus Gründen kündigt, die in der Sphäre des Arbeitgebers liegen: Im Falle einer vom Arbeitgeber provozierten Beendigung des Arbeitsverhältnisses durch den Arbeitnehmer wäre es unangemessen i. S. d. § 307 I 1 BGB, wenn der Arbeitnehmer die Kosten einer Aus- oder Weiterbildung zurückzahlen müsste.[34] Es kommt also nicht darauf an, wer die Kündigung ausspricht, sondern aus wessen Sphäre der Kündigungsgrund stammt. Eine Rückzahlungsklausel wie diejenige in § 9 des Arbeitsver-

---

[28] *BAG* 21. 11. 2001 – 5 AZR 158/00, BAGE 100, 13 (20) = AP Nr. 31 zu § 611 BGB Ausbildungsbeihilfe = NZA 2002, 551; AR/*Kamanabrou*, § 611 BGB Rn. 221; H/W/K/*Thüsing*, § 611 BGB Rn. 468.

[29] *BAG* 5. 12. 2002 – 6 AZR 539/01, AP Nr. 32 zu § 611 BGB Ausbildungsbeihilfe = NZA 2003, 559 (560).

[30] *BAG* 15. 12. 1993 – 5 AZR 279/93, BAGE 75, 215 (224) = AP Nr. 17 zu § 611 BGB Ausbildungsbeihilfe = NZA 1994, 835.

[31] *BAG* 6. 9. 1995 – 5 AZR 241/94, AP Nr. 23 zu § 611 BGB Ausbildungsbeihilfe m. Anm. *von Hoyningen-Huene* = NZA 1996, 314 (316).

[32] *BAG* 4. 1. 2009 – 3 AZR 900/07, BAGE 129, 121 = AP Nr. 41 zu § 611 BGB Ausbildungsbeihilfe = NZA 2009, 666 (Rn. 18).

[33] *BAG* 6. 5. 1998 – 5 AZR 535/97, BAGE 88, 340 (342 f.); *BAG* 24. 6. 2004 – 6 AZR 383/03, BAGE 111, 157 = AP Nr. 34 zu § 611 BGB Ausbildungsbeihilfe = NZA 2004, 1035 (1036).

[34] *BAG* 13. 12. 2011 – 3 AZR 791/09, AP Nr. 45 zu § 611 BGB Ausbildungsbeihilfe = NZA 2012, 738 (Rn. 15 ff.); *BAG* 28. 5. 2013 – 3 AZR 103/12, AP Nr. 47 zu § 611 BGB Ausbildungsbeihilfe = NZA 2013, 1419 (Rn. 17).

trags benachteiligt den Arbeitnehmer unangemessen, wenn sie keine Ausnahme für den Fall enthält, dass der Grund für die Beendigung des Arbeitsverhältnisses aus der **Sphäre des Arbeitgebers** stammt. Da die Rückzahlungsklausel eine solche Ausnahme nicht vorsieht, verstößt sie gegen § 307 I 1 BGB.

cc) Berücksichtigung individueller Umstände

34 Bei Verbraucherverträgen sind gemäß **§ 310 III Nr. 3 BGB** bei der Beurteilung einer unangemessenen Benachteiligung (§ 307 I 1 BGB) auch die den Vertragsschluss begleitenden Umstände zu berücksichtigen. Der Arbeitnehmer ist nach der Rechtsprechung ein **Verbraucher** i.S.d. § 13 BGB; der Arbeitsvertrag ist ein **Verbrauchervertrag** i.S.d. § 310 III Nr. 3 BGB.[35] Zu den Begleitumständen i.S.d. § 310 III Nr. 3 BGB zählen (1) persönliche Eigenschaften, die sich auf die Verhandlungsstärke auswirken, (2) Besonderheiten der Vertragsabschlusssituation und (3) atypische Sonderinteressen des Vertragspartners des AGB-Verwenders.[36]

35 Die Berücksichtigung der Begleitumstände kann sowohl zur **Unwirksamkeit** einer nach generell-abstrakter Betrachtung wirksamen Klausel als auch – was im vorliegenden Fall infrage kommt – zur **Wirksamkeit** einer nach typisierter Inhaltskontrolle unwirksamen Klausel führen.[37] Besondere Umstände könnten im vorliegenden Fall darin liegen, dass B bei Vertragsschluss arbeitslos war und die K ihm nach Ausspruch der Kündigung das Angebot unterbreitet hat, ihn nach Ablauf der Sommerschulferien erneut als Busfahrer einzusetzen.

36 Zwar ist die **Arbeitslosigkeit** eine Besonderheit der Vertragsabschlusssituation i.S.d. § 310 III Nr. 3 BGB, aber dieser Umstand führt nicht zur Lockerung der Inhaltskontrolle, sondern lässt einen Stellenbewerber im Gegenteil als besonders schutzwürdig erscheinen. Das **Wiedereinstellungsangebot** kann ebenfalls nicht zugunsten der K gewertet werden: Der Arbeitnehmer muss sich frei entscheiden können, ob er das Wiedereinstellungsangebot annimmt oder ablehnt; eine Rückzahlungspflicht würde seine Abschlussfreiheit beschränken. Der Arbeitgeber, der betriebsbedingt kündigt, kann die Unangemessenheit der Rückzahlungsklausel deshalb nicht vermeiden, indem er dem Arbeitnehmer die Wiedereinstellung anbietet.[38] Weder die Arbeitslosigkeit des B noch das Wiedereinstellungsangebot der K schließen folglich die unangemessene Benachteiligung i.S.d. § 307 I 1 BGB aus.

B. Anspruch aus ungerechtfertigter Bereicherung

37 Ein Anspruch aus **§§ 812 I 1, 1. Alt., 818 II BGB** setzt voraus, dass B die Weiterbildung, eine Leistung der K, **ohne rechtlichen Grund** erlangt hat. Grundlage für die Übernahme der Weiterbildungskosten ist die arbeitsvertragliche Vereinbarung, wonach B in den ersten drei Monaten des Arbeitsverhältnisses eine von K bezahlte Ausbildung zum Busfahrer absolvieren sollte. Die Unwirksamkeit der Rückzah-

---

[35] *BAG* 25. 5. 2005 – 5 AZR 572/04, BAGE 115, 19 (28) = AP Nr. 1 zu § 310 BGB = NZA 2005, 1111; krit. *Henssler,* RdA 2002, 129 (134); *Hönn,* ZfA 2003, 325 (346).

[36] *BAG* 21. 8. 2012 – 3 AZR 698/10, AP Nr. 46 zu § 611 BGB Ausbildungsbeihilfe = NZA 2012, 1428 (Rn. 27).

[37] *BAG* 31. 8. 2005 – 5 AZR 545/04, BAGE 115, 372 = AP Nr. 8 zu § 6 ArbZG m. Anm. *Krause* = NZA 2006, 324 (Rn. 46).

[38] *BAG* 6. 5. 1998 – 5 AZR 535/97, BAGE 88, 340 (344).

lungsklausel (§ 307 I 1 BGB) hat jedoch nach **§ 306 I BGB** gerade nicht die Unwirksamkeit der Weiterbildungsabrede und der mit ihr untrennbar verbundenen Kostenregelung zur Folge; für eine unzumutbare Härte i.S.d. **§ 306 III BGB** besteht kein Anhaltspunkt. Auch ein Wegfall des Rechtsgrundes (**§§ 812 I 2, 1. Alt., 818 II BGB**) liegt nicht vor: Nur die Rückzahlungsklausel, nicht die Weiterbildungsvereinbarung ist entfallen.[39]

Ein Anspruch aus **§§ 812 I 2, 2. Alt., 818 II BGB** (Zweckverfehlung) scheidet aus, **38** weil der mit dem Inhalt des Rechtsgeschäfts bezweckte Erfolg (Erwerb der Qualifikation eines Busfahrers) Gegenstand einer **vertraglichen Bindung,** der Weiterbildungsabrede, war. Im Übrigen steht der **Sinn der Inhaltskontrolle,** unangemessene Klauseln zu sanktionieren, Bereicherungsansprüchen entgegen (Hilfsargument): Der Sinn der Inhaltskontrolle würde unterlaufen, wenn der Klauselverwender über einen bereicherungsrechtlichen Anspruch das missbilligte Ziel erreichen würde.[40]

C. Ergebnis (Grundfall)

Die Rückzahlungsklausel in § 9 des Arbeitsvertrags ist nach § 307 I 1 BGB unwirk- **39** sam. K hat gegen B auch aus ungerechtfertigter Bereicherung keinen Anspruch auf Erstattung von einem Drittel der Ausbildungskosten (2100 €).

Zweiter Teil: Abwandlung

Der Umstand, dass B von sich aus zum 1. 7. gekündigt hat, könnte sich im Rah- **40** men der Inhaltskontrolle der Rückzahlungsklausel nach § 307 I 1 BGB auswirken.

A. Inhaltskontrolle der Rückzahlungsklausel

Die unangemessene Benachteiligung des Arbeitnehmers i.S.d. § 307 I 1 BGB wur- **41** de u.a. damit begründet, dass die Rückzahlungsklausel auch Beendigungstatbestände umfasst, die aus der **Sphäre des Arbeitgebers** stammen (Rn. 33). In der Fallabwandlung stammt der Grund für die Beendigung des Arbeitsverhältnisses aus der **Sphäre des Arbeitnehmers,** sodass im Rahmen der Fallabwandlung der unwirksamkeitsbegründende Mangel der Vertragsklausel nicht zum Tragen kommt.

B. Verbot geltungserhaltender Reduktion

Es fragt sich daher, ob § 9 des Arbeitsvertrags zumindest insoweit wirksam ist, als **42** der Beendigungsgrund aus der Sphäre des Arbeitnehmers stammt. Während die frühere Rechtsprechung zur Klauselkontrolle nach §§ 138 I, 242 BGB Rückzahlungsklauseln innerhalb der zulässigen Grenzen als wirksam aufrechterhielt,[41] gilt bei der Klauselkontrolle nach §§ 307–309 BGB das Verbot geltungserhaltender

---

[39] *BAG* 21. 8. 2012 – 3 AZR 698/10, AP Nr. 46 zu § 611 BGB Ausbildungsbeihilfe = NZA 2012, 1428 (Rn. 33 ff.).

[40] *BAG* 6.8. 2013 – 9 AZR 442/12, AP Nr. 48 zu § 611 BGB Ausbildungsbeihilfe = NZA 2013, 1361 (Rn. 23); *BAG* 28. 5. 2013 – 3 AZR 103/12, AP Nr. 47 zu § 611 BGB Ausbildungsbeihilfe = NZA 2013, 1419 (Rn. 23 ff.).

[41] *BAG* 11. 4. 1984 – 5 AZR 430/82, AP Nr. 8 zu § 611 BGB Ausbildungsbeihilfe = NZA 1984, 288 (289).

Reduktion.[42] Würden Vertragsklauseln im Rahmen des gerade noch Zulässigen aufrechterhalten, wäre dem Verwender der Klauseln das Risiko der Vorformulierung abgenommen. Eine solche Risikoverlagerung zulasten des Vertragspartners des Klauselverwenders widerspräche dem Arbeitnehmerschutz, sodass arbeitsrechtliche Besonderheiten (§ 310 IV 2 BGB) dem Verbot der geltungserhaltenden Reduktion nicht entgegenstehen, sondern ein solches Verbot sogar stützen.[43]

C. Ergebnis (Abwandlung)

43 Die Klausel des § 9 des Arbeitsvertrags wird daher nicht auf ihren gerade noch zulässigen Inhalt zurückgeführt. Auch in der Abwandlung hat K gegen B keinen Anspruch auf Erstattung der Ausbildungskosten.

---

[42] *BAG* 13. 12. 2011 – 3 AZR 791/09, AP Nr. 45 zu § 611 BGB Ausbildungsbeihilfe = NZA 2012, 738 (Rn. 29 ff.).

[43] ErfK/*Preis*, §§ 305–310 BGB Rn. 99.

Fall 6. Arbeitnehmerhaftung

Nach *BAG* 18. 4. 2002 – 8 AZR 348/01, BAGE 101, 107 = AP Nr. 122 zu § 611 BGB Haftung des Arbeitnehmers = NZA 2003, 37

Weitere Themen: Zulässigkeitsprüfung im Urteilsverfahren – Berufsausbildungsvertrag § 10 I BBiG – Schadensersatz bei Arbeitsunfällen §§ 104, 105 SGB VII

Zur Vertiefung: *Junker,* Grundkurs, § 5 III (Rn. 294–313)

Sachverhalt

Der 17-jährige Bruno Berghammer (B) ist bei der Kaufpark AG (K) im „Kaufpark Erfurt" als Auszubildender für den Beruf eines Einzelhandelskaufmanns beschäftigt. Er ist im zweiten Ausbildungsjahr. Die Ausbildungsvergütung beträgt 600 €. Im Rahmen seiner Ausbildung ist B auch im Lager tätig. Dort befindet sich ein Gabelstapler, der von den ausgebildeten Mitarbeitern zum Warentransport genutzt wird. B besitzt weder einen Führerschein für das Fahrzeug, noch wurde er in die Bedienung des Gabelstaplers eingewiesen. Der Leiter des „Kaufpark Erfurt" hat den Auszubildenden ausdrücklich untersagt, den Gabelstapler zu fahren.

An einem Vormittag entdeckt B, der im Lager gerade nichts zu tun hat, auf dem zum Betriebsgelände gehörenden Hof mehrere Paletten mit verpackten, vormontierten Fahrrädern. Er entschließt sich, den Gabelstapler in Betrieb zu nehmen, um die Paletten in das Lager zu bringen. Beim Ausfahren aus der Lagerhalle stößt B mit den beiden hochgefahrenen Gabeln gegen das nicht vollständig geöffnete Sektionaltor des Lagers. Er beschädigt zwei Segmente sowie die Zugeinrichtung des Tores. Durch absplitternde Metallteile erleidet die Verkäuferin Daniela Dietrich (D), die ihre Arbeit beendet hat und auf dem Heimweg an dem Tor vorbeikommt, eine Verletzung des linken Oberarms. Das Tor, das keine Vorschäden aufweist, muss für 6900 € instand gesetzt werden.

I. Nachdem K den B erfolglos zur Übernahme der Instandsetzungskosten aufgefordert hat, erhebt K Klage vor dem ArbG Erfurt mit dem Antrag, B zu verurteilen, an K 6900 € zu zahlen. Wie wird das Arbeitsgericht entscheiden?

II. Ebenfalls vor dem ArbG Erfurt verlangt D, durch deren Verletzungen einige Narben am linken Oberarm zurückgeblieben sind, von B die Zahlung eines Schmerzensgeldes von 2000 €. Wie wird das Arbeitsgericht entscheiden?

Vorüberlegungen

Es handelt sich um einen Sachverhalt, aus dem zwei Fragenkomplexe resultieren: **1** die Haftung des Arbeitnehmers für einen **Sachschaden,** den er dem **Arbeitgeber** zugefügt hat (Aufgabe I), und die Haftung des Arbeitnehmers für einen **Personenschaden,** den ein **Arbeitskollege** erlitten hat (Aufgabe II). Es ist jeweils nach der

Entscheidung eines Gerichts gefragt. Sowohl hinsichtlich der Klage des Arbeitgebers (Aufgabe I) als auch hinsichtlich der Klage der Arbeitskollegin (Aufgabe II) ist folglich die **Zulässigkeit** zu prüfen.

2 Die **Begründetheit** der Klagen hängt davon ab, ob ein **Schadensersatzanspruch** des Arbeitgebers (Aufgabe I) bzw. der Arbeitskollegin besteht (Aufgabe II). Zunächst sind die einschlägigen Anspruchsgrundlagen zu suchen (s. bereits Einl. Rn. 67), und es ist eine vorläufige Subsumtion des Sachverhalts unter diese Anspruchsgrundlagen vorzunehmen. Wichtig sind sodann die vom BAG entwickelten Regeln der Arbeitnehmerhaftung[1] und die Privilegien bei Arbeitsunfällen (§§ 104, 105 SGB VII).[2] Damit könnte die Grobgliederung der Lösung zu Aufgabe I (Ausgangsfall) etwa so aussehen:

3 I. Zulässigkeit der Klage
II. Begründetheit der Klage
  1. Schadensersatz wegen Pflichtverletzung (§ 280 I BGB)
    a) Voraussetzungen des § 280 I BGB
    b) Einschränkung der Arbeitnehmerhaftung
    c) Umfang der Haftungsbeschränkung
  2. Schadensersatz aus unerlaubter Handlung (§ 823 I BGB)
III. Ergebnis

Lösung

A. Haftung gegenüber dem Arbeitgeber (Ausgangsfall)

4 Das ArbG Erfurt wird der Klage stattgeben, wenn der Antrag auf Zahlung von 6.900 € zulässig und begründet ist.

I. Zulässigkeit der Klage

5 Die Klage des K gegen B auf Zahlung von Schadensersatz in Höhe von 6.900 € müsste zulässig sein.

1. Sachliche Zuständigkeit

6 Der Rechtsweg zu den Arbeitsgerichten – und damit zugleich die sachliche Zuständigkeit des ArbG Erfurt – könnte sich aus **§ 2 I Nr. 3 lit. a ArbGG** ergeben. B ist als Auszubildender ein Arbeitnehmer i.S.d. § 5 I 1 ArbGG. Der Streit über den Ersatz des Schadens am Sektionaltor ist eine bürgerliche Rechtsstreitigkeit aus dem Arbeitsverhältnis, soweit der Arbeitgeber seinen Anspruch auf eine **vertragliche Grundlage** (Pflichtverletzung, § 280 BGB) stützen kann.[3] Wenn und soweit der Arbeitgeber sich auf eine **deliktische Grundlage** beruft, folgt die sachliche Zuständigkeit der Arbeitsgerichte aus **§ 2 I Nr. 3 lit. d ArbGG.** Der erforderliche Zu-

---

[1] *Junker,* Grundkurs, Rn. 294–307.
[2] *Junker,* Grundkurs, Rn. 314–319.
[3] AR/*Heider,* § 2 ArbGG Rn. 9; Schwab/Weth/*Walker,* ArbGG, § 2 Rn. 104; MünchArbR/ *Jacobs,* § 342 Rn. 36.

sammenhang der unerlaubten Handlung mit dem Arbeitsverhältnis resultiert daraus, dass B den Gabelstapler in Betrieb genommen hat, um Paletten in das Lager zu bringen. Das Arbeitsgericht entscheidet über die Anträge im **Urteilsverfahren** (§ 2 V ArbGG).

2. Örtliche Zuständigkeit

Die örtliche Zuständigkeit des ArbG Erfurt ist nach § 46 II 1 ArbG i.V.m. § 29 I   **7** ZPO begründet (**Erfüllungsort des Arbeitsverhältnisses**), soweit es um vertragliche Ansprüche geht, und nach § 46 II 1 ArbGG i.V.m. § 32 ZPO (**Ort der unerlaubten Handlung**), soweit deliktische Ansprüche zu prüfen sind. Ferner lässt sich die örtliche Zuständigkeit des ArbG Erfurt aus § 48 I a ArbGG herleiten (**gewöhnlicher Arbeitsort**).

3. Weitere Sachurteilsvoraussetzungen

Die **Parteifähigkeit** der Klägerin folgt aus § 50 ZPO i.V.m. § 1 I AktG; sie wird   **8** durch den Vorstand gerichtlich vertreten (§ 78 I AktG). Die **Prozessfähigkeit** ist die Fähigkeit, Prozesshandlungen selbst oder durch einen gewählten Vertreter vorzunehmen. Die Prozessfähigkeit des minderjährigen B resultiert nicht aus §§ 46 II 1 ArbGG, 51 I, 52 ZPO i.V.m. § 113 BGB. Denn die Ermächtigung nach § 113 BGB deckt wegen des Erziehungscharakters der Berufsausbildung nicht die Eingehung eines Ausbildungsvertrags.[4] B wird daher in dem Rechtsstreit durch seinen oder seine gesetzlichen Vertreter (i.d.R. die Eltern, § 1629 I BGB) vertreten. Die **hinreichende Bestimmtheit** des Antrags (§ 46 II 1 ArbGG i.V.m. § 253 II Nr. 2 ZPO) ergibt sich daraus, dass die Klägerin im Wege der Leistungsklage eine bezifferte Geldsumme verlangt. Da alle Sachurteilsvoraussetzungen vorliegen, ist die Klage zulässig.

II. Begründetheit der Klage

Die Klage ist begründet, wenn die K gegen B einen Anspruch auf Zahlung von   **9** 6900 € Schadensersatz hat. Ein solcher Anspruch kann sich aus einer vertraglichen oder einer gesetzlichen Anspruchsgrundlage ergeben. Als vertragliche Anspruchsgrundlage kommt § 280 I BGB in Betracht, als gesetzliche Anspruchsgrundlage § 823 I BGB.

1. Schadensersatz wegen Pflichtverletzung (§ 280 I BGB)

K hat gegen B einen Anspruch auf Zahlung von 6900 € aus § 280 I BGB, wenn B   **10** durch eine von ihm zu vertretende Pflichtverletzung bei K einen Schaden von 6900 € verursacht hat (dazu a) und keine Haftungsbeschränkungen eingreifen (dazu b, c).

a) Voraussetzungen des § 280 I BGB

Verletzt der Arbeitnehmer eine Pflicht aus einem Schuldverhältnis, kann der Ar-   **11** beitgeber nach § 280 I 1 BGB den Ersatz des daraus entstehenden Schadens verlangen, wenn der Arbeitnehmer die Pflichtverletzung zu vertreten hat (§ 619 a BGB als Spezialvorschrift zu § 280 I 2 BGB).

---

4   ErfK/*Preis*, § 113 BGB Rn. 6; MünchKommBGB/*Schmitt*, § 113 Rn. 14.

12 aa) Zwischen B und K besteht ein **Schuldverhältnis** in Gestalt eines Berufsausbildungsvertrags (§ 10 I BBiG), auf den grundsätzlich die für den Arbeitsvertrag geltenden Vorschriften anzuwenden sind (§ 10 II BBiG).

13 bb) B müsste eine **Pflichtverletzung** begangen haben. Er könnte eine Nebenpflicht (§ 241 II BGB) aus diesem Schuldverhältnis verletzt haben. B hat durch den Leiter des „Kaufpark Erfurt", der als höchstrangiger Mitarbeiter der K in Erfurt zur Erteilung derartiger Weisungen befugt ist,[5] die **Weisung** erhalten, Fahrten mit dem Gabelstapler zu unterlassen (s. zum Folgenden das Prüfungsschema Fall 4 Rn. 3). Diese Weisung verletzt kein höherrangiges Recht (§ 106 Satz 1 GewO); das durch die Weisung verlangte Verhalten unterliegt als mitbestimmungsfreies Leistungsverhalten (Arbeitsverhalten) nicht dem Mitbestimmungsrecht des Betriebsrats nach § 87 I Nr. 1 BetrVG (s. zu diesem Kriterium Fall 4 Rn. 38). Sie verstößt auch nicht gegen die Ausübungsschranke des billigen Ermessens,[6] da die Benutzung eines Gabelstaplers durch Ungeübte – wie gerade der vorliegende Fall zeigt – erhebliche Gefahren mit sich bringen kann. Indem B den Gabelstapler in Betrieb genommen und mit den hochgefahrenen Gabeln das Sektionaltor beschädigt hat, hat er eine objektive Pflichtverletzung begangen.

14 cc) Die Beschädigung von zwei Segmenten sowie der Zugeinrichtung des Tores hat adäquat kausal einen **Schaden** von 6900 € herbeigeführt. Die Voraussetzungen des § 280 I 1 BGB sind damit erfüllt.

15 dd) Es müsste ein **Verschulden** des B vorliegen. Nach **§ 619a BGB,** der die Vorschrift des § 280 I 2 BGB modifiziert, tritt die Ersatzpflicht nur ein, wenn B die objektive Pflichtverletzung auch zu vertreten hat. B hat nach den allgemeinen Regeln des BGB Vorsatz und Fahrlässigkeit zu vertreten (§ 276 I 1 BGB). Fahrlässig handelt, wer die im Verkehr erforderliche Sorgfalt außer Acht lässt (§ 276 II BGB). B hat – was für § 280 I 2 BGB genügt – zumindest fahrlässig gehandelt, als er den Gabelstapler in Betrieb nahm und das Tor beschädigte. Eine Einschränkung der Haftung nach **§ 276 I 2 BGB i.V.m. § 828 III BGB** kommt nicht in Betracht, da es B als 17-Jährigem ohne weiteres möglich war, das Unrecht seiner Handlung und die Verpflichtung zu erkennen, für die Folgen seines Tuns einstehen zu müssen.[7] Die Voraussetzungen des § 619a BGB sind damit ebenfalls erfüllt.

b) Einschränkung der Arbeitnehmerhaftung

16 B könnte jedoch in den Genuss einer Haftungserleichterung nach den **Rechtsprechungsgrundsätzen** der eingeschränkten Arbeitnehmerhaftung kommen. Nach § 276 I 1 BGB hat der Schuldner Vorsatz und Fahrlässigkeit nur zu vertreten, „wenn eine mildere Haftung weder bestimmt noch aus dem sonstigen Inhalt des Schuldverhältnisses zu entnehmen ist". Aus § 276 I 1 BGB i.V.m. § 254 BGB analog ergeben sich Einschränkungen der Arbeitnehmerhaftung, die ihren Grund in der **Verantwortung des Arbeitgebers** für die Organisation des Betriebs und dem daraus resultierenden **Betriebsrisiko des Arbeitgebers** finden: Der Arbeitnehmer kann den

---

[5] Allg. zur weisungsbefugten Person AR/*Kolbe*, § 106 GewO Rn. 11; Staudinger/*Rieble*, § 315 BGB Rn. 200.

[6] Allg. zum „billigen Ermessen" i.S.d. § 106 Satz 1 GewO MünchArbR/*Reichold*, § 36 Rn. 20, 26; *Hromadka/Maschmann* I, § 6 Rn. 18.

[7] Siehe zu diesen Kriterien MünchKommBGB/*G. Wagner*, § 828 Rn. 8.

vorgegebenen Arbeitsbedingungen i.d.R. weder rechtlich noch tatsächlich ausweichen. Aufgrund des Weisungsrechts (Direktionsrechts) bestimmt der Arbeitgeber die arbeitsvertraglich geschuldete Arbeitsleistung. Damit prägt die von ihm gesetzte Organisation des Betriebs das Haftungsrisiko für den Arbeitnehmer.[8] Die aus dieser Interessenlage abgeleiteten richterrechtlichen Grundsätze der eingeschränkten Arbeitnehmerhaftung, die auch als „innerbetrieblicher Schadensausgleich" bezeichnet werden, gelten für alle Arbeiten, die von einem Arbeitnehmer geleistet werden (dazu aa) und durch den Betrieb veranlasst sind (dazu bb).

aa) Begünstigter Personenkreis

Die erste Voraussetzung des Haftungsprivilegs lautet, dass der Anspruchsgegner zu **17** dem begünstigten Personenkreis gehören muss. Die Haftungsbeschränkung gilt in personeller Hinsicht für alle **Arbeitnehmer;** entscheidend ist, ob ein Arbeitsverhältnis besteht. Da sich aus dem Wesen des Berufsausbildungsvertrages und dem Zweck des Berufsbildungsgesetzes nichts anderes ergibt, erstreckt sich nach § 10 II BBiG das Haftungsprivileg auch auf **Auszubildende.**[9] B gehört somit zum begünstigten Personenkreis.

bb) Betrieblich veranlasste Tätigkeit

Die zweite Voraussetzung des Haftungsprivilegs ist, dass der Schaden bei einer be- **18** trieblich veranlassten Tätigkeit (= betriebliche Tätigkeit) eingetreten sein muss. Daran könnten im vorliegenden Fall Zweifel bestehen, weil B den Gabelstapler nach den ausdrücklichen Anordnungen des Betriebsleiters gerade nicht für betriebliche Zwecke nutzen durfte, sondern dieses Betriebsmittel unerlaubt in Gebrauch genommen hat.

(1) Das Merkmal der betrieblichen Veranlassung soll sicherstellen, dass der Arbeit- **19** geber nicht mit dem **allgemeinen Lebensrisiko** des Arbeitnehmers belastet wird,[10] wie es sich bei einem Unfall auf einer reinen „Spassfahrt" mit einem Betriebsfahrzeug realisiert. Deshalb genügt es nicht für eine betriebliche Veranlassung, dass ein Unfall an der Arbeitsstelle, während der Arbeitszeit und/oder mit einem Betriebsmittel geschehen ist. Betrieblich veranlasst sind vielmehr nur Tätigkeiten, die dem Arbeitnehmer arbeitsvertraglich obliegen oder die er aus eigenem Entschluss im Interesse des Arbeitgebers für den Betrieb ausführt.[11]

(2) Erforderlich ist demnach ein Zusammenhang der schadensstiftenden Tätigkeit **20** mit dem **betrieblichen Wirkungskreis.** Dabei kommt es nicht darauf an, ob der Arbeitnehmer die entsprechende Tätigkeit ausführen durfte. Maßgebend ist allein, ob er diese Tätigkeit zu betrieblichen Zwecken ausgeführt hat oder ausführen wollte. Da B auf dem Weg war, Paletten mit vormontierten Fahrrädern vom Hof in das

---

[8] *BAG (GS)* 27. 9. 1994 – GS 1/89 (A), BAGE 78, 56 (64) = AP Nr. 103 Haftung des Arbeitnehmers m.Anm. *Schlachter* = NZA 1994, 1083; *BAG* 18. 4. 2002 – 8 AZR 348/01, BAGE 101, 107 (113).

[9] *BAG* 7. 7. 1970 – 1 AZR 507/69, AP Nr. 59 zu § 611 BGB Haftung des Arbeitnehmers m.Anm. *Medicus* = SAE 1971, 199 m.Anm. *W. Lorenz; BAG* 18. 4. 2002 – 8 AZR 348/01, BAGE 101, 107 (112); *Sandmann,* SAE 2004, 163 (163 r. Sp.).

[10] *BAG (GS)* 12. 6. 1992 – GS 1/89, BAGE 70, 337 (346) = AP Nr. 101 zu § 611 BGB Haftung des Arbeitnehmers = NZA 1993, 547; *BAG* 28. 10. 2010 – 8 AZR 418/09, AP Nr. 136 zu § 611 BGB Arbeitnehmerhaftung = NZA 2011, 345 (Rn. 14).

[11] *BAG (GS)* 27. 9. 1994 – GS 1/89 (A), BAGE 78, 56 (67); *BAG* 28. 10. 2010 – 8 AZR 418/09, AP Nr. 136 zu § 611 BGB Arbeitnehmerhaftung = NZA 2011, 345 (Rn. 15).

Lager zu bringen, war die Fahrt nach den vorgenannten Kriterien betrieblich veranlasst. Die Voraussetzungen des innerbetrieblichen Schadensausgleichs (Einschränkung der Arbeitnehmerhaftung) sind erfüllt.

c) Umfang der Haftungsbeschränkung

21 Wenn die Voraussetzungen für eine Einschränkung der Arbeitnehmerhaftung vorliegen, ist für die Rechtsfolge – den Umfang der Haftungsbeschränkung – der **Grad des Verschuldens** maßgebend, das dem Arbeitnehmer zur Last gelegt wird:[12] Bei „leichtester" Fahrlässigkeit haftet der Arbeitnehmer gar nicht. Bei normaler (gewöhnlicher, mittlerer) Fahrlässigkeit ist der Schaden **in jedem Fall** nach bestimmten Kriterien[13] auf Arbeitnehmer und Arbeitgeber zu verteilen. Bei grober Fahrlässigkeit kann **nach Maßgabe des Einzelfalls** eine Haftungserleichterung eingreifen.[14] Vorsätzlich verursachte Schäden hat der Arbeitnehmer in vollem Umfang zu tragen.

22 Im **Ausbildungsverhältnis** gilt keine Ausnahme von diesen Grundsätzen: Das Ausbildungsverhältnis führt als solches nicht zu einer weiterreichenden Haftungsfreistellung, denn das Haftungsprivileg des Arbeitnehmers und die Vorschrift des § 828 III BGB genügen, um den Besonderheiten des Ausbildungsverhältnisses Rechnung zu tragen und einen Auszubildenden hinreichend zu schützen.[15] Auch für B gelten daher die üblichen Grundsätze über die Einschränkung der Arbeitnehmerhaftung. Es ist zunächst zu untersuchen, welcher Grad des Verschuldens im vorliegenden Fall maßgebend ist (dazu aa, bb), um anschließend die haftungsrechtlichen Konsequenzen zu ziehen (dazu cc).

aa) Maßgeblicher Verschuldensgrad

23 Die Haftung des B ist davon abhängig, welcher Verschuldensgrad ihm zur Last zu legen ist. Dabei kommt es auf die Unterscheidung zwischen dem haftungsbegründenden und dem haftungsausfüllenden Tatbestand an.

24 (1) Die **Haftungsbegründung** beruht – je nach Anspruchsgrundlage – auf der Verletzung einer Vertragspflicht (hier: der Nebenpflicht, die Benutzung des Gabelstaplers zu unterlassen), eines Rechts (§ 823 I BGB) oder eines Schutzgesetzes (§ 823 II BGB).[16] B hat wissentlich und willentlich gehandelt, als er am Unfalltag unter Missachtung einer vertraglichen Nebenpflicht mit dem Gabelstapler gefahren ist. Hinsichtlich der Pflichtverletzung ist dem B daher **Vorsatz** vorzuwerfen. Würde es

---

[12] *BAG (GS)* 27. 9. 1994 – GS 1/89 (A), BAGE 78, 56 (67); *BAG* 18. 4. 2002 – 8 AZR 348/01, BAGE 101, 107 (113); *BAG* 18. 1. 2007 – 8 AZR 250/06, AP Nr. 15 zu § 254 BGB = NZA 2007, 1230 (Rn. 30).

[13] Gelistet in *BAG* 16. 2. 1995 – 8 AZR 493/93, AP Nr. 106 zu § 611 BGB Arbeitnehmerhaftung = NZA 1995, 565 (566).

[14] *BAG* 15. 11. 2001 – 8 AZR 95/01, BAGE 99, 368 (373) = AP Nr. 121 zu § 611 BGB Haftung des Arbeitnehmers = NZA 2002, 612; *BAG* 18. 4. 2002 – 8 AZR 348/01, BAGE 101, 107 (113); *BAG* 28. 10. 2010 – 8 AZR 418/08, AP Nr. 136 zu § 611 BGB Arbeitnehmerhaftung = NZA 2011, 345 (Rn. 23).

[15] *BAG* 7. 7. 1970 – 1 AZR 507/69, AP Nr. 59 zu § 611 BGB Haftung des Arbeitnehmers = RdA 1970, 319; *BAG* 18. 4. 2002 – 8 AZR 348/01, BAGE 101, 107 (112); *Sandmann*, SAE 2004, 163 (163 r. Sp.).

[16] *Deutsch*, Anm. zu *BAG* 18. 4. 2002 – 8 AZR 348/01, AP Nr. 122 zu § 611 BGB Haftung des Arbeitnehmers (Bl. 8).

bei der Arbeitnehmerhaftung für den maßgeblichen Verschuldensgrad auf den haftungsbegründenden Tatbestand ankommt, müsste eine Einschränkung zugunsten des B ausscheiden, denn bei Vorsatz haftet der Arbeitnehmer in vollem Umfang.

(2) Die **Haftungsausfüllung** bedeutet, dass aus einem Haftungsgrund (einer 25 Pflichtverletzung) ein Schaden entsteht. B hätte auch hinsichtlich des Schadenseintritts vorsätzlich gehandelt, wenn er den Schaden in seiner konkreten Höhe zumindest als möglich vorausgesehen und diesen Schaden billigend in Kauf genommen hätte.[17] Zwar hat B die im Verkehr erforderliche Sorgfalt in ungewöhnlich hohem Maße verletzt, indem er verbotswidrig den Gabelstapler gefahren und sich nicht vergewissert hat, ob er unter dem Tor hindurchkommen würde. Er hat aber den Schadenseintritt nicht in seinen Willen aufgenommen und war auch mit dem Schaden nicht einverstanden, sondern hat sich – bei einer lebensnahen Auslegung des Sachverhalts – entweder gar keine Gedanken über einen Schaden gemacht oder gehofft, „es werde schon gut gehen". Hinsichtlich des Schadenseintritts liegt kein Vorsatz, sondern **grobe Fahrlässigkeit** vor. Würde es für den maßgeblichen Verschuldensgrad auch auf den haftungsausfüllenden Tatbestand (den Schadenseintritt) ankommen, wäre eine Haftungserleichterung zugunsten des B nicht von vornherein ausgeschlossen, sondern abhängig von einer Abwägung im Einzelfall.

bb) Bezugspunkt des Verschuldens

Die Haftungserleichterung zugunsten des B ist folglich davon abhängig, ob sich das 26 Verschulden des B nur auf die Pflichtverletzung (den haftungsbegründenden Tatbestand) oder auch auf den eingetretenen Schaden (den haftungsausfüllenden Tatbestand) beziehen muss. Nach den **allgemeinen Grundsätzen** der Schadensersatzhaftung im Zivilrecht muss sich das Verschulden nur auf die Pflicht-, Rechtsguts- oder Schutzgesetzverletzung und nicht auch auf den eingetretenen Schaden beziehen. Der Schadenseintritt muss nicht vom Verschulden des Täters umfasst, sondern nur adäquat kausal herbeigeführt worden sein.[18] Im allgemeinen Zivilrecht wird das Verschuldensprinzip also nicht auf den Haftungsumfang erstreckt; aus der schuldhaften Verletzung eines Haftungsgrundes haftet der Verletzer für die objektiv zurechenbaren Folgen.

Es fragt sich, ob etwas anderes in den **Fällen privilegierter Haftung** gelten muss. 27 Ein Teil der Literatur verneint diese Frage:[19] Der innerbetriebliche Schadensausgleich beruhe auf der Einsicht, dass der Arbeitgeber den betrieblichen Prozess plant und lenkt. Dann müsse es dem Arbeitgeber aber auch möglich sein, durch konkrete Weisungen das Haftungsrisiko in seinem Betrieb zu steuern, indem der Arbeitnehmer bei einem vorsätzlichen Verstoß gegen eine Weisung grundsätzlich in voller Höhe für den Schaden verantwortlich sei. Dem Interesse des Arbeitnehmers könne durch eine (Billigkeits-)Kontrolle der Weisung Rechnung getragen werden.[20]

Gegen diese Ansicht spricht jedoch, dass Weisungen des Arbeitgebers zur Meidung 28 abstrakter Gefahren – wie im vorliegenden Fall – in aller Regel nicht gegen die Bil-

---

[17] *BAG* 18. 4. 2002 – 8 AZR 348/01, BAGE 101, 107 (114).

[18] *BGH* 20. 3. 1961 – III ZR 9/60, BGHZ 34, 375 (381); *BGH* 20. 11. 1979 – VI ZR 238/78, BGHZ 75, 328 (329); Palandt/*Grüneberg, § 276 BGB Rn. 10.

[19] O/S/K/*Schwarze, § 9 Rn. 3–10; *Otto,* EWiR § 276 BGB a. F. 8/2002, 1073 (1074); *Krause,* NZA 2003, 577 (583).

[20] So im Wesentlichen *Krause,* NZA 2003, 577 (583); O/S/K/*Schwarze, § 9 Rn. 7.

ligkeit verstoßen. Missachtet der Arbeitnehmer – wie im vorliegenden Fall – im vermeintlich betrieblichen Interesse eine Weisung in der Hoffnung, „es werde schon gut gehen", ist die volle Vorsatzhaftung eine zu scharfe Sanktion des Fehlverhaltens. Der geschilderten Literaturansicht ist daher nicht zu folgen.[21] Die Gründe, die eine privilegierte Haftung des Arbeitnehmers rechtfertigen, sprechen nicht nur für eine Differenzierung des Verschuldensmaßstabes, sondern auch für eine Erstreckung des Verschuldenserfordernisses auf den Schaden. Ein vorsätzlicher Pflichtverstoß führt daher nur zur vollen Haftung, wenn sich der Vorsatz auch auf den Schaden bezieht.[22] Da B in Bezug auf den Schadenseintritt grob fahrlässig gehandelt hat, ist für den Umfang seiner Haftung dieser Verschuldensgrad maßgebend.

cc) Schadensteilung bei grober Fahrlässigkeit

29 Nach der Rechtsprechung[23] und der herrschenden Ansicht in der Literatur[24] sind Haftungserleichterungen auch bei grober Fahrlässigkeit möglich. Der maßgebende Gesichtspunkt ist das Missverhältnis zwischen Entlohnung und Schadensrisiko: Wenn der Arbeitnehmer nicht in der Lage ist, von seinem Lohn in absehbarer Zeit den verursachten Schaden zu ersetzen, fordert die soziale Schutzbedürftigkeit des Arbeitnehmers eine Haftungsbegrenzung auf eine noch tragbare Summe. Neben der Höhe des Entgelts soll auch der Grad des Verschuldens in die Beurteilung einfließen[25], wobei es allerdings schwierig ist, im Rahmen der Verschuldensform „grobe Fahrlässigkeit" weiter zu differenzieren.

30 Im vorliegenden Fall ist auf der einen Seite zu berücksichtigen, dass der entstandene Schaden (6900 €) in etwa der gesamten Ausbildungsvergütung des zweiten Ausbildungsjahres entspricht (7200 €). Im Interesse des Schutzes des Auszubildenden erscheint es nicht tragbar, ihm mehr als einen Bruchteil dieser Jahresvergütung als Schadensersatz aufzuerlegen. Auf der anderen Seite ist im Rahmen des Verschuldens des B in Rechnung zu stellen, dass der Leiter des „Kaufpark Erfurt" den Auszubildenden ausdrücklich untersagt hat, den Gabelstapler in Betrieb zu nehmen. Auch um Nachahmer von diesem gefährlichen Tun abzuschrecken, muss der zu leistende Schadensersatz über einen rein symbolischen Betrag hinausgehen. In Abwägung dieser Interessen erscheint ein Betrag von drei Monatsvergütungen (1800 €) angemessen.[26]

2. Schadensersatz aus unerlaubter Handlung (§ 823 I BGB)

31 Ein Schadensersatzanspruch der K gegen B könnte sich auch aus § 823 I BGB ergeben. B hat bei der Benutzung des Gabelstaplers rechtswidrig und schuldhaft das

---

[21] Ebenso z.B. *Deutsch*, RdA 1996, 1 (3); *Hanau/Rolfs*, NJW 1994, 1439 (1442); MünchKommBGB/ *Henssler*, § 619a Rn. 31; *Sandmann*, SAE 2004, 163 (168); *Walker*, JuS 2002, 736 (739).

[22] BAG 18. 4. 2002 – 8 AZR 348/01, BAGE 101, 107 (118).

[23] BAG 12. 10. 1989 – 8 AZR 276/88, AP Nr. 97 zu § 611 BGB Haftung des Arbeitnehmers = NZA 1990, 97; BAG 28. 10. 2010 – 8 AZR 418/08, AP Nr. 136 zu § 611 BGB Arbeitnehmerhaftung = NZA 2011, 345 (Rn. 23).

[24] *Brox/Walker*, DB 1985, 1469 (1476); *Dütz*, NJW 1986, 1779 (1785); *Krause*, NZA 2003, 577 (583); O/S/K/*Schwarze*, § 10 Rn. 3.

[25] BAG 18. 4. 2002 – 8 AZR 348/01, BAGE 101, 107 (120).

[26] In dem Urteil, dem der vorliegende Fall nachgebildet ist, hat das BAG es nicht beanstandet, dass das LAG Thüringen dem Kaufhaus ein Viertel der Schadenssumme (1725 €) zugesprochen hat: *BAG* 18. 4. 2002 – 8 AZR 348/01, BAGE 101, 107 (109, 120).

Eigentum der K verletzt. Das **Verschulden** bezieht sich, wie ausgeführt (Rn. 26–28), in den Fällen privilegierter Haftung auch im Rahmen deliktischer Ansprüche nicht nur auf die Rechtsgutverletzung, sondern auch auf den Eintritt des Schadens. Den Schaden am Sektionaltor hat B nicht vorsätzlich, sondern lediglich grob fahrlässig herbeigeführt. Hinsichtlich der Schadensteilung gilt im Rahmen des Anspruchs aus unerlaubter Handlung das Gleiche wie im Rahmen des vertraglichen Schadensersatzanspruchs.[27] Auch der Anspruch aus § 823 I BGB reduziert sich daher nach den Grundsätzen des innerbetrieblichen Schadensausgleichs auf 1800 €.

III. Ergebnis

Das ArbG Erfurt wird B verurteilen, an K 1800 € zu zahlen. Im Übrigen wird es **32** die Klage abweisen.

B. Haftung gegenüber der Arbeitskollegin

Das ArbG Erfurt wird der Klage stattgeben, wenn der Antrag auf Zahlung eines **33** Schmerzensgelds von 2000 € zulässig und begründet ist.

I. Zulässigkeit der Klage

Die Klage der D gegen B müsste zulässig sein. Der **Rechtsweg** zu den Arbeitsge- **34** richten – und damit zugleich die **sachliche Zuständigkeit** des ArbG Erfurt – folgt aus § 2 I Nr. 9 ArbGG: Es handelt sich um eine bürgerliche Rechtsstreitigkeit zwischen zwei Arbeitnehmern, da auch B als Auszubildender ein Arbeitnehmer i. S. d. § 5 I 1 ArbGG ist. Der erforderliche Zusammenhang der unerlaubten Handlung mit dem Arbeitsverhältnis ist gegeben, wenn die Umstände, unter denen die Arbeit zu leisten ist, zumindest mitursächlich für eine Rechtsgutverletzung waren.[28] B hat die Arbeitskollegin D bei einer betrieblich veranlassten Tätigkeit auf dem Betriebsgelände verletzt, sodass ein innerer Zusammenhang zwischen den Arbeitsverhältnissen der Beteiligten und der unerlaubten Handlung besteht. Dass die D selbst nicht mehr arbeitete, sondern sich auf dem Heimweg befand, schließt den inneren Zusammenhang von Arbeitsverhältnis und Delikt nicht aus.[29] Die **örtliche Zuständigkeit** des ArbG Erfurt besteht nach § 46 II 1 ArbGG i. V. m. § 32 ZPO (Ort der unerlaubten Handlung). Hinsichtlich der übrigen Sachurteilsvoraussetzungen gilt das zur Zulässigkeit der Klage der K Ausgeführte entsprechend (Rn. 8). Die Klage der D ist zulässig.

II. Begründetheit der Klage

Die Klage ist begründet, wenn die D gegen B einen Anspruch auf Zahlung von **35** 2000 € Schmerzensgeld hat. Das **Schmerzensgeld** ist eine Entschädigung für Schäden, die nicht Vermögensschäden sind (immaterielle Schäden). Nach **§ 253 II BGB** kann wegen eines Schadens, der nicht Vermögensschaden ist, eine billige Entschä-

---

[27] *BAG* 18. 4. 2002 – 8 AZR 348/01, BAGE 101, 107 (121).

[28] AR/*Heider*, § 2 ArbGG Rn. 12; Schwab/Weth/*Walker*, ArbGG, § 2 Rn. 181; MünchArbR/ *Jacobs*, § 342 Rn. 46.

[29] Auch Wegeunfälle gehören zum Anwendungsbereich des § 2 I Nr. 9 ArbGG: Schwab/Weth/ *Walker*, ArbGG, § 2 Rn. 180.

digung in Geld gefordert werden, wenn wegen einer Verletzung des Körpers Schadensersatz zu leisten ist.[30] B hat der D nach **§ 823 I BGB** Schadensersatz zu leisten, weil er durch den von ihm (grob) fahrlässig verursachten Unfall den Körper der D verletzt hat. Damit liegen nach den Vorschriften des BGB die Voraussetzungen für einen Schmerzensgeldanspruch vor. Der Anspruch könnte jedoch nach **§ 105 I SGB VII** ausgeschlossen sein.

1. Voraussetzungen des Haftungsprivilegs

36 Nach § 105 I SGB VII sind Personen, die durch eine betriebliche Tätigkeit einen Versicherungsfall von Versicherten desselben Betriebs verursachen, nach anderen gesetzlichen Vorschriften zum Ersatz des Personenschadens nur verpflichtet, wenn sie den Versicherungsfall vorsätzlich oder auf einem nicht betrieblichen Weg (§ 8 II Nrn. 1–4 SGB VII) verursacht haben. Aus dieser Formulierung ergeben sich die Voraussetzungen des Haftungsprivilegs:[31]

37 a) Der Geschädigte muss zum **versicherten Personenkreis** gemäß §§ 2–6 SGB VII gehören. Die Verkäuferin D gehört als Beschäftigte i. S. d. § 2 I Nr. 1 SGB VII zum versicherten Personenkreis.

38 b) Es muss ein **Versicherungsfall** eingetreten sein. Versicherungsfälle sind Arbeitsunfälle und Berufskrankheiten (§ 7 I SGB VII). Ein (Arbeits-) Unfall ist ein zeitlich begrenztes, von außen auf den Körper einwirkendes Ereignis, das zu einem Gesundheitsschaden oder zum Tod eines Menschen führt (§ 8 I 2 SGB VII). Das Absplittern von Metallteilen infolge der Kollision des Gabelstaplers mit dem Sektionaltor war ein plötzliches Ereignis, das auf den Körper der D eingewirkt und ihr Verletzungen zugefügt hat.

39 c) Dieser Versicherungsfall (Arbeitsunfall) muss durch eine **betriebliche Tätigkeit** verursacht worden sein (haftungsbegründende Kausalität). Die betriebliche Tätigkeit i. S. d. § 105 I 1 SGB VII ist mit der „versicherten Tätigkeit" nach § 8 I 1 SGB VII gleichzusetzen.[32] Entscheidend ist die Verursachung des Schadensereignisses durch eine Tätigkeit des Schädigers, die ihm vom Betrieb übertragen war oder die er im betrieblichen Interesse ausgeführt hat. Wird der Schädiger „von sich aus" tätig, kommt es darauf an, ob er aus seiner Sicht im Betriebsinteresse gehandelt hat.[33] Wie bereits ausgeführt (Rn. 18–20), hat B den Gabelstapler aus seiner Sicht im Interesse des Arbeitgebers in Betrieb genommen. Die für den Arbeitsunfall ursächliche Benutzung des Gabelstaplers war also betrieblich veranlasst.

40 d) Der Versicherungsfall (Arbeitsunfall) muss einen **Personenschaden** verursacht haben (haftungsausfüllende Kausalität). Personenschäden sind Gesundheitsschäden oder der Tod eines Menschen (§ 8 I 2 SGB VII). Ein Gesundheitsschaden ist bei D infolge des Versicherungsfalls eingetreten.

---

[30] § 253 II BGB ist keine eigenständige Anspruchsgrundlage, sondern setzt voraus, dass nach einer anderen Rechtsgrundlage „wegen einer Verletzung des Körpers … Schadensersatz zu leisten ist" (so der Wortlaut der Vorschrift).

[31] Einzelheiten: *Junker*, Grundkurs, Rn. 315, 316.

[32] *BAG* 14. 12. 2000 – 8 AZR 92/00, AP Nr. 1 zu § 105 SGB VII = NJW 2001, 2039 = NZA 2001, 549.

[33] *BAG* 22. 4. 2004 – 8 AZR 159/03, BAGE 110, 195 = AP Nr. 3 zu § 105 SGB VII = NZA 2005, 163 (166) unter Verweis auf *BAG* 18. 4. 2002 – 8 AZR 348/01, BAGE 101, 107 (111).

e) Der Schädiger muss, wenn das Haftungsprivileg des § 105 I 1 SGB VII gelten **41** soll, einen Versicherungsfall eines Versicherten **desselben Betriebs** verursacht haben. B und D sind Angehörige desselben Betriebs, nämlich des Kaufparks Erfurt.

f) Schließlich darf **keine Haftungsentsperrung** eingetreten sein: Der Schädiger **42** darf den Versicherungsfall weder vorsätzlich noch auf einem nach § 8 II Nrn. 1–4 SGB VII versicherten Weg herbeigeführt haben. Wie bei dem Haftungsprivileg der Arbeitnehmerhaftung (Rn. 26–28) muss sich der **Vorsatz** auch bei dem Haftungsprivileg des § 105 I 1 SGB VII nicht nur auf die Pflichtverletzung, sondern auch auf den eingetretenen Schaden beziehen.[34] Auch hinsichtlich des Schadens der D hat B nicht vorsätzlich, sondern nur (grob) fahrlässig gehandelt. Da die D jedoch bereits auf dem Heimweg war, stellt sich die Frage, ob der Unfall auf einem **versicherten Weg** eingetreten ist. Dann würde B neben der gesetzlichen Unfallversicherung haften und könnte sich nicht auf die „Haftungssperre" des § 105 I 1 SGB VII berufen (daher „Haftungsentsperrung"). Der versicherte Weg i.S.d. § 8 II Nr. 1 SGB VII ist der unmittelbare Weg nach und von dem **Ort der Tätigkeit.** Der „Ort der Tätigkeit" ist nicht der konkrete Arbeitsplatz (also bei einer Verkäuferin der Verkaufsraum), sondern das Betriebsgelände; beim Heimweg eines Arbeitnehmers beginnt der „versicherte Weg" also erst mit dem Verlassen des Betriebsgeländes.[35] Der Unfall der D ereignete sich noch auf dem Betriebsgelände und damit nicht auf einem „versicherten Weg". Es liegt kein Fall der Haftungsentsperrung vor; die Voraussetzungen der Haftungssperre des § 105 I 1 SGB VII sind erfüllt.

2. Rechtsfolgen des Haftungsprivilegs

Da die Voraussetzungen des § 105 I 1 SGB VII erfüllt sind, ist B „nach anderen **43** gesetzlichen Vorschriften" nicht zum Ersatz des Personenschadens der D verpflichtet. Statt eines privatrechtlichen Schadensersatzanspruchs gegen B hat D nach öffentlichem Recht einen Anspruch auf Leistungen aus der gesetzlichen Unfallversicherung. Die Haftungssperre des § 105 I 1 SGB VII bezweckt, den Arbeitskollegen von der Haftung für Personenschäden insgesamt freizustellen; daher fallen unter das Haftungsprivileg nicht nur materielle, sondern auch immaterielle Schäden (Schmerzensgeld).[36]

3. Ergebnis

Ein Anspruch der D auf Schmerzensgeld besteht nicht, da zugunsten des B das **44** Haftungsprivileg des § 105 I 1 SGB VII eingreift. Das ArbG Erfurt wird die Klage der D abweisen.

---

[34] *BGH* 11. 3. 2003 – 6 ZR 34/02, BB 2003, 966; *Waltermann,* NJW 1997, 3401 (3402).

[35] ErfK/*Rolfs,* § 108 SGB VII Rn. 21, 12 f.; *Waltermann,* NJW 2002, 1225 (1226 f.).

[36] *BAG* 22. 4. 2004 – 8 AZR 159/03, BAGE 110, 195 = AP Nr. 3 zu § 105 SGB VII = NZA 2005, 163 (165); *Waltermann,* NJW 2002, 1225 (1227).

Fall 7. Ordentliche betriebsbedingte Kündigung

Nach *BAG* 26. 9. 2002 – 2 AZR 636/01, BAGE 103, 31 = AP Nr. 124 zu § 1 KSchG 1969 Betriebsbedingte Kündigung

Weitere Themen: Anhörung des Betriebsrats bei Kündigungen, § 102 BetrVG – Voraussetzungen eines Betriebsübergangs, § 613 a BGB – Tarifvertragsrecht und Betriebsübergang

Zur Vertiefung: *Junker,* Grundkurs, § 6 I (Rn. 320–393)

Sachverhalt

Die Rheumaklinik Büsum GmbH (B) hat in den letzten beiden Jahren bei einem Umsatz von rund 40 Mio. € einen Verlust von 4 Mio. € erlitten. Die beiden Gesellschafter der B, die Landesversicherungsanstalten von Hamburg und Schleswig-Holstein, haben mehrfach eine Sanierung der B angemahnt, weil sie nicht in der Lage seien, eine auf Dauer unrentable Klinik zu subventionieren. Eine Steigerung der Einnahmen der B ist auf absehbare Zeit ausgeschlossen.

Ein Gutachten einer Unternehmensberatung schlägt u. a. vor, den Bereich „Küche" der B zum 31. 3. zu schließen und einer neu zu gründenden Service-GmbH (S) zu übertragen. Die Küchenbelegschaft soll entlassen und S ab 1. 4. mit neuem Personal in den bisherigen Küchenräumen tätig werden. Das vorhandene Kücheninventar wird der S zur Verfügung gestellt. S soll dem Gaststättenverband beitreten, der mit der Gewerkschaft Nahrung, Genuss und Gaststätten (NGG) einen Tarifvertrag geschlossen hat, dessen Vergütungsniveau im Durchschnitt 40 % niedriger ist als dasjenige des Tarifvertrags für den öffentlichen Dienst (TVöD), der bisher im Betrieb der B gilt.

Zum anderen soll, um die Mehrwertsteuer auf die Leistungen der S zu sparen, eine sog. steuerrechtliche Organschaft begründet werden (§ 2 II Nr. 2 UStG). Sie erfordert eine Mehrheitsbeteiligung (mindestens 51 %) der B am Unternehmen der S. Ein überregional tätiges Dienstleistungsunternehmen soll 49 % der Anteile der S erhalten. Der Gesellschaftsvertrag der S sieht darüber hinaus vor, dass der Geschäftsführer der S aus der Unternehmensleitung der B stammen muss. Durch diese – steuerrechtlich nicht erforderliche – gesellschaftsvertragliche Gestaltung soll die Klinikleitung der B, auch im Interesse der Patienten, maßgeblichen Einfluss auf den Betrieb der Kuche behalten.

Im Bereich „Küche" der B ist die Köchin K angestellt, die auf Grund ihrer langen Betriebszugehörigkeit die längste Kündigungsfrist der dort Beschäftigten hat. K ist Mitglied der Gewerkschaft ver.di, die – ebenso wie der Klinikarbeitgeberverband, dem die B angehört – Tarifvertragspartei des TVöD ist. Nachdem die Gesellschafterversammlung der B das Sanierungskonzept beschlossen hat, unterrichten die Geschäftsführer der B den Betriebsrat an einem Montag unter Beifügung der erforderlichen Unterlagen über die Absicht der B, wegen der beschlossenen Aufgabe des Unternehmensbereichs „Küche" das Arbeitsverhältnis der K fristgerecht zum 31. 3. zu kündigen.

Am Donnerstag derselben Woche überreicht der Betriebsratsvorsitzende den Geschäftsführern der B einen Auszug aus dem Protokoll der Betriebsratssitzung vom Mittwoch, worin es heißt, die anwesenden sechs Betriebsratsmitglieder hätten die beabsichtigte Kündigung der K „zur Kenntnis genommen". Ob die übrigen drei Mitglieder des Betriebsrats zu der Sitzung ordnungsgemäß geladen waren, lässt sich dem Protokollauszug nicht entnehmen. Am Freitag geben die Geschäftsführer das Kündigungsschreiben zur Post. Es geht am Dienstag der kommenden Woche der K zu. Erstellen Sie ein Gutachten zu den beiden Fragen,

1. ob die Kündigung der K wirksam ist. Dabei ist zu unterstellen, dass zu der fraglichen Sitzung des Betriebsrats drei der neun Mitglieder nicht ordnungsgemäß geladen worden sind.

2. mit wem und zu welchen Bedingungen K ab dem 1. 4. ein Arbeitsverhältnis hat. Dabei ist – unabhängig von dem Ergebnis zu Frage 1 – zu unterstellen, dass die Kündigung der K zum 31. 3. unwirksam ist.

Vorüberlegungen

Ebenso wie in **Fall 1** geht es auch im vorliegenden Fall darum, ob eine Kündigung **1** wirksam ist **(Wirksamkeitsklausur).** Der Fall ist einer Entscheidung des BAG nachgebildet, die seinerzeit in der Literatur ein großes Echo ausgelöst hat und deren Gegenstände immer noch aktuell sind.[1] Die zentrale Frage des Falles – die Grenzen der unternehmerischen Freiheit bei der betriebsbedingten Kündigung (§ 1 II 1 KSchG) – ist ein Kernproblem des **Kündigungsrechts.** In der Kombination mit dem Recht des **Betriebsübergangs** (§ 613a BGB) und der Frage der **Tarifgeltung** nach einem Betriebsübergang entspricht das Niveau der Aufgabe einer fünfstündigen Examensklausur von hohem Schwierigkeitsgrad.

Da nur ein Gutachten zur materiellen Rechtslage gefordert ist, wäre es unrichtig, die **2** **Antwort auf Frage 1** in „Zulässigkeit der Klage" und „Begründetheit der Klage" zu gliedern. Jedoch müssen im deutschen Kündigungsrecht die meisten **Unwirksamkeitsgründe** binnen drei Wochen nach Zugang der schriftlichen Kündigung durch Klage beim Arbeitsgericht geltend gemacht werden (§ 4 Satz 1 KSchG);[2] sonst gilt die Kündigung als von Anfang an rechtswirksam (materiellrechtliche Ausschlussfrist, § 7 KSchG).[3] Das Gutachten zur materiellen Rechtslage wäre daher ohne Hinweis auf das Klageerfordernis des § 4 Satz 1 i.V.m. § 7 KSchG unvollständig.

---

[1] *BAG* 26. 9. 2002 – 2 AZR 636/01, BAGE 101, 107 = AP Nr. 124 zu § 1 KSchG Betriebsbedingte Kündigung m.Anm. *Bengelsdorf* = NZA 2003, 549 m. Aufs. *Annuß* (783) = EzA § 1 KSchG Betriebsbedingte Kündigung Nr. 124 m.Anm. *Thüsing/Stelljes* = AR-Blattei ES 1020.4 Nr. 10 m.Anm. *Neef* = SAE 2003, 233 m.Anm. *Adomeit* = DZWIR 2003, 240 m.Anm. *Adam.* Siehe auch *Reuter,* RdA 2004, 161; *von Hoyningen-Huene,* FS 50 Jahre BAG (2004), S. 369.

[2] Einzelheiten: *Junker,* Grundkurs, Rn. 331–334.

[3] Das gilt auch außerhalb des betrieblichen Geltungsbereichs des KSchG (vgl. den Wortlaut des § 23 I 2, 3 KSchG), sodass die Regelung des § 4 Satz 1 i.V.m. § 7 KSchG systematisch nicht mehr in das KSchG gehört, sondern vom Gesetzgeber besser in die allgemeinen Vorschriften über das Arbeitsverhältnis (§§ 611 ff. BGB) eingefügt worden wäre.

3 Zwei Unwirksamkeitsgründe drängen sich nach der Lektüre des Sachverhalts auf: eine mögliche Unwirksamkeit wegen **mangelhafter Anhörung des Betriebsrats** (**§ 102 I 3 BetrVG**) und eine mögliche Unwirksamkeit wegen fehlender sozialer Rechtfertigung der Kündigung (**§ 1 I, II 1 KSchG**). Ein dritter erörterungsbedürftiger Unwirksamkeitsgrund erschließt sich auf den zweiten Blick: Da S ab 1. 4. in den bisherigen Küchenräumen mit dem vorhandenen Inventar tätig werden soll, handelt es sich möglicherweise nicht um eine **Schließung dieses Betriebsteils** (mit nachfolgender Neueröffnung), sondern um den **Übergang eines Betriebsteils** i. S. d. § 613a I 1 BGB. Dann stellt sich die Frage, ob die Kündigung der K „wegen des Übergangs eines Betriebsteils" erklärt wurde und damit unwirksam ist (**§ 613a IV 1 BGB**).

4 Eine Reihe von Prüfungsgegenständen wurde durch den Sachverhalt „neutralisiert". Das gilt z. B. für die ordnungsgemäße **Unterrichtung des Betriebsrats** („unterrichten die Geschäftsführer der B den Betriebsrat ... unter Beifügung der erforderlichen Unterlagen"), die **Kündigungsfrist** der K und eine etwaige **Sozialauswahl** (§ 1 III KSchG). Der Aufgabensteller möchte durch solche Auslassungen, wie sie in allen Klausuren und Hausarbeiten vorkommen, eine Konzentration auf das Wesentliche erreichen, d. h. auf die Lösung der Rechtsprobleme, auf die der Sachverhalt zugeschnitten ist (Einl. Rn. 67–69).

5 Die Qualität der **Antwort auf Frage 2** hängt entscheidend davon ab, ob erkannt wird, dass das Sanierungskonzept zu einem Betriebsübergang i. S. d. § 613a I 1 BGB führen könnte. Die **Voraussetzungen des Betriebsübergangs** sind schon bei der Antwort auf Frage 1 zu erörtern (s. Rn. 3 a. E.). Wurden sie dort bejaht, ergibt sich der Lösungsweg bei Frage 2 aus § 613a I 2, 3 BGB. Wurden die Voraussetzungen des § 613a I 1 BGB verneint, sind die Rechtsfolgen des § 613a I 2, 3 BGB in einem **Hilfsgutachten** zu erörtern.

6 Schließlich gehört zu den Vorüberlegungen auch ein Plan, wie die vorhandene **Bearbeitungszeit** auf die Lösung der beiden Fragen verteilt wird. Da die Frage 2 nicht nur ein Anhängsel der Frage 1 ist, sondern weit über die Problematik der Frage 1 hinausweist, sollte für Frage 2 genügend Zeit vorgesehen werden (mindestens ein Viertel der Bearbeitungszeit).

Lösung

Frage 1: Wirksamkeit der Kündigung

7 Die Kündigung des Arbeitsverhältnisses der K ist wirksam, wenn die allgemeinen Anforderungen an eine Kündigungserklärung erfüllt sind (dazu I) und sich weder aus § 102 I 3 BetrVG noch aus § 1 I, II 1 KSchG oder § 613a IV 1 BGB ein Unwirksamkeitsgrund ergibt (dazu II–IV).

I. Anforderungen an die Kündigungserklärung

8 Die Kündigung ist eine einseitige empfangsbedürftige rechtsgestaltende Willenserklärung, die in schriftlicher Form (§ 623 BGB) von einer kündigungsberechtigten Person erklärt und dem Adressaten zugegangen sein muss. Es kann davon ausgegangen werden, dass dem Kündigungsschreiben eindeutig der **Kündigungswille** der B zu entnehmen ist, d.h. der Wille, das Arbeitsverhältnis der K zum 31. 3. zu beenden. Die Kündigung entspricht der **Formvorschrift** des § 623 BGB, wenn die Erklärung in einer Urkunde in Schriftzeichen dargestellt ist und die Unterschrift des Ausstellers den Text räumlich abschließt[4] (§ 126 I BGB). B muss sich als juristische Person bei der Abgabe der Erklärung durch vertretungsberechtigte natürliche Personen vertreten lassen; die **Vertretung** obliegt gem. § 35 I, II 1, 2 GmbHG den Geschäftsführern. Es kann unterstellt werden, dass die Geschäftsführer der B die Kündigungserklärung nach § 126 I BGB, § 35 III GmbHG formgerecht abgegeben haben. Auch der nach § 130 I 1 BGB erforderliche **Zugang** der Kündigungserklärung bei K ist erfolgt. Die Kündigungserklärung ist daher durch Zugang an einem Dienstag wirksam geworden. Sie kann die gewünschte Rechtsfolge (Beendigung des Arbeitsverhältnisses zum 31. 3.) auslösen, wenn kein Unwirksamkeitsgrund besteht.

II. Unwirksamkeit nach § 102 I 3 BetrVG

Die Kündigung könnte nach § 102 I 3 BetrVG unwirksam sein. Das setzt voraus, **9** dass die Berufung der K auf diese Vorschrift nicht gem. § 4 Satz 1 i.V.m. § 7 KSchG ausgeschlossen ist (dazu 1) und die Kündigung „ohne Anhörung des Betriebsrats" (§ 102 I 3 BetrVG) ausgesprochen wurde (dazu 2, 3).

1. Fristgerechte Klageerhebung (§ 4 Satz 1 i.V.m. § 7 KSchG)

K muss die Unwirksamkeit der Kündigung nach § 102 I 3 BetrVG innerhalb von **10** drei Wochen nach Zugang der schriftlichen Kündigung geltend machen, indem sie eine Kündigungsschutzklage beim Arbeitsgericht einreicht (§ 4 Satz 1 KSchG). Versäumt sie die fristgerechte Klageerhebung, gilt die Kündigung als von Anfang an rechtswirksam (§ 7 KSchG); ein nach § 102 I 3 BetrVG vorliegender Unwirksamkeitsgrund wird rückwirkend geheilt.[5] Für die folgende Prüfung wird unterstellt, dass das Erfordernis des § 4 Satz 1 i.V.m. § 7 KSchG erfüllt worden ist oder noch erfüllt werden kann.

2. Abschluss der Anhörung des Betriebsrats

Die Kündigung könnte nach § 102 I 3 BetrVG unwirksam sein, weil die Kündi- **11** gungserklärung abgegeben wurde, bevor das Anhörungsverfahren nach § 102 I–III BetrVG abgeschlossen war. Nach h.M. führt nicht nur die **unterlassene Anhörung,** sondern auch die **fehlerhafte Anhörung** des Betriebsrats zur Unwirksamkeit einer Kündigung nach § 102 I 3 BetrVG.[6] Die Anhörung des Betriebsrats ist fehlerhaft, wenn der Arbeitgeber die Kündigung erklärt, bevor das Anhörungsverfahren durch Stellungnahme des Betriebsrats (§ 102 II 1 BetrVG) oder durch Ablauf der Wochenfrist (§ 102 II 2 BetrVG) abgeschlossen wurde. Maßgebend ist nicht der

---

[4] MünchKommBGB/*Einsele*, § 126 Rn. 6, 10; MünchKommBGB/*Henssler*, § 623 Rn. 29.

[5] MünchKommBGB/*Hergenröder*, § 7 KSchG Rn. 1; *Brox/Rüthers/Henssler*, Rn. 521; *Dütz/Thüsing*, Rn. 360, 432; *Junker*, Grundkurs, Rn. 334; *Krause*, ArbR, § 18 Rn. 73 a.E.; *Reichold*, § 6 Rn. 17; *Waltermann*, Rn. 381; umfassend *Raab*, RdA 2004, 321 (322–326).

[6] *BAG* 4. 8. 1975 – 2 AZR 266/74, BAGE 27, 209 = AP Nr. 4 zu § 102 BetrVG 1972 = JuS 1976, 126; *BAG* 3. 11. 2011 – 2 AZR 748/10, AP Nr. 65 zu § 1 KSchG 1969 Verhaltensbedingte Kündigung = NZA 2012, 607 (Rn. 38); GK-BetrVG/*Raab*, § 102 Rn. 90.

Zugang (§ 130 I 1 BGB), sondern die **Abgabe** der Kündigungserklärung, denn schon nach Abgabe der Erklärung kann der Betriebsrat auf die Kündigungsabsicht des Arbeitgebers keinen Einfluss mehr nehmen.[7]

12 Das Anhörungsverfahren ist durch Stellungnahme des Betriebsrats abgeschlossen, wenn der Arbeitgeber aus einer Mitteilung des Betriebsrats entnehmen kann, der Betriebsrat wünsche **keine weitere Erörterung** des Falles.[8] Eine solche Erklärung kann der Betriebsratsvorsitzende im Rahmen seiner Vertretungsmacht nach § 26 II 1 BetrVG abgeben. Indem der Betriebsratsvorsitzende den Geschäftsführern der B durch **Übersendung einer Protokollnotiz** am Donnerstag mitgeteilt hat, der Betriebsrat habe die beabsichtigte Kündigung „zur Kenntnis genommen", hat er konkludent erklärt, für den Betriebsrat sei die Angelegenheit abgeschlossen. Die Geschäftsführer der B durften daher am Freitag die Kündigungserklärung abgeben. Die Wirksamkeit der Kündigung scheitert nicht am zeitlichen Ablauf der Vorgänge im Rahmen des § 102 II 1, 2 BetrVG.

3. Fehler in der Beschlussfassung des Betriebsrats

13 Ein Fehler im Anhörungsverfahren, der die Unwirksamkeit der Kündigung gem. § 102 I 3 BetrVG nach sich zieht, könnte darin liegen, dass die Beschlussfassung des Betriebsrats in der Sitzung am Mittwoch fehlerhaft war. Nach § 29 II 3 BetrVG hat der Vorsitzende die Mitglieder des Betriebsrats zu den Sitzungen rechtzeitig unter Mitteilung der Tagesordnung zu laden. Das ist bei drei der neun Mitglieder des Betriebsrats nicht geschehen. Es gehört zu den Grundsätzen einer ordnungsgemäßen Beschlussfassung, dass alle Betriebsratsmitglieder vorher von dem Gegenstand der Beschlussfassung in Kenntnis gesetzt werden. Ein unter Verletzung dieses Erfordernisses getroffener Betriebsratsbeschluss ist unwirksam.[9]

14 Es fragt sich jedoch, ob dieser Beschlussmangel die Unwirksamkeit der Kündigung nach § 102 I 3 BetrVG zur Folge hat. Nach der **Sphärentheorie** sind Mängel bei der Willensbildung des Betriebsrats dem Arbeitgeber nicht anzulasten, und zwar selbst dann, wenn der Arbeitgeber weiß oder vermuten kann, dass das Verfahren in der Sphäre des Betriebsrats fehlerhaft verlaufen ist. Ansonsten hinge die Gültigkeit des Anhörungsverfahrens von dem Zufall ab, welche Kenntnis der Arbeitgeber von den betriebsratsinternen Vorgängen hat.[10] Die Geschäftsführer der B mussten sich daher beim Empfang der Protokollnotiz keine Gedanken darüber machen, ob die drei nicht anwesenden Betriebsratsmitglieder ordnungsgemäß geladen waren. Der Fehler der Beschlussfassung berührt die Wirksamkeit der Kündigung nicht. Die Kündigung ist nicht nach § 102 I 3 BetrVG unwirksam.

---

7 *BAG* 8. 4. 2003 – 2 AZR 515/02, BAGE 106, 14 (20) = AP Nr. 133 zu § 102 BetrVG 1972 = NZA 2003, 961; ErfK/*Kania,* § 102 BetrVG Rn. 3; H/W/K/*Ricken,* § 102 BetrVG Rn. 20; GK-BetrVG/*Raab,* § 102 Rn. 43.

8 *BAG* 16. 1. 2003 – 2 AZR 707/01, AP Nr. 129 zu § 102 BetrVG 1972 = NZA 2003, 927 (929); *BAG* 24. 6. 2004 – 8 AZR 461/03, AP Nr. 22 zu § 620 BGB Kündigungserklärung = NZA 2004, 1330 (1333).

9 *BAG* 23. 8. 1984 – 2 AZR 391/83, BAGE 46, 258 (263) = AP Nr. 17 zu § 103 BetrVG = NZA 1985, 254; D/K/K/W/*Wedde,* § 33 BetrVG Rn. 32; GK-BetrVG/*Raab,* § 33 Rn. 52.

10 *BAG* 24. 6. 2004 – 2 AZR 461/03, AP Nr. 22 zu § 620 BGB Kündigungserklärung = NZA 2004, 1330 (1333); AR/*Rieble,* § 102 BetrVG Rn. 12; H/W/K/*Ricken,* § 102 BetrVG Rn. 48.

III. Unwirksamkeit nach § 1 I, II 1 KSchG

Nach § 1 I KSchG ist die Kündigung des Arbeitsverhältnisses gegenüber einem Ar- 15
beitnehmer rechtsunwirksam, wenn sie sozial ungerechtfertigt ist. Ob eine Kündigung sozial ungerechtfertigt ist, bestimmt sich nach § 1 II–V KSchG. Auf diese
Vorschriften (dazu 3) kommt es nur an, wenn der betriebliche und persönliche Anwendungsbereich des § 1 KSchG eröffnet ist (dazu 1) und die Wirksamkeit der
Kündigung nicht gem. § 4 Satz 1 i. V. m. § 7 KSchG fingiert wird (dazu 2).

1. Anwendbarkeit des § 1 KSchG (§§ 1 I, 23 I KSchG)

Der **betriebliche Anwendungsbereich** der §§ 1–14 KSchG ist eröffnet, wenn im 16
Betrieb der B mehr als zehn (§ 23 I 2, 3 KSchG) Arbeitnehmer ausschließlich der zu
ihrer Berufsbildung Beschäftigten beschäftigt werden. Von der Erreichung dieses
Schwellenwerts ist angesichts des Umsatzes der Klinik auszugehen. Der **persönliche
Anwendungsbereich** des § 1 KSchG setzt voraus, dass das Arbeitsverhältnis der K
im Unternehmen der B ohne Unterbrechung länger als sechs Monate bestanden hat
(§ 1 I KSchG). Auch das Erreichen dieser Wartezeit ist nach dem Sachverhalt („lange Betriebszugehörigkeit") anzunehmen.

2. Fristgerechte Klageerhebung (§ 4 Satz 1 i. V. m. § 7 KSchG)

Hinsichtlich des Erfordernisses der fristgerechten Klageerhebung (§ 4 Satz 1 i. V. m. 17
§ 7 KSchG) kann auf die Ausführungen unter II 1 (Rn. 10) verwiesen werden, die
für den Unwirksamkeitsgrund des § 1 I, II 1 KSchG entsprechend gelten.

3. Dringendes betriebliches Erfordernis (§ 1 II 1 KSchG)

Nach § 1 II 1 KSchG ist die Kündigung sozial gerechtfertigt, wenn sie durch drin- 18
gende betriebliche Erfordernisse bedingt ist, die der Weiterbeschäftigung der K im
Betrieb der B entgegenstehen.

a) Abstrakte Anforderungen

Betriebliche Erfordernisse für eine Kündigung können sich aus **innerbetrieblichen** 19
Umständen (Rationalisierungsmaßnahmen, Auslagern betrieblicher Tätigkeiten)
oder durch **außerbetriebliche Einflüsse** (Auftragsmangel, Umsatzrückgang) ergeben. Die betrieblichen Erfordernisse müssen „dringend" sein und eine Kündigung
im Interesse des Betriebes notwendig machen. Diese Voraussetzung ist erfüllt, wenn
es dem Arbeitgeber nicht möglich ist, der betrieblichen Lage durch **andere Maßnahmen** auf technischem, organisatorischem oder wirtschaftlichem Gebiet als
durch eine Kündigung zu entsprechen. Die Kündigung muss wegen der betrieblichen Lage unvermeidbar sein.[11]

aa) Unternehmerische Entscheidung

Eine innerbetriebliche Ursache (Rationalisierung, Auslagern betrieblicher Tätigkei- 20
ten) beruht stets auf einer unternehmerischen Entscheidung. Die Notwendigkeit und

---

[11] *BAG* 17. 6. 1999 – 2 AZR 141/99, BAGE 92, 71 (74) = AP Nr. 101 zu § 1 KSchG 1969 Betriebsbedingte Kündigung m. Anm. *Ehmann/Krebber* = NZA 1999, 1098 = EWiR 1999, 1179 *(Junker)*;
BAG 26. 9. 2002 – 2 AZR 636/01, BAGE 103, 31 (35).

Zweckmäßigkeit dieser Unternehmerentscheidung ist von den Arbeitsgerichten inhaltlich nicht zu überprüfen. Es gehört nicht zu den Aufgaben der Arbeitsgerichte, dem Arbeitgeber eine bestimmte **Unternehmenspolitik** vorzuschreiben und damit in die **Kostenkalkulation** des Arbeitgebers einzugreifen. Die Entscheidung, ob und in welcher Weise sich jemand wirtschaftlich betätigen will, zählt zu der grundrechtlich geschützten unternehmerischen Freiheit, die sich aus Art. 2 I, 12 und 14 GG ableiten lässt. Sie umfasst auch das Recht des Arbeitgebers, darüber zu entscheiden, ob bestimmte Arbeiten weiter im eigenen Betrieb ausgeführt oder an Subunternehmer vergeben werden.[12]

bb) Wegfall von Arbeitsplätzen

21 Die unternehmerische Entscheidung muss zum Wegfall eines oder mehrerer Arbeitsplätze führen. Die bloße Entscheidung, bei Fortbestand der Arbeitsplätze „teures" durch „billiges" Personal zu ersetzen, ist als sog. **Austauschkündigung** nicht von der Unternehmerfreiheit gedeckt.[13] Je näher die Organisationsentscheidung des Arbeitgebers an den Kündigungsentschluss rückt, umso stärkere Anforderungen werden an die **Darlegungslast** des Arbeitgebers gestellt, der verdeutlichen muss, dass infolge der unternehmerischen Entscheidung ein Beschäftigungsbedürfnis für einen oder mehrere Arbeitnehmer entfallen ist. Besteht die Unternehmerentscheidung allein in dem Entschluss, bei Fortbestand der Arbeitsplätze einem oder mehreren Arbeitnehmern zu kündigen, so folgt schon aus dem Sozialstaatsprinzip (Art. 20 I GG), der Berufsfreiheit des Arbeitnehmers (Art. 12 I GG) und der Sozialbindung des Eigentums (Art. 14 II GG), dass es sich dabei nicht um eine freie Unternehmerentscheidung handeln kann.[14]

b) Anwendung auf den Fall

22 Nach den vorstehenden Kriterien ist die Unternehmerentscheidung des Krankenhausbetreibers B, zur Senkung der Personalkosten den Bereich „Küche" an das Unternehmen S zu vergeben, grundsätzlich nicht auf ihre sachliche Rechtfertigung oder ihre Zweckmäßigkeit zu überprüfen. Auch die Gründung einer i.S.d. § 2 II Nr. 2 UStG finanziell, wirtschaftlich und organisatorisch in das **Unternehmen** der B eingegliederten Organgesellschaft (S) und die Übertragung des Bereichs „Küche" auf diese Organgesellschaft ist für sich allein nicht rechtsmissbräuchlich.[15] Die umsatzsteuerrechtliche Organschaft muss nur Einfluss auf die Unternehmensebene der Organgesellschaft (S) vermitteln; einen Einfluss auf die betrieblichen Abläufe in der Organgesellschaft verlangt das Umsatzsteuerrecht hingegen nicht.[16]

23 Im vorliegenden Fall ist mehr geschehen, als für die Begründung der steuerlichen Organschaft erforderlich war: Durch eine Personalunion zwischen B und S – der Geschäftsführer der S muss aus der Unternehmensleitung der B stammen – möchte B maßgeblichen Einfluss auf den **Betrieb** behalten. B ist zwar nicht formal, wohl aber

---

[12] *BAG* 12. 11. 1998 – 2 AZR 91/98, BAGE 90, 182 (188) = AP Nr. 51 zu § 2 KSchG 1969 = NZA 1999, 471; *BAG* 26. 9. 2002 – 2 AZR 636/01, BAGE 103, 31 (35 f.).

[13] *BAG* 26. 9. 1996 – 2 AZR 200/96, BAGE 84, 209 (214) = AP Nr. 80 zu § 1 KSchG 1969 Betriebsbedingte Kündigung = NZA 1997, 202; *Junker*, Grundkurs, Rn. 371.

[14] *BAG* 27. 9. 2001 – 2 AZR 176/00, AP Nr. 6 zu § 14 KSchG 1969 = NJW 2002, 3192 (3194) = NZA 2002, 1277; *BAG* 26. 9. 2002 – 2 AZR 636/01, BAGE 103, 31 (36).

[15] *BAG* 26. 9. 2002 – 2 AZR 636/01, BAGE 103, 31 (38 sub e, aa, cc).

[16] Einzelheiten bei *Reuter,* RdA 2004, 161 (161 r. Sp.).

real diejenige geblieben, die über die Arbeitsplätze im Bereich „Küche" verfügt. B hat damit ein unternehmerisches Konzept zur Kostenreduzierung gewählt, das faktisch nicht zu Änderungen in den betrieblichen Abläufen, jedoch bei den Arbeitnehmern des Bereichs „Küche" erklärtermaßen zum Verlust des Arbeitsplatzes führen sollte, obwohl in der Küche nach wie vor ein Beschäftigungsbedarf bestand.[17]

aa) Missbrauch der Unternehmerfreiheit

Das BAG sieht in einer solchen Gestaltung einen Anwendungsfall der **Miss-** 24 **brauchskontrolle,** wonach eine unternehmerische Entscheidung stets daraufhin zu überprüfen ist, ob sie offenbar unsachlich, unvernünftig oder willkürlich ist.[18] Die Gründung einer Organgesellschaft sei in der hier praktizierten Ausgestaltung **rechtsmissbräuchlich** und damit keine kündigungsrechtlich relevante unternehmerische Entscheidung. Die Wahl der Organisationsform habe nur dem Zweck gedient, den Arbeitnehmern des Bereichs „Küche" den Kündigungsschutz zu nehmen und sich von ihnen trennen zu können, um die Arbeitsplätze in Zukunft mit anderen, geringer bezahlten Arbeitnehmern zu besetzen. Werde eine solche Konstruktion arbeitsrechtlich anerkannt, sei der von Verfassung wegen gebotene kündigungsrechtliche Mindestschutz nicht mehr gewährleistet.[19]

bb) Tatbestand der Gesetzesumgehung

Die Literatur kommt zu demselben Ergebnis, stützt dieses Ergebnis jedoch auf 25 einen Aspekt, den das BAG nur andeutet:[20] B habe nicht ihre unternehmerische Freiheit (durch eine offenbar unsachliche, unvernünftige oder willkürliche Maßnahme) **missbraucht,** sondern eine in Wirklichkeit nicht vorliegende unternehmerische Entscheidung – eine Stilllegung des Teilbetriebs „Küche" – **vorgetäuscht.** Da es für die Rechtsfolgen auf die Wirklichkeit und nicht auf den rechtskonstruktiven Schein ankomme, seien die Kündigungsmöglichkeiten, die an eine Stilllegung eines (Teil-)Betriebs anknüpfen, nicht einschlägig.[21]

Dieser Begründung ist zu folgen. Der Sache nach handelt es sich um einen Fall der 26 **Gesetzesumgehung:** B will durch den Geschäftsführer der S, der aus der Unternehmensleitung der B stammen muss, maßgeblichen Einfluss auf den Betrieb der Küche und damit auch auf die Arbeitsplätze der Küchenbelegschaft behalten. Wäre die Tochtergesellschaft S nicht eingeschaltet worden, hätte es sich bei der Kündigung der K ohne weiteres um eine unzulässige **Austauschkündigung** gehandelt. Die formale Zwischenschaltung der S, die an dem Einfluss der B über die Arbeitsplätze in der Küche nichts ändert, muss unter dem Gesichtspunkt der Gesetzesumgehung außer Betracht bleiben.

4. Zwischenergebnis

B verfügt auch nach dem 31. 3. zwar nicht rechtlich, wohl aber tatsächlich über die 27 Arbeitsplätze im Bereich „Küche". Das von der Gesellschafterversammlung der B

---

[17] *BAG* 26. 9. 2002 – 2 AZR 636/01, BAGE 103, 31 (38 sub e, cc).

[18] *BAG* 30. 4. 1987 – 2 AZR 184/86, BAGE 55, 262 (270 ff.) = AP Nr. 42 zu § 1 KSchG 1969 Betriebsbedingte Kündigung = NJW 1987, 3216; *BAG* 10. 7. 2008 – 2 AZR 1111/06, AP Nr. 181 zu § 1 KSchG 1969 Betriebsbedingte Kündigung = NZA 2009, 312 (Rn. 24).

[19] *BAG* 26. 9. 2002 – 2 AZR 636/01, BAGE 103, 31 (38 sub e, cc).

[20] *BAG* 26. 9. 2002 – 2 AZR 636/01, BAGE 103, 31 (37 sub d).

[21] *Reuter,* RdA 2004, 161 (162 l. Sp.); s. auch *Adomeit,* SAE 2003, 237 (239).

beschlossene Sanierungskonzept ist eine Entscheidung, die nur formal, nicht aber real zum Wegfall von Arbeitsplätzen bei B führt. Der darin liegende Versuch, durch die Zwischenschaltung der S die Unzulässigkeit von Austauschkündigungen zu vermeiden, kann als Gesetzesumgehung nicht anerkannt werden. Es fehlt an einem dringenden betrieblichen Erfordernis (§ 1 II 1 KSchG). Da kein anderer Grund für eine soziale Rechtfertigung der Kündigung ersichtlich ist, ist die Kündigung der K nach § 1 I KSchG unwirksam.

IV. Unwirksamkeit nach § 613a IV 1 BGB

28 Neben § 1 I, II 1 KSchG könnte noch eine weitere Vorschrift zur Unwirksamkeit der Kündigung führen: Nach § 613a IV 1 BGB ist die Kündigung des Arbeitsverhältnisses durch den bisherigen Arbeitgeber wegen des Übergangs eines Betriebs oder Betriebsteils unwirksam. Voraussetzung ist neben der fristgerechten Klageerhebung (dazu 1) das Vorliegen eines Betriebsübergangs (dazu 2) und der Ausspruch der Kündigung „wegen des Betriebsübergangs" (dazu 3).

1. Fristgerechte Klageerhebung (§ 4 Satz 1 i.V.m. § 7 KSchG)

29 Ebenso wie für die Unwirksamkeitsgründe des § 102 I 3 BetrVG und des § 1 I KSchG gilt auch hinsichtlich des § 613a IV 1 BGB das Klageerfordernis des § 4 Satz 1 i.V.m. § 7 KSchG (s. den Wortlaut des § 4 Satz 1 KSchG: „... oder aus anderen Gründen rechtsunwirksam ist ..."). Hinsichtlich der Fristeinhaltung wird auf die Ausführungen zu II 1 (Rn. 10) verwiesen.

2. Betriebsübergang (§ 613a I 1 BGB)

30 Nach § 613a I 1 BGB muss ein Betrieb oder Betriebsteil durch Rechtsgeschäft auf einen anderen Inhaber übergehen. Die Übertragung des Bereichs „Küche" von B auf S müsste diese Voraussetzungen erfüllen.

a) Übergang eines Betriebs oder Betriebsteils

31 Die zum 31. 3. geplante Maßnahme betrifft nicht den gesamten (Klinik-)Betrieb, sondern nur den Teilbereich „Küche". Es könnte sich daher um den Übergang eines Betriebsteils i.S.d. § 613a I 1 BGB handeln. Da die Regelung auf europäisches Recht zurückgeht, ist bei der Auslegung des § 613a BGB die zugrunde liegende EU-Richtlinie zu beachten.[22] Sie unterscheidet nicht zwischen Betrieb und Betriebsteil, sondern verlangt den Übergang einer ihre Identität bewahrenden **wirtschaftlichen Einheit** im Sinne einer organisierten Zusammenfassung von Ressourcen zur Verfolgung einer wirtschaftlichen Haupt- oder Nebentätigkeit (Art. 1 Nr. 1 lit. b der Richtlinie 2001/23/EG). Es kommt daher nicht entscheidend auf den deutschrechtlichen Unterschied von Betrieb und Betriebsteil an, sondern auf den identitätswahrenden Übergang einer wirtschaftlichen Einheit.[23]

---

[22] Richtlinie 2001/23/EG des Rates vom 12. 3. 2001 zur Angleichung der Rechtsvorschriften der Mitgliedstaaten über die Wahrung von Ansprüchen der Arbeitnehmer beim Übergang von Unternehmen, Betrieben oder Unternehmens- oder Betriebsteilen, ABl. EG Nr. L 82/2001, S. 16.

[23] *BAG* 7. 4. 2011 – 8 AZR 730/09, AP Nr. 406 zu § 613a BGB = NZA 2011, 1231 (Rn. 16); *Junker*, Grundkurs, Rn. 134.

Nach der Rechtsprechung des EuGH hängt die Antwort auf die Frage, ob eine wirt- **32** schaftliche Einheit ihre **Identität bewahrt,** von der Art des betreffenden Unternehmens ab: Wenn die Unternehmung durch das Vorhandensein materieller oder immaterieller **Betriebsmittel** geprägt wird, kommt es vor allem auf die Übernahme dieser Betriebsmittel an. Spielen dagegen – wie häufig bei Dienstleistungen – die Betriebsmittel keine wichtige Rolle, ist die Übernahme von **Personal** entscheidend.[24]

Für eine **Krankenhausküche** hat der EuGH befunden, dieser Bereich sei betriebs- **33** mittelgeprägt, weil für die Verpflegung eines Krankenhauses Küchenräume und Inventar in beträchtlichem Umfang erforderlich seien. Es reiche folglich aus, wenn die für den Küchenbetrieb unverzichtbaren **Betriebsmittel** – Räumlichkeiten und Inventar – übernommen werden. Die fehlende Übernahme des **Personals** könne den Übergang einer ihre Identität bewahrenden wirtschaftlichen Einheit bei einer Krankenhausküche nicht ausschließen.[25]

Im vorliegenden Fall soll S in den bisherigen Küchenräumen tätig werden. Das vor- **34** handene Inventar wird ihr als **Besitzerin** (§ 854 I BGB) zur Verfügung gestellt. Für einen Betriebsübergang i. S. d. § 613a I 1 BGB genügt diese tatsächliche Sachherrschaft; es kommt nicht darauf an, dass das **Eigentum** (§ 903 BGB) am Inventar übertragen wird.[26] Die vor und nach dem 31. 3. in dem Betriebsteil „Küche" anfallenden Tätigkeiten sind identisch; ferner übernimmt S mit dem Klinikpersonal und den Patienten der Klinik auch den „Kundenstamm". Dass sie kein Küchenpersonal von B übernehmen soll, steht dem Betriebsübergang nicht entgegen. Die Voraussetzung „Übergang eines Betriebsteils" ist erfüllt.

b) Übergang auf einen anderen Inhaber

Ein Betriebsübergang verlangt ferner, dass der Betriebsteil „auf einen anderen Inha- **35** ber" übergeht. Maßgeblich ist der **Wechsel des Rechtsträgers.**[27] Im vorliegenden Fall soll der Bereich „Küche" von der „Rheumaklinik Büsum GmbH" auf eine Service-GmbH und damit auf einen neuen, rechtlich selbständigen Träger übergehen. Es handelt sich auch um den **Übergang** des Betriebsteils auf den neuen Inhaber und nicht um eine – dem § 613a I 1 BGB nicht unterliegende[28] – **Stilllegung** mit späterer Neueröffnung: Die Betriebsstilllegung erfordert eine Unterbrechung der Betriebstätigkeit; eine solche Unterbrechung liegt nicht vor, da eine Klinikküche jeden Tag in Betrieb sein muss und S den Betrieb am 1. 4. fortführen soll. Der Betriebsteil „Küche" soll folglich mit Ablauf des 31. 3. auf einen anderen Inhaber übergehen.

---

[24] *EuGH* 11. 3. 1997 – C-13/95, Slg. 1997, I-1259 – Ayse Süzen; *EuGH* 15. 12. 2005 – C-232/04 u.a., Slg. 2005, I-11237 – Güney-Görres.

[25] *EuGH* 20. 11. 2003 – C-340/01, Slg. 2003, I-14023 – Abler/Sodexho; s. auch *EuGH* 12. 2. 2009 – C-466/07, Slg. 2009, I-803 (Rn. 44, 49) – Klarenberg.

[26] *BAG* vom 11. 12. 1997 – 8 AZR 426/94, BAGE 87, 296 (300) = AP Nr. 171 zu § 613a BGB = NZA 1998, 552 = EWiR 1998, 687 *(Joost).*

[27] Nachw. bei ErfK/*Preis,* § 613a BGB Rn. 43; Erman/*Edenfeld,* § 613a BGB Rn. 6; Palandt/*Weidenkaff,* § 613a BGB Rn. 11a; P/W/W/*Lingemann,* § 613a BGB Rn. 4.

[28] *BAG* 12. 11. 1998 – 8 AZR 292/97, BAGE 90, 163 (167) = AP Nr. 186 zu § 613a BGB = NZA 1999, 310; *Junker,* Grundkurs, Rn. 136.

c) Übergang durch Rechtsgeschäft

36 Schließlich muss der Übergang „durch Rechtsgeschäft" erfolgen. Der **Begriff des Rechtsgeschäfts** ist weit zu verstehen; es genügt, wenn die wirtschaftliche Einheit im Rahmen **vertraglicher Beziehungen** wechselt. Der Gesellschaftsvertrag, durch den die S gegründet wird, reicht i. V. mit der noch zu schließenden Nutzungsvereinbarung über die Küchenräume und das Inventar für eine rechtsgeschäftliche Übertragung aus. Die Voraussetzungen des § 613 a I 1 BGB liegen vor.

3. Kündigung wegen des Übergangs (§ 613 a IV 1 BGB)

37 Die Kündigung muss, um das Kündigungsverbot des § 613 a IV 1 BGB zu erfüllen, **wegen des Übergangs** des Betriebsteils „Küche" erklärt worden sein. Kündigungen aus anderen Gründen bleiben nach § 613 a IV 2 BGB zulässig. Der Betriebsübergang muss den **Beweggrund** für die Kündigung bilden.[29] Die B hat der K gekündigt, weil sie es der S ermöglichen wollte, den Bereich „Küche" ohne das vorhandene Personal zu übernehmen und neues, geringer entlohntes Personal einzustellen. Da die Verabredungen zwischen der B und der S einen Betriebsübergang begründen, war die alleinige Ursache der Kündigung dieser Betriebsübergang. Die Voraussetzungen des Kündigungsverbots gemäß § 613 a IV 1 BGB sind erfüllt.

V. Ergebnis

38 Die Kündigung der K verstößt sowohl gegen das Kündigungsverbot des § 1 I KSchG als auch gegen das Kündigungsverbot des § 613 a IV 1 BGB. Die Kündigung ist unwirksam.

Frage 2: Rechtslage im Arbeitsverhältnis ab dem 1. 4.

39 Da die Kündigung der K zum 31. 3. unwirksam ist, fragt sich, wer ab dem 1. 4. Vertragspartnerin der K ist (dazu I), und ob sich die Arbeitsbedingungen der K weiterhin nach dem TVöD richten (dazu II). Schließlich wird es die K interessieren, ob sie durch eine rechtsgeschäftliche Erklärung Einfluss auf die künftigen Arbeitsbedingungen nehmen kann (dazu III).

I. Übergang des Arbeitsverhältnisses (§ 613 a I 1 BGB)

40 Ab dem 1. 4. könnte die S die Vertragspartnerin der K sein. Wenn die **Voraussetzungen** des § 613 a I 1 BGB vorliegen, lautet die **Rechtsfolge,** dass der neue Betriebsinhaber in die Rechte und Pflichten aus den im Zeitpunkt des Übergangs bestehenden Arbeitsverhältnissen eintritt. Es handelt sich um einen Vertragspartnerwechsel auf Arbeitgeberseite.[30] Die Übertragung des Bereichs „Küche" von B auf S erfüllt die Voraussetzungen eines Betriebsübergangs (Rn. 30–36). Folglich tritt die neue Betriebsinhaberin S im Wege eines gesetzlichen Vertragsübergangs in die indi-

---

[29] *BAG* 13. 11. 1997 – 8 AZR 295/95, BAGE 87, 115 (117) = AP Nr. 169 zu § 613 a BGB = NZA 1998, 251; *BAG* 20. 9. 2006 – 6 AZR 249/05, AP Nr. 316 zu § 613 a BGB = NZA 2007, 387 (Rn. 33); ErfK/*Preis,* § 613 a BGB Rn. 153–156; *Hromadka/Maschmann* II, § 19 Rn. 96.

[30] *BAG* 22. 2. 1978 – 5 AZR 800/76, AP Nr. 11 zu § 613 a BGB = RdA 1978, 199; ErfK/*Preis,* § 613 a Rn. 66; Palandt/*Weidenkaff,* § 613 a BGB Rn. 23.

vidualrechtlich begründeten Rechte und Pflichten aus dem Arbeitsverhältnis ein. Ab dem 1. 4. ist die S Vertragspartnerin der K.

II. Tarifliche Arbeitsbedingungen (§ 613a I 2, 3 BGB)

Fraglich ist, welche Auswirkungen der Betriebsübergang auf die Anwendbarkeit des **41** TVöD im Arbeitsverhältnis der K hat.

1. Transformation und Veränderungssperre (§ 613a I 2 BGB)

Gemäß § 613a I 2 BGB werden Rechte und Pflichten, die durch Rechtsnormen **42** eines Tarifvertrags geregelt sind, Inhalt des Arbeitsverhältnisses zwischen dem neuen Inhaber und dem Arbeitnehmer **(Transformation)**. Diese Vorschrift setzt voraus, dass die tarifvertraglichen Regelungen beim früheren Betriebsinhaber (B) auf Grund **beiderseitiger Tarifbindung** oder kraft **Allgemeinverbindlicherklärung** maßgebend waren.[31] Die Voraussetzung beiderseitiger Tarifgebundenheit liegt im Arbeitsverhältnis zwischen B und K vor, da beide Parteien Mitglieder von Tarifparteien des TVöD sind.

Da die neue Arbeitgeberin (S) nicht dem Klinikarbeitgeberverband angehört, ist der **43** TVöD ab 1. 4. nicht mehr kraft beiderseitiger Tarifgebundenheit anzuwenden; daher gelten seine Regelungen ab 1. 4. nach § 613a I 2 BGB individualrechtlich weiter.[32] § 613a I 2 BGB bestimmt ferner, dass die aus dem Tarifvertrag individualrechtlich fortgeltenden Regelungen nicht vor Ablauf eines Jahres nach dem Zeitpunkt des Betriebsübergangs zum Nachteil des Arbeitnehmers geändert werden dürfen **(Veränderungssperre)**.

2. Ablösung durch neuen Tarifvertrag (§ 613a I 3 BGB)

Die Fortgeltung des TVöD nach § 613a I 2 BGB könnte ausgeschlossen sein, weil **44** die S Mitglied des Arbeitgeberverbands ist, der mit der Gewerkschaft NGG den Gaststätten-Tarifvertrag geschlossen hat. Nach § 613a I 3 BGB findet eine Transformation nach § 613a I 2 BGB nicht statt, wenn die Rechte und Pflichten bei dem neuen Inhaber durch Rechtsnormen eines **anderen Tarifvertrags** geregelt werden. Welche Anforderungen an die „Ablösung durch einen neuen Tarifvertrag" gemäß § 613a I 3 BGB zu stellen sind, wird nicht einheitlich beurteilt.

a) Einseitige Tarifbindung

Ein Teil der Literatur lässt für die Ablösung die einseitige Tarifgebundenheit des **45** Arbeitgebers ausreichen.[33] Nach dieser Ansicht würde auf Grund der Tarifbindung der S der bei ihr geltende Gaststätten-Tarifvertrag im Arbeitsverhältnis zwischen S und K nach § 613a I 3 BGB den TVöD ablösen, obwohl K nicht Mitglied der tarifschließenden Gewerkschaft NGG ist. Für diese Ansicht lässt sich anführen, dass sie das Entstehen einer Tarifpluralität im Betrieb verhindert und es dem Arbeitgeber

---

[31] *BAG* 19. 9. 2007 – 4 AZR 711/06, BAGE 124, 123 = AP Nr. 328 zu § 613a BGB = NZA 2008, 241 (Rn. 13); *Hromadka/Maschmann* II, § 19 Rn. 113; *Junker*, Grundkurs, Rn. 552.

[32] ErfK/*Preis*, § 613a BGB Rn. 113; AR/*Bayreuther*, § 613a BGB Rn. 60; Erman/*Edenfeld*, § 613a BGB Rn. 72 f.; P/W/W/*Lingemann*, § 613a BGB Rn. 20.

[33] *Zöllner*, DB 1995, 1401 (1403); *Heinze*, FS Schaub (1998), S. 275 (289 ff.).

ermöglicht, im Betrieb nur einen Tarifvertrag anzuwenden.[34] Dieses Anliegen kollidiert jedoch mit dem Ziel der Vorschrift, dem Arbeitnehmer den Schutz des bisherigen Tarifvertrags auch im Fall eines Betriebsübergangs zu erhalten.[35] Ließe man die Tarifbindung des Betriebserwerbers genügen, verlören die übernommenen Arbeitnehmer den durch § 613a I 2 BGB angeordneten Inhaltsschutz des bisherigen Tarifvertrags.

b) Beiderseitige Tarifbindung

46 Die h.M. verlangt daher für eine Ablösung, dass der neue Betriebsinhaber und der Arbeitnehmer an den neuen Tarifvertrag gebunden sind.[36] Dafür spricht neben dem Gedanken des Arbeitnehmerschutzes (Rn. 45) auch der Wortlaut der Vorschriften: Sowohl in § 613a I 2 BGB als auch in § 613a I 3 BGB wird vorausgesetzt, dass die Arbeitsbedingungen durch Tarifvertrag „geregelt sind" bzw. „geregelt werden". Die individualrechtliche Fortgeltung nach § 613a I 2 BGB kommt nur in Betracht, wenn der Tarifvertrag vor dem Übergang im Arbeitsverhältnis normativ anzuwenden war.[37] Zwar ist die S auf Grund ihrer Mitgliedschaft im Gaststättenverband an den Gaststätten-Tarifvertrag gebunden, aber K gehört nicht der tarifschließenden Gewerkschaft NGG an. Da es an der beiderseitigen Tarifbindung fehlt, werden die Regelungen des TVöD nicht nach § 613a I 3 BGB durch die Normen des Gaststätten-Tarifvertrags abgelöst.

III. Widerspruch gegen den Übergang (§ 613a VI BGB)

47 Nach § 613a VI BGB kann der Arbeitnehmer dem Übergang des Arbeitsverhältnisses innerhalb eines Monats nach der Unterrichtung gemäß § 613a V BGB schriftlich widersprechen. Einen solchen Widerspruch wird K in Erwägung ziehen, wenn sich nach dem Betriebsübergang ihre Arbeitsbedingungen bei S verschlechtern. Zwar werden die Rechte und Pflichten aus dem TVöD zunächst nach § 613a I 2 BGB Inhalt des Arbeitsverhältnisses zwischen K und S (**Transformation**). Nach Ablauf der einjährigen **Veränderungssperre** besteht jedoch die Möglichkeit, die Tarifregelungen zum Nachteil der K zu ändern. Daher ist zu prüfen, ob ein Widerspruch für K sinnvoll wäre.

1. Voraussetzungen und Rechtsfolge eines Widerspruchs

48 Der Widerspruch muss nach **§ 613a VI 1 BGB** schriftlich innerhalb einer Frist von einem Monat nach der Unterrichtung gemäß § 613a V BGB erfolgen. Adressat kann sowohl der Betriebsveräußerer als auch der Betriebserwerber sein, **§ 613a VI 2 BGB**. K könnte also innerhalb eines Monats nach der – hier zu unterstellenden – Unterrichtung gegenüber B oder S dem Übergang ihres Arbeitsverhältnisses schrift-

---

[34] Explizit *Zöllner*, DB 1995, 1401 (1404).

[35] *BAG* 21. 2. 2001 – 4 AZR 18/00, BAGE 97, 101 = AP Nr. 20 zu § 4 TVG = NZA 2001, 1318 (1322) = SAE 2002, 19 m. Anm. *Kamanabrou*.

[36] *BAG* 30. 8. 2000 – 4 AZR 581/99, BAGE 95, 296 = AP Nr. 12 zu § 1 TVG Bezugnahme auf Tarifvertrag = NZA 2001, 510 (512); *BAG* 22. 1. 2003 – 10 AZR 227/02, AP Nr. 242 zu § 613a BGB = DB 2003, 1852; AR/*Bayreuther*, § 613a BGB Rn. 65; *Hromadka/Maschmann* II, § 19 Rn. 117; *Junker*, Grundkurs, Rn. 553.

[37] ErfK/*Preis*, § 613a BGB Rn. 117; Wiedemann/*Oetker*, TVG, § 3 Rn. 192.

lich widersprechen. Eine Begründung ist nicht erforderlich.[38] **Rechtsfolge** eines ordnungsgemäßen und fristgerechten Widerspruchs des Arbeitnehmers ist der Fortbestand des Arbeitsverhältnisses mit dem bisherigen Arbeitgeber.[39] Das Arbeitsverhältnis zwischen K und der B würde demnach bei einem Widerspruch fortbestehen.

2. Kündigungsmöglichkeit

Auch wenn das Arbeitsverhältnis der K mit dem früheren Betriebsinhaber (B) auf- **49** rechterhalten bleibt, so geht doch mit der Klinikküche der Arbeitsplatz der widersprechenden Arbeitnehmerin K auf den Erwerber (S) über. Damit stellt sich die Frage, ob der ehemalige Betriebsinhaber im Falle eines Widerspruchs gegen den Betriebsübergang eine wirksame Kündigung aussprechen kann. Da wesentliche Ursache für eine solche Kündigung nicht der Betriebsübergang ist, sondern die Weigerung des Arbeitnehmers, beim neuen Betriebsinhaber zu arbeiten, steht § 613a IV 1 BGB der Kündigung nicht entgegen.

Der Betriebsveräußerer müsste jedoch die Voraussetzungen des § 1 KSchG be- **50** achten. Der durch den Betriebsübergang hervorgerufene Wegfall des Arbeitsplatzes der K im Betrieb der B stellt ein dringendes betriebliches Erfordernis i.S.d. § 1 II 1 KSchG dar. Die Kündigung wäre wirksam, wenn bei der B keine anderweitige Beschäftigungsmöglichkeit für K besteht und auch eine Sozialauswahl nicht zugunsten der K ausfällt. Unter diesen Voraussetzungen würde K bei einem Widerspruch ihren Arbeitsplatz verlieren.

IV. Ergebnis

K steht ab dem 1. 4. gem. § 613a I 1 BGB in einem Arbeitsverhältnis mit S (dazu **51** oben I). Ihre Rechte und Pflichten aus dem TVöD werden gem. § 613a I 2 BGB Inhalt des Arbeitsverhältnisses mit S und dürfen nicht vor dem 1. 4. des Folgejahres zum Nachteil der K geändert werden (dazu oben II 1). Sie werden nicht gem. § 613a I 3 BGB durch die Normen des Gaststätten-Tarifvertrags verdrängt, weil es an der erforderlichen Tarifgebundenheit fehlt (dazu oben II 2). K kann den Übergang ihres Arbeitsverhältnisses und die daraus resultierenden Folgen für die Arbeitsbedingungen zwar durch einen Widerspruch gem. § 613a VI BGB verhindern (dazu oben III 1). Ein Widerspruch empfiehlt sich aber nur, wenn bei B eine Weiterbeschäftigungsmöglichkeit gem. § 1 II 2 KSchG besteht oder K gem. § 1 III KSchG in eine Sozialauswahl unter verschiedenen Arbeitnehmern der B einzubeziehen ist, die zu ihren Gunsten ausgehen kann (dazu oben III 2).

---

[38] *BAG* 19. 3. 1998 – 8 AZR 139/97, BAGE 88, 162 = AP Nr. 177 zu § 613a BGB = NZA 1998, 750 (751) = SAE 1998, 319 m. Anm. *Weber; BAG* 30. 9. 2004 – 8 AZR 462/03, BAGE 112, 124 = AP Nr. 275 zu § 613a BGB = NZA 2005, 43 (46); AR/*Bayreuther,* § 613a BGB Rn. 142.

[39] AR/*Bayreuther,* § 613a BGB Rn. 148; Palandt/*Weidenkaff,* § 613a BGB Rn. 53.

Fall 8. Außerordentliche Kündigung

Nach *BAG* 15. 8. 2002 – 2 AZR 514/01, NZA 2003, 795

Weitere Themen: Verdachtskündigung – Kündigungserklärungsfrist, § 626 II BGB – Ordentliche Kündigung, § 1 I, II KSchG: Ultima Ratio-Prinzip, Verwirkung

Zur Vertiefung: *Junker*, Grundkurs, § 6 II (Rn. 394–415)

Sachverhalt

Der 44 Jahre alte Karl Kahn (K) ist seit 18 Jahren bei der Berliner Spielbank GmbH (B) als Croupier beschäftigt. Am Abend des 18. 1. teilte eine Kellnerin dem Chef des Roulettesaals mit, sie habe beobachtet, wie K dem Spieler S heimlich Spielmarken (Jetons) im Wert von 500 € zugeschoben habe. Der Saalchef unterrichtete die Geschäftsführerin der B, die K sofort zur Rede stellte. K räumte ein, S zu kennen und ihm aus einem Gebrauchtwagenkauf Geld zu schulden. Es könne sein, dass er an dem Abend S einige Jetons zugeschoben habe, weil er gegenüber S ein schlechtes Gewissen gehabt habe.

Die Geschäftsführerin entschloss sich, zunächst eine Strafanzeige gegen K zu erstatten und mit arbeitsrechtlichen Maßnahmen bis zum Abschluss des Strafverfahrens zu warten. Die Staatsanwaltschaft beim Landgericht Berlin stellte das Ermittlungsverfahren gegen K am 6. 3. ein, nachdem die Kellnerin in ihrer polizeilichen Vernehmung ausgesagt hatte, sie könne sich an den Vorfall nicht mehr erinnern. K hatte ebenso wie S im Ermittlungsverfahren die Aussage verweigert. Die Einstellungsverfügung ging B und K einige Wochen später zu. Sie wurde von der Geschäftsführerin zur Kenntnis genommen, gelangte dann aber infolge eines Büroversehens nicht zu dem zuständigen Mitarbeiter. Die Geschäftsführerin vertraute darauf, dass der Mitarbeiter eine Kündigung vorbereiten werde, vergaß jedoch wegen Arbeitsüberlastung den Vorgang.

Am Montag, dem 23. 11. vertrat K zwischen 21.00 und 21.30 Uhr einen Tisch-Chef. Während dieser Zeit steckte ein Croupier, den K zu beaufsichtigen hatte, einem Gast Jetons im Wert von 1000 € zu. Nach Aussage des Oberkellners, der diesen Vorgang beobachtete, hatte K, was für einen kurzzeitig eingesetzten Tisch-Chef ungewöhnlich ist, für einige Minuten den Tisch verlassen. B verdächtigt K, den Tisch verlassen zu haben, um dem Croupier die Manipulationen zu ermöglichen. In einer Anhörung durch die Geschäftsführerin der B bezeichnete K diesen Vorwurf als „Quatsch", äußerte sich aber sonst nicht zu dem Vorfall. Der Croupier, der gegen die außerordentliche Kündigung seines Arbeitsverhältnisses durch B nicht vorging, verneinte eine Beteiligung des K. Der fragliche Gast konnte nicht ermittelt werden.

Am Montag, dem 7. 12. stellte B dem K ein Schreiben zu, wonach B das Arbeitsverhältnis mit K fristlos mit sofortiger Wirkung, hilfsweise fristgerecht mit Wirkung zum 30. 6. des folgenden Jahres kündigte. B begründet die Kündigung mit einem ihrer Ansicht nach erwiesenen strafrechtlich relevanten Fehlverhalten am 18. 1. und dem dringenden Verdacht einer am 23. 11. begangenen strafbaren Handlung. Der am 25. 11. von dem gesamten vorstehenden Sachverhalt und der Kündigungsabsicht der B unterrichtete Betriebsrat hat keine Stellungnahme abgegeben. K fragt, ob er mit Erfolg gegen die Kündigung vorgehen kann.

Vorüberlegungen

Die **Fragestellung** läuft auf eine Kündigungsschutzklage und damit auf den Typus **1** der **Wirksamkeitsklausur** hinaus (Einl. Rn. 15–17). Nach § 4 Satz 1 i. V. m. §§ 7, 13 I 2 KSchG verlangt ein „erfolgreiches Vorgehen" gegen eine ordentliche oder eine außerordentliche Kündigung die Erhebung einer Klage; das gilt unabhängig davon, ob der betriebliche Anwendungsbereich des Kündigungsschutzgesetzes eröffnet ist (siehe den Wortlaut des § 23 I 2, 3 KSchG). Es ist daher die Zulässigkeit und die Begründetheit einer solchen Klage zu prüfen. Der **Sachverhalt** ist zwar nicht besonders kompliziert oder umfangreich, besteht aber aus zwei Handlungssträngen mit einer Mehrzahl von Daten. Daher empfiehlt sich die Anfertigung einer **Zeittabelle,** die beispielsweise so aussehen kann:

Zeittabelle

18. 1.	K räumt ein, dem Spieler S Jetons zugeschoben zu haben	**2**
danach	Strafanzeige seitens der B	
	K und S verweigern Aussage (§§ 136, 55 StPO)	
	Polizeiliche Vernehmung der Kellnerin: Keine Erinnerung	
6. 3.	Einstellung des Ermittlungsverfahrens	
23. 11.	(Montag) K verlässt kurzfristig den Tisch	
	Croupier steckt einem Gast Jetons zu (1000 €)	
25. 11.	Betriebsrat über Kündigungsabsicht informiert	
7. 12.	(Montag) Zugang Kündigungsschreiben bei K	

Im Gutachten wirft die **Zulässigkeit der Klage** keine besonderen Probleme auf, so- **3** dass dieser Prüfungspunkt kurz abgehandelt werden kann (siehe das **Aufbauschema** in der **Übersicht 1** bei **Fall 1,** Rn. 4). In der weiteren Untersuchung muss der Bearbeiter erkennen, dass die **Begründetheit der Klage** von der Einhaltung der **Dreiwochenfrist des § 4 Satz 1 KSchG** abhängt. Das gilt sowohl für die ordentliche (§ 7 KSchG) als auch für die außerordentliche Kündigung (§ 13 I 2 KSchG). Dem K müsste daher in einem Beratungsgespräch auf seine Frage zu allererst geantwortet werden, dass eine Klage nur erfolgreich sein kann, wenn sie spätestens am Montag, dem 28. 12. bei Gericht eingeht (§§ 187 I, 188 II BGB, 166, 167 ZPO). Es ist deshalb auch in einem Gutachten sinnvoll, den Prüfungspunkt „Rechtzeitige Klageerhebung" vorzuziehen, zumal sich dann Wiederholungen bei den einzelnen Unwirksamkeitsgründen erübrigen (s. zu einem anderen Vorgehen – Erwähnung bei den einzelnen Unwirksamkeitsgründen – die Lösung zu **Fall 7,** Rn. 10, 17 und 29).

Da der Arbeitgeber zugleich mit der außerordentlichen Kündigung hilfsweise eine **4** ordentliche Kündigung ausgesprochen hat, muss sich die Kündigungsschutzklage gegen **beide Kündigungen** richten, da jede dieser Kündigungen einen eigenen Streitgegenstand bildet. Die Reihenfolge der Prüfung ist durch die nur „hilfsweise" erklärte ordentliche Kündigung bindend vorgegeben. Lautet das Ergebnis, dass die **außerordentliche Kündigung unwirksam** ist, wird im nächsten Schritt die ordentliche Kündigung auf ihre Wirksamkeit geprüft. Ist das Ergebnis, dass die **außerordentliche Kündigung wirksam** ist, erübrigt sich ein Eingehen auf die ordentliche Kündigung. Einen groben Überblick über die Prüfungspunkte bei der ordentlichen Arbeitgeberkündigung gibt die **Übersicht 2** bei **Fall 1** (Rn. 6); ein **Aufbauschema** für die Prüfung der außerordentlichen Kündigung enthält die nachstehende Übersicht:

Übersicht 8. Wirksamkeit einer außerordentlichen Kündigung

5 1. Erklärung, Form (§ 623 BGB), Stellvertretung, Zugang[1]
   2. Ausschlussfrist (§ 13 I 2 i.V.m. §§ 4 Satz 1, 7 KSchG)
      (Voraussetzung für die Geltendmachung der folgenden Kündigungsmängel)
   3. Beteiligung des Betriebsrats (§ 102 I, II 3 BetrVG)
   4. Besondere Unwirksamkeitsgründe[2]
   5. Wichtiger Grund (§ 626 I BGB)
      a) „An sich" geeigneter Grund
      b) Umfassende Interessenabwägung
   6. Kündigungserklärungsfrist (§ 626 II BGB)

6 Sodann wird der Bearbeiter zu dem Schluss kommen, dass ein Fehlverhalten des K am 23. 11. zwar nicht erwiesen ist, aber möglicherweise ein hinreichender Verdacht einer strafbaren Handlung besteht. Nicht nur die **nachgewiesene Vertragsverletzung**, sondern bereits der **Verdacht einer strafbaren Handlung** oder einer sonstigen schweren Verfehlung kann die Kündigung rechtfertigen, wenn schon durch den Tatverdacht die Eignung des Arbeitnehmers für die vertraglich geschuldete Tätigkeit entfällt.[3] Einen Überblick über die Prüfungspunkte (Aufbauschema) gibt die folgende Übersicht:[4]

Übersicht 9. Verdachtskündigung (Aufbauschema)

7 1. Begründung der Kündigung gerade mit einem **Verdacht**
   2. **Objektive Anhaltspunkte** für den Verdacht
   3. **Überwiegende Wahrscheinlichkeit** der Tatbegehung
   4. Tat müsste, wenn erwiesen, **Kündigung rechtfertigen**
   5. Verdacht muss geeignet sein, **Vertrauen zu zerstören**
   6. Arbeitgeber muss alles Zumutbare zur **Aufklärung** getan haben
   7. **Anhörung** des Arbeitnehmers erforderlich

---

1 Detailübersicht: *Junker* Grundkurs, Rn. 330 (Übersicht 6.1).
2 Detailübersicht: *Junker* Grundkurs, Rn. 349 (Übersicht 6.2).
3 *BAG* 11. 4. 1985 – 2 AZR 239/84, BAGE 49, 39 = AP Nr. 39 zu § 102 BetrVG 1972 = NZA 1986, 674; *BAG* 25. 10. 2012 – 2 AZR 700/11, BAGE 143, 144 = AP Nr. 51 zu § 626 BGB Verdacht strafbarer Handlung = NZA 2013, 371 (Rn. 13).
4 Einzelheiten bei A/P/S/*Dörner*, § 626 BGB Rn. 345–377; K/D/Z/*Däubler*, § 626 BGB Rn. 151–156; MünchKommBGB/*Henssler*, § 626 Rn. 240–251.

Lösung

Ein erfolgreiches Vorgehen gegen eine vom Arbeitgeber ausgesprochene Kündigung **8**
setzt die fristgerechte Erhebung einer **Kündigungsschutzklage** voraus (§ 13 I 2
i.V.m. §§ 4 Satz 1, 7 KSchG). Daher stellt sich die Frage, ob eine Kündigungsschutzklage des K gegen die B Erfolg verspricht. Dann müsste eine solche Klage
zulässig und begründet sein.

I. Zulässigkeit einer Klage

Die Klage ist zulässig, wenn sie beim zuständigen Gericht anhängig gemacht wird und **9**
die weiteren Sachurteilsvoraussetzungen erfüllt sind. Der **Rechtsweg** zu den Arbeitsgerichten – und damit zugleich die **sachliche Zuständigkeit** des ArbG Berlin folgt
aus § 2 I Nr. 3 lit. b ArbGG, da die Parteien über das Bestehen oder Nichtbestehen
eines Arbeitsverhältnisses streiten; das Gericht entscheidet im **Urteilsverfahren** (§ 2 V
ArbGG). Die Klage ist gegen die B zu richten, deren **Parteifähigkeit** sich aus § 50 I
ZPO i. V. m. § 13 I GmbHG ableitet. Hinsichtlich der **Prozessfähigkeit** gilt, dass die
B durch ihre Geschäftsführerin gerichtlich vertreten wird (§ 35 I GmbHG). Aus
§ 46 II 1 ArbGG i. V. m. § 17 I 1 ZPO ergibt sich die **örtliche Zuständigkeit** des
ArbG Berlin, wenn unterstellt wird, dass die Verwaltung der B i. S. d. § 17 I 2 ZPO in
Berlin geführt wird. Die örtliche Zuständigkeit des ArbG Berlin folgt ferner aus
§ 48 I a ArbGG (Gerichtsstand des gewöhnlichen Arbeitsorts).

Hinsichtlich der **Postulationsfähigkeit** gilt, dass K den Rechtsstreit in erster In- **10**
stanz – also vor dem Arbeitsgericht – entweder als sog. „Naturalpartei" selbst führen
(§ 11 I 1 ArbGG) oder sich vertreten lassen kann (§ 11 II ArbGG).[5] Die Formulierung des **Klageantrags** (§ 46 II 1 ArbGG i. V. m. § 253 II Nr. 2 ZPO) folgt aus § 4
Satz 1 KSchG. Dabei hat K zu beachten, dass er gegen zwei Kündigungen vorgehen
muss:[6] Die B hat **außerordentlich und hilfsweise** – für den Fall der Unwirksamkeit der außerordentlichen Kündigung – **ordentlich gekündigt.** Es handelt sich um
zwei Streitgegenstände („unechte Eventualklage").[7] K muss daher Klage auf Festel-
lung erheben, dass das Arbeitsverhältnis durch „die Kündigungen" vom 7. 12. nicht
aufgelöst ist (siehe den Wortlaut des § 4 Satz 1 KSchG). Das **Feststellungsinteresse**
ergibt sich aus § 7 i. V. m. § 13 I 2 KSchG. Wenn die vorstehenden Erfordernisse
beachtet werden, ist die Kündigungsschutzklage zulässig.

II. Begründetheit einer Klage

Die Klage ist begründet, wenn weder die außerordentliche noch die hilfsweise er- **11**
klärte ordentliche Kündigung wirksam ist.

1. Wirksamkeit der außerordentlichen Kündigung

Die außerordentliche Kündigung vom 7. 12. ist wirksam, wenn sie den allgemeinen **12**
Anforderungen an eine Kündigungserklärung genügt, der Betriebsrat ordnungsgemäß beteiligt wurde und die Voraussetzungen des § 626 BGB vorliegen.

---

5 Einzelheiten bei AR/*Heider*, § 11 ArbGG Rn. 4 ff.; Schwab/Weth/*Weth*, ArbGG, § 11 Rn. 6–20;
   MünchArbR/*Jacobs*, § 343 Rn. 21.
6 Siehe dazu MünchKommBGB/*Hergenröder*, § 13 KSchG Rn. 16.
7 KR/*Friedrich*, § 4 KSchG Rn. 231.

a) Kündigungserklärung

13 Die außerordentliche Kündigung muss in schriftlicher Form von einer kündigungs-berechtigten Person erklärt worden und dem Adressaten zugegangen sein. Die **Schriftform** (§ 623 BGB) und der **Zugang** (§ 130 BGB) ergeben sich aus dem Sachverhalt. Ferner müsste eine wirksame **Stellvertretung** der B bei Abgabe der Kündigungserklärung vorliegen. Es kann unterstellt werden, dass eine vertretungs-berechtigte Person – z. B. die Geschäftsführerin (§ 35 I, II 1 GmbHG) – das Kündigungsschreiben im Namen der B unterzeichnet hat (§ 164 I 1 BGB). Die Erklärung einer außerordentlichen Kündigung ist auch wirksam, wenn sie keinen **Kündigungsgrund** nennt (Argument aus § 626 II 3 BGB). Die Angabe der Kündigungsgründe im Schreiben vom 7. 12. war daher für die Wirksamkeit der Kündigung nicht erforderlich; sie ist aber auch nicht schädlich. Die allgemeinen Anforderungen an eine Kündigungserklärung sind erfüllt.

b) Rechtzeitige Klageerhebung (§ 13 I 2 i.V.m. §§ 4 Satz 1, 7 KSchG)

14 Eine in der erforderlichen Schriftform (§ 623 BGB) erklärte, dem Arbeitnehmer zugegangene (§ 130 BGB) und dem Arbeitgeber zurechenbare (§ 164 I 1 BGB) **ordentliche Kündigung** wird als von Anfang an rechtswirksam behandelt, wenn sie nicht innerhalb von drei Wochen mit einer Kündigungsschutzklage beim Arbeitsgericht angegriffen wird (§ 4 Satz 1 i.V.m. § 7 KSchG). Das Gleiche gilt für die **außerordentliche Kündigung** (§ 13 I 2 KSchG). Dabei kommt es nicht darauf an, ob der betriebliche Geltungsbereich des Kündigungsschutzgesetzes eröffnet ist (§ 23 I 2, 3 KSchG: „mit Ausnahme der §§ 4–7 und des § 13 I 1 und 2").

15 K muss also, um seine Rechte gegenüber der außerordentlichen und der hilfsweise erklärten ordentlichen Kündigung zu wahren, innerhalb einer Dreiwochenfrist eine Kündigungsschutzklage erheben. Der **Fristbeginn** ist Montag, der 7. 12. (Zugang der Kündigung); das **Fristende** ist folglich Montag, der 28. 12. (§§ 187 I, 188 II BGB). Die Klageschrift, mit der K sich gegen die außerordentliche und die ordentliche Kündigung wendet, muss bis 24.00 Uhr dieses Tages bei Gericht eingehen (§§ 166, 167 ZPO). Versäumt K diese Frist, werden – bis auf den Mangel der Schriftform (§ 623 BGB), des Zugangs (§ 130 BGB) und der Stellvertretung (§§ 164, 174 BGB)[8] – sämtliche Unwirksamkeitsgründe der außerordentlichen und der ordentlichen Kündigung rückwirkend geheilt.[9] Es wird unterstellt, dass K das Erfordernis einer fristgerechten Klageerhebung beachtet.

c) Beteiligung des Betriebsrats (§ 102 I, II 3 BetrVG)

16 Nach § 102 I 3 BetrVG ist eine ohne Anhörung des Betriebsrats ausgesprochene Kündigung unwirksam; das gilt nicht nur bei **unterlassener Anhörung,** sondern auch bei **fehlerhafter Anhörung** des Betriebsrats.[10] Ein Fehler des Anhörungsver-fahrens könnte allenfalls darin liegen, dass die B die Stellungnahme des Betriebsrats

---

[8] *Junker,* Grundkurs, Rn. 332 m.w.N.
[9] MünchKommBGB/*Hergenröder,* § 13 KSchG Rn. 14, 15.
[10] *BAG* 16. 9. 1993 – 2 AZR 267/93, BAGE 74, 185 (194) = AP Nr. 62 zu § 102 BetrVG 1972 = NZA 1994, 311; *BAG* 3. 11. 2011 – 2 AZR 748/10, AP Nr. 65 zu § 1 KSchG 1969 Verhaltensbe-dingte Kündigung = NZA 2012, 607 (Rn. 38); GK-BetrVG/*Raab,* § 102 Rn. 90; H/W/K/*Ricken,* § 102 BetrVG Rn. 47.

nicht abgewartet hat, bevor sie die Kündigung erklärt hat; maßgebend ist die **Abgabe** und nicht der **Zugang** der Kündigungserklärung.[11] Der Betriebsrat hat für seine Stellungnahme zu einer außerordentlichen Kündigung eine **Frist von drei Tagen** (§ 102 II 3 BetrVG). Die Frist beginnt mit dem Tag, an dem die Mitteilung des Arbeitgebers dem Betriebsrat zugeht, wobei dieser Tag nicht mitgerechnet wird (**§ 187 I BGB**); sie endet mit dem Ablauf des letzten Tages der Frist (**§ 188 I BGB**). Ist der letzte Tag der Frist ein Samstag, Sonntag oder gesetzlicher Feiertag, verlängert sich die Frist bis zum Ablauf des nächsten Werktages (**§ 193 BGB**). Die B hat den Betriebsrat am Mittwoch, 25. 11. unterrichtet. Die Frist zur Stellungnahme lief nach §§ 187 I, 188 I, 193 BGB bis zum Montag, 30. 11. Die B konnte daher ab Dienstag, 1. 12. die Kündigung erklären. Die am 7. 12. erklärte Kündigung ist daher nicht verfrüht und folglich nicht nach § 102 I 3 BetrVG unwirksam.

d) Kündigungserklärungsfrist (§ 626 II 1, 2 BGB)

Die außerordentliche Kündigung ist innerhalb einer Ausschlussfrist von zwei Wochen nach Kenntnis des Kündigungsgrundes zu erklären (**§ 626 II 1 BGB**). Die Frist beginnt mit dem Zeitpunkt, in welchem der Kündigungsberechtigte Kenntnis von den Tatsachen erhält, die für die Kündigung maßgebend sind (**§ 626 II 2 BGB**). Geht dem Empfänger die Kündigungserklärung nicht innerhalb dieser **Zweiwochenfrist** zu, ist die außerordentliche Kündigung unwirksam[12] (materiellrechtliche Ausschlussfrist). B stützt die außerordentliche Kündigung auf zwei Gründe („Tatkomplexe"), die unterschiedlichen Datums sind.

aa) Vorfall vom 18. 1.

B sieht in dem Vorfall vom 18. 1. ein erwiesenes strafrechtlich relevantes Fehlverhalten des K, auf das sie die außerordentliche Kündigung stützen möchte (**Tatkündigung**). Die Berufung auf diesen Vorfall könnte nach § 626 II 1, 2 BGB ausgeschlossen sein. Eine **kündigungsberechtigte Person** i.S.d. § 626 II 1 BGB ist jedenfalls die Geschäftsführerin der B, weil sie nach § 35 I GmbHG zur organschaftlichen Vertretung der B berufen ist. Kenntnis von den für die Kündigung **maßgebenden Tatsachen** i.S.d. § 626 II 2 BGB bedeutet sichere und umfassende Information über den Sachverhalt, der als Grundlage für die Entscheidung über Fortbestand oder Auflösung des Arbeitsverhältnisses dienen soll.[13] Solange der Kündigungsberechtigte die Aufklärung des Sachverhalts durchführt, kann die Ausschlussfrist nicht beginnen.[14]

Bei der Würdigung des Aufklärungsbedarfs ist zu differenzieren: Räumt der Betroffene die ihm zur Last gelegten Handlungen vorbehaltlos ein, ist keine weitere Aufklärung erforderlich.[15] Sieht man in der am **18. 1.** abgegebenen Erklärung des K, „es

---

[11] *BAG* 8. 4. 2003 – 2 AZR 515/02, BAGE 106, 14 (20) = AP Nr. 133 zu § 102 BetrVG 1972 = NZA 2003, 861 (862); ErfK/*Kania*, § 102 BetrVG Rn. 3; GK-BetrVG/*Raab*, § 102 Rn. 43.

[12] MünchKommBGB/*Henssler*, § 626 Rn. 318.

[13] *BAG* 5. 12. 2002 – 2 AZR 478/01, AP Nr. 63 zu § 123 BGB (Bl. 3R) = DB 2003, 1685; KR/*Fischermeier*, § 626 BGB Rn. 319.

[14] *BAG* 29. 7. 1993 – 2 AZR 90/93, AP Nr. 31 zu § 626 BGB Ausschlussfrist = NZA 1994, 171 (173) = SAE 1994, 205 m. Anm. *Belling*; MünchKommBGB/*Henssler*, § 626 Rn. 297.

[15] *BAG* 25. 10. 2012 – 2 AZR 700/11, AP Nr. 51 zu § 626 BGB Verdacht strafbarer Handlung = NZA 2013, 371 (Rn. 15 ff.); MünchKommBGB/*Henssler*, § 626 Rn. 299; *Rolfs*, § 626 BGB Rn. 33.

könne sein", dass er dem S einige Jetons zugeschoben habe, ein **Geständnis,** so begann die Zweiwochenfrist bereits an diesem Tag. Sieht man in der Erklärung des K kein Geständnis oder hält ein solches nicht für sicher oder beweisbar, war die Arbeitgeberin nicht gehalten, die Kündigung auf den Verdacht einer strafbaren Handlung zu stützen. Sie durfte vielmehr das Ergebnis eines Strafverfahrens abwarten.[16] Dann begann die Zweiwochenfrist mit der Zustellung der **Einstellungsverfügung** vom **6. 3.** an B „einige Wochen später": Zu diesem Zeitpunkt konnte die B aus dem Strafverfahren keine weitere Aufklärung mehr erwarten. B kann sich daher auf den Vorfall vom 18. 1. im Rahmen einer außerordentlichen Kündigung nicht mehr berufen (§ 626 II 1, 2 BGB).

bb) Vorfall vom 23. 11.

20 B ist ferner der Ansicht, der Vorfall vom 23. 11. begründe den dringenden Verdacht einer strafbaren Handlung, auf den sie eine außerordentliche Kündigung stützen könne. Bei einer **Verdachtskündigung** läuft die Ausschlussfrist des § 626 II 1, 2 BGB von dem Zeitpunkt an, zu welchem der Kündigungsberechtigte so viel von dem Kündigungssachverhalt mit Sicherheit kennt, dass er sich ein eigenes Urteil über den Verdacht und seine Tragweite bilden kann.[17] Dieses Kriterium braucht im vorliegenden Fall nicht vertieft zu werden, denn selbst bei einer auf den Vorfall vom 23. 11. gestützten **Tatkündigung** wäre mit der am 7. 12. zugestellten Kündigung die Zweiwochenfrist des § 626 II 1, 2 BGB gewahrt. Da der Verdacht frühestens am 23. 11. entstehen konnte, sind hinsichtlich des Vorfalls vom 23. 11. die Anforderungen des § 626 II 1, 2 BGB erfüllt.

e) Wichtiger Grund (§ 626 I BGB)

21 Nach § 626 I BGB ist eine außerordentliche Kündigung begründet, wenn Tatsachen vorliegen, auf Grund derer es dem Kündigenden nicht zugemutet werden kann, das Arbeitsverhältnis bis zum Ablauf der Kündigungsfrist fortzusetzen; bei der Anwendung dieser Vorschrift sind nach ihrem Wortlaut alle Umstände des Einzelfalles zu berücksichtigen und die Interessen beider Vertragsparteien gegeneinander abzuwägen. Der Tatbestand des § 626 I BGB enthält zwei abgrenzbare Elemente, nämlich das Vorliegen eines wichtigen Grundes „an sich" und das Gebot der Interessenabwägung.[18]

22 aa) Hinsichtlich des Vorfalls vom 23. 11. könnte sich ein **wichtiger Grund** i.S.d. § 626 I BGB aus dem Verdacht einer strafbaren Handlung ergeben. Nicht nur die nachgewiesene Pflichtverletzung, sondern bereits der **Verdacht einer strafbaren Handlung** (oder einer sonstigen schwerwiegenden Pflichtverletzung) kann die Kündigung rechtfertigen, wenn schon durch den Tatverdacht die Eignung des Arbeit-

---

[16] *BAG* 22. 11. 2012 – 2 AZR 732/11, AP Nr. 241 zu § 626 BGB = NZA 2013, 655 (Rn. 31); H/W/K/*Sandmann,* § 626 BGB Rn. 368; KR/*Fischermeier,* § 626 BGB Rn. 321; MünchKomm-BGB/*Henssler,* § 626 Rn. 299.

[17] *BAG* 27. 1. 1972 – 2 AZR 157/71, BAGE 24, 99 = AP Nr. 2 zu § 626 BGB Ausschlussfrist = NJW 1972, 1486; *BAG* 23. 5. 2013 – 2 AZR 102/12, AP Nr. 52 zu § 626 BGB Verdacht strafbarer Handlung = NZA 2013, 1416 (Rn. 33); KR/*Fischermeier,* § 626 BGB Rn. 320; Münch-KommBGB/*Henssler,* § 626 Rn. 313.

[18] H/W/K/*Sandmann,* § 626 BGB Rn. 71; KR/*Fischermeier,* § 626 BGB Rn. 80, 84.

nehmers für die vertraglich geschuldete Tätigkeit entfällt.[19] Während bei einer er-wiesenen Pflichtverletzung eine **verhaltensbedingte Kündigung** in Betracht kommt („Tatkündigung"), handelt es sich bei der Verdachtskündigung – die an das zerstörte Vertrauen in die Integrität des Arbeitnehmers anknüpft – systematisch um eine **personenbedingte Kündigung.**

Die Kündigung wegen des Verdachts stellt im Verhältnis zu einer Kündigung wegen **23** einer Tat einen eigenständigen Tatbestand dar, für den sich besondere Vorausset-zungen herausgebildet haben:[20] Der Arbeitgeber muss die Kündigung gerade mit einem **Verdacht** begründen, der sich aus **objektiven Umständen** ergibt, aus denen eine **überwiegende Wahrscheinlichkeit** der Tatbegehung folgt. Ferner muss die Tat, derer der Arbeitnehmer verdächtigt wird, im Fall ihres erwiesenen Vorliegens die **Kündigung rechtfertigen** und der Verdacht geeignet sein, das für die Fortset-zung des Arbeitsverhältnisses notwendige **Vertrauen zu zerstören.** Schließlich muss der Arbeitgeber alle zumutbaren Schritte zur **Aufklärung** des Sachverhalts unter-nommen, insbesondere eine **Anhörung** des Arbeitnehmers durchgeführt haben. Es fragt sich, ob die Kündigung vom 7. 12. diese Voraussetzungen erfüllt.

bb) Eine Verdachtskündigung liegt nur vor, wenn der Arbeitgeber seine Kündigung **24** damit begründet, **gerade der Verdacht** eines (nicht erwiesenen) strafbaren Verhal-tens habe das für die Fortsetzung des Arbeitsverhältnisses unerlässliche Vertrauen zerstört.[21] Im vorliegenden Fall hat B in ihrem Kündigungsschreiben zwischen den Vorfällen vom 18. 11. und vom 23. 11. unterschieden und hinsichtlich des letztge-nannten Vorfalls nur auf den Verdacht, nicht aber auf erwiesenes Fehlverhalten ab-gestellt.

cc) Ferner müssen sich auf **objektive Anhaltspunkte** Verdachtsmomente stützen, **25** welche die **überwiegende Wahrscheinlichkeit** der Tatbegehung begründen.[22] Im vorliegenden Fall bildet das – für einen nur kurzzeitig eingesetzten Tisch-Chef unge-wöhnliche – Verlassen des Tisches ein nur schwaches Indiz für eine Beihilfe des K zu der vom Croupier begangenen Unterschlagung (§§ 27, 246 I, II StGB). Gegen eine Tatbegehung in Form der Beihilfe spricht, dass der Täter eine Beteiligung des K ver-neint hat. Da weitere Anhaltspunkte für eine Gehilfenschaft des K nicht bestehen, spricht jedenfalls keine „überwiegende" Wahrscheinlichkeit für die Tatbeteiligung. Mangels eines hinreichenden Verdachts fehlt es an einem wichtigen Grund i. S. d. § 626 I BGB. Die außerordentliche Kündigung vom 7. 12. ist nicht wirksam.

2. Wirksamkeit der ordentlichen Kündigung

Da die am 7. 12. ausgesprochene außerordentliche Kündigung unwirksam ist, stellt **26** sich die Frage nach der Wirksamkeit der hilfsweise erklärten ordentlichen Kündi-

---

[19] *BAG* 18. 11. 1999 – 2 AZR 743/98, BAGE 93, 1 (5) = AP Nr. 32 zu § 626 BGB Verdacht strafba-rer Handlung = NZA 2000, 418; *BAG* 6. 11. 2003 – 2 AZR 631/02, AP Nr. 39 zu § 626 BGB Verdacht strafbarer Handlung = NZA 2004, 919 (920).

[20] Überblick: *Junker*, Grundkurs, Rn. 411; Einzelheiten: A/P/S/*Dörner*, § 626 BGB Rn. 345–377.

[21] *BAG* 14. 9. 1994 – 2 AZR 164/94, BAGE 78, 18 = AP Nr. 24 zu § 626 BGB Verdacht strafbarer Handlung = NZA 1995, 269 = SAE 1996, 52 m. Anm. *Weber*; *BAG* 24. 5. 2012 – 2 AZR 206/11, AP Nr. 50 zu § 626 BGB Verdacht strafbarer Handlung = NZA 2013, 137 (Rn. 16).

[22] *BAG* 6. 12. 2001 – 2 AZR 496/00, AP Nr. 36 zu § 626 BGB Verdacht strafbarer Handlung = NZA 2002, 847; *BAG* 21. 6. 2012 – 2 AZR 694/11, AP Nr. 68 zu § 9 KSchG 1969 = NZA 2013, 199 (Rn. 21); H/W/K/*Sandmann*, § 626 BGB Rn. 285; KR/*Fischermeier*, § 626 BGB Rn. 212.

gung. Die ordentliche Kündigung vom 7. 12. ist wirksam, wenn die allgemeinen Anforderungen an eine Kündigungserklärung erfüllt sind (dazu a), der Betriebsrat ordnungsgemäß beteiligt wurde (dazu b) und die Kündigung nach § 1 I, II KSchG sozial gerechtfertigt ist (dazu c).

a) Kündigungserklärung

27 Es müssten die allgemeinen Anforderungen an eine Kündigungserklärung erfüllt sein. Hinsichtlich der Schriftform (§ 623 BGB), der Abgabe durch einen Stellvertreter der B (§§ 164 I 1 BGB, 35 I, II 1 GmbHG) und des Zugangs (§ 130 BGB) gilt das Gleiche wie für die in derselben Urkunde erklärte außerordentliche Kündigung (Rn. 13). Fraglich ist die Zulässigkeit einer nur „hilfsweise" erklärten Kündigung (**Eventual-kündigung**). Zwar ist eine Kündigung als einseitige rechtsgestaltende Willenserklärung grundsätzlich bedingungsfeindlich.[23] Die Unwirksamkeit der primär erklärten außerordentlichen Kündigung ist aber keine Bedingung i. S. d. § 158 BGB, sondern eine sog. **Rechtsbedingung** („unechte Bedingung"), die als bloße Wirksamkeitsvoraussetzung einer ordentlichen Kündigung keinen Bedenken unterliegt.[24] Die generellen Anforderungen an eine Kündigungserklärung sind erfüllt.

b) Beteiligung des Betriebsrats (§ 102 I, II 1, 2 BetrVG)

28 Der Betriebsrat muss auch zu einer hilfsweise erklärten ordentlichen Kündigung gehört werden, wobei nicht die Dreitagesfrist des § 102 II 3 BetrVG, sondern die Wochenfrist des § 102 II 1, 2 BetrVG gilt. Der bei B bestehende Betriebsrat wurde ordnungsgemäß unterrichtet; die Frist zur Stellungnahme nach § 102 II 1, 2 BetrVG wurde gewahrt (s. zur Fristberechnung Rn. 16).

c) Unwirksamkeit nach § 1 I KSchG

29 Nach § 1 I KSchG ist eine ordentliche Kündigung unwirksam, wenn sie sozial ungerechtfertigt ist. Der **betriebliche Anwendungsbereich** der Vorschrift (Schwellenwert) ist eröffnet, da unterstellt werden kann, dass B in ihrem Berliner Betrieb mehr als zehn Arbeitnehmer beschäftigt (§ 23 I 2, 3 KSchG). K ist bereits seit 18 Jahren bei B angestellt, sodass auch der **persönliche Anwendungsbereich** des allgemeinen Kündigungsschutzes – § 1 I KSchG: sechs Monate Wartezeit – erfüllt ist.

30 Die ordentliche Kündigung vom 7. 12. könnte nach § 1 II 1 KSchG durch einen **Grund im Verhalten** des K sozial gerechtfertigt sein. Dann müsste ein „an sich" zur Rechtfertigung der Kündigung geeigneter verhaltensbedingter Grund vorliegen. Das ist der Fall, wenn K durch steuerbares und zurechenbares Tun oder Unterlassen eine Haupt- oder Nebenpflicht aus dem Arbeitsverhältnis verletzt hat.[25] Die Unterschlagung von Jetons im Wert von 500 € ist nicht nur eine **Straftat (§ 246 I, II StGB),** sondern – gleichgültig ob K strafrechtlich als Alleintäter, Mittäter oder Gehilfe des S anzusehen ist – auch die **Verletzung einer Nebenpflicht** aus dem Ar-

---

[23] *BAG* 15. 3. 2001 – 2 AZR 705/99, BAGE 97, 193 (194) = AP Nr. 26 zu § 620 BGB Bedingung = NZA 2001, 1070; KR/*Griebeling*, § 1 KSchG Rn. 170.

[24] *Hromadka/Maschmann* I, § 10 Rn. 44.

[25] *BAG* 19. 4. 2012 – 2 AZR 156/11, AP Nr. 67 zu § 1 KSchG 1969 Verhaltensbedingte Kündigung = NZA 2012, 1274 (Rn. 16); *BAG* 20. 6. 2013 – 2 AZR 583/12, AP Nr. 93 zu § 1 KSchG 1969 = NZA 2013, 1345 (Rn. 24); MünchKommBGB/*Hergenröder*, § 1 KSchG Rn. 190.

beitsverhältnis, denn K waren diese Spielmarken anvertraut. Die Äußerung des K, „es könne sein", dass er dem S einige Jetons zugeschoben habe, lässt sich bei lebensnaher Würdigung als Eingeständnis der Pflichtverletzung ansehen.

Nach dem Grundsatz der Verhältnismäßigkeit, der das gesamte Kündigungsschutzrecht beherrscht, hat der verhaltensbedingten Kündigung eine **Abmahnung** als „milderes Mittel" vorauszugehen, es sei denn, die Pflichtverletzung ist so schwerwiegend, dass der Arbeitnehmer von vornherein nicht mit der Billigung seines Verhaltens rechnen konnte und sich darüber im Klaren sein musste, dass er mit seinem Verhalten seinen Arbeitsplatz aufs Spiel setzte.[26] Ein Croupier hat eine besondere Vertrauensstellung, da er von Berufs wegen mit großen Mengen von Spielmarken umzugehen hat, die an der Kasinokasse gegen Bargeld eingetauscht und daher wie Bargeld behandelt werden können. Schon eine einmalige vorsätzliche Schädigung des Arbeitgebers beim Umgang mit Jetons wiegt so schwer, dass der Croupier mit der Beendigung seines Arbeitsverhältnisses rechnen muss. Eine Abmahnung vor einer Kündigung wegen des Verstoßes vom 18. 1. war daher entbehrlich. **31**

Die soziale Rechtfertigung einer verhaltensbedingten Kündigung nach § 1 I, II 1 KSchG verlangt ferner die – im Zeitpunkt des Zugangs der Kündigung anzustellende – **negative Prognose,** dass eine vertrauensvolle Fortsetzung des Arbeitsverhältnisses in Zukunft nicht möglich erscheint,[27] sowie eine **umfassende Interessenabwägung,** bei der die Interessen des Arbeitnehmers am Fortbestand des Arbeitsverhältnisses den Interessen des Arbeitgebers an der Auflösung des Arbeitsverhältnisses gegenüberzustellen sind.[28] Für beide Prüfungspunkte – die sich nicht strikt voneinander trennen lassen – könnte es eine Rolle spielen, dass die Kündigung vom 7. 12. rund elf Monate nach dem Vorfall vom 18. 1. (und dem Eingeständnis der Tat durch K am gleichen Tage) erklärt wurde. Auf Prognose und Interessenabwägung braucht nicht eingegangen zu werden, wenn es der B schon aus anderen Erwägungen wegen des Zeitablaufs verwehrt ist, sich am 7. 12. auf den Kündigungsgrund „an sich" zu berufen. Dafür gibt es drei Ansatzpunkte. **32**

aa) Kündigungserklärungsfrist (§ 626 II 1, 2 BGB)

Es liegt nahe, dass der schwerwiegende Vorfall vom 18. 1. eine außerordentliche Kündigung hätte rechtfertigen können, wenn B nicht die Frist des § 626 II 1, 2 BGB versäumt hätte (Rn. 19). Daher stellt sich die Frage, ob in einem solchen Fall die – auf denselben Vorfall gestützte – ordentliche Kündigung in entsprechender Anwendung des § 626 II 1, 2 BGB ebenfalls verfristet ist. Dann würde der ordentlich Kündigende jedoch besser stehen, wenn das Verhalten des Arbeitnehmers weniger schwerwiegend ist und nicht die Anforderungen des § 626 I BGB erfüllt. Schon dieser Wertungswiderspruch verbietet es, die Frist des § 626 II 1, 2 BGB auf eine ordentliche Kündigung, die auf denselben Sachverhalt gestützt wird wie eine verfristete außerordentliche Kündigung, entsprechend anzuwenden.[29] **33**

---

[26] *BAG* 10. 2. 1999 – 2 ABR 31/98, AP Nr. 42 zu § 15 KSchG = NZA 1999, 708; *BAG* 10. 6. 2010 – 2 AZR 541/09, BAGE 134, 150 = AP Nr. 229 zu § 626 BGB = NZA 2010, 1227 (Rn. 38): Abmahnung nur bei „Bagatelldelikt"; H/W/K/*Sandmann*, § 626 BGB Rn. 112.

[27] *Junker*, Grundkurs, Rn. 369; KR/*Griebeling*, § 1 KSchG Rn. 235.

[28] *Junker*, Grundkurs, Rn. 370; KR/*Griebeling*, § 1 KSchG Rn. 409.

[29] Ebenso im Ergebnis *BAG* 15. 8. 2002 – 2 AZR 514/01, NZA 2003, 795 (796) in der Entscheidung, welcher der vorliegende Fall nachgebildet ist.

bb) Regelausschlussfrist für ordentliche Kündigung

34 Während die Erklärung der außerordentlichen Kündigung an die kurze Frist des § 626 II 1, 2 BGB gebunden ist, sieht das Gesetz für die ordentliche Arbeitgeberkündigung keine Erklärungsfrist vor, obwohl auch sie im Anwendungsbereich des § 1 KSchG an bestimmte Gründe gebunden ist. Es fragt sich daher, ob im Wege der Rechtsfortbildung eine „Regelausschlussfrist" auch für die ordentliche Kündigung im Anwendungsbereich des § 1 KSchG entwickelt werden muss. Die Ausschlussfrist des § 626 II 1, 2 BGB konkretisiert das allgemeine Rechtsinstitut der Verwirkung.[30] Da die Verwirkung als allgemeines, auf § 242 BGB gestütztes Prinzip auch das Recht des Arbeitgebers zur ordentlichen Kündigung einschränkt, besteht für eine weitergehende Rechtsfortbildung weder ein Anlass noch ein Bedürfnis.[31]

cc) Grundsätze der Verwirkung (§ 242 BGB)

35 Es könnte der B durch Verwirkung versagt sein, sich zur Rechtfertigung der Kündigung vom 7. 12. auf den Vorfall vom 18. 1. zu berufen. Nach § 242 BGB verwirkt das Recht des Arbeitgebers zur ordentlichen Kündigung, wenn er in Kenntnis des Kündigungsgrundes längere Zeit untätig bleibt und die Kündigung nicht erklärt, obwohl ihm dies möglich und zumutbar war (**Zeitmoment**). Beim Arbeitnehmer muss durch das Zuwarten des Arbeitgebers das Vertrauen erweckt werden, die Kündigung werde unterbleiben und er könne sich auf den Fortbestand des Arbeitsverhältnisses einrichten (**Umstandsmoment**).[32] Beide Voraussetzungen müssen kumulativ vorliegen; der Zeitablauf (die Untätigkeit) allein reicht nicht aus.[33]

36 Im vorliegenden Fall hätte B – bei einer Würdigung der Erklärung des K als Geständnis – bereits unmittelbar nach dem 18. 1. die Kündigung erklären können. Jedenfalls aber wäre nach dem Empfang der Einstellungsverfügung „einige Wochen" nach dem 6. 3. mit einer Reaktion der B – etwa einer nochmaligen Befragung von Beteiligten – zu rechnen gewesen. Nachdem seit dem Zugang der Einstellungsverfügung „eine Wochen" nach dem 6. 3. rund sieben bis acht Monate verstrichen waren (Zeitmoment), brauchte K nicht mehr mit einer Kündigung zu rechnen (Umstandsmoment). Dass die Angelegenheit bei B wegen eines Organisationsversehens in Vergessenheit geriet, beeinflusst weder das Zeitmoment, noch hindert es den Eintritt des Umstandsmoments.

37 Auch ein Hilfsargument spricht für die Annahme einer Verwirkung. Es wäre mit der Berufsfreiheit des Arbeitnehmers (Art. 12 I GG) nicht zu vereinbaren, wenn der Arbeitgeber einen Kündigungsgrund längere Zeit „auf Vorrat" halten und bei passender Gelegenheit geltend machen könnte, um ein beanstandungsfrei fortgesetztes Arbeitsverhältnis zu einem späteren Zeitpunkt kündigen zu können.[34] Gerade die-

---

[30] KR/*Fischermeier*, § 626 BGB Rn. 313; MünchKommBGB/*Henssler*, § 626 Rn. 281.

[31] *BAG* 15. 8. 2002 – 2 AZR 514/01, NZA 2003, 795 (796).

[32] KR/*Griebeling*, § 1 KSchG Rn. 250.

[33] *BAG* 21. 2. 1957 – 2 AZR 410/54, AP Nr. 22 zu § 1 KSchG = RdA 1957, 158; *BAG* 15. 8. 2002 – 2 AZR 514/01, NZA 2003, 795 (796).

[34] *BAG* 28. 4. 1994 – 8 AZR 157/93, BAGE 76, 334 = AP Nr. 13 zu § 20 Einigungsvertrag = NZA 1995, 169; *BAG* 15. 8. 2002 – 2 AZR 514/01, NZA 2003, 795 (797) mit dem Zusatz, der insoweit gebotene Schutz des Arbeitnehmers werde nicht durch den Grundsatz der Verhältnismäßigkeit, sondern durch die Grundsätze der Verwirkung realisiert.

ser grundrechtliche Aspekt begründet einen Vertrauensschutz des K und damit das Umstandsmoment im Rahmen der Verwirkung. Es ist der B daher nach § 242 BGB (Verwirkung) verwehrt, die Kündigung vom 7. 12. auf das Verhalten des K am 18. 1. zu stützen. Da es an einem Kündigungsgrund fehlt, ist die ordentliche Kündigung nach § 1 I KSchG rechtsunwirksam.

3. Ergebnis

K kann sowohl gegen die außerordentliche als auch gegen die hilfsweise erklärte **38** ordentliche Kündigung mit Erfolg vorgehen. Beide Kündigungen sind unwirksam.

Fall 9. Aufhebungsvertrag

Nach *BAG* 27. 11. 2003 – 2 AZR 135/03, BAGE 109, 22 = AP Nr. 1 zu § 312 BGB = NZA 2004, 597

Weitere Themen: Anfechtung wegen widerrechtlicher Drohung – AGB-Kontrolle – Verbrauchereigenschaft des Arbeitnehmers – Druckkündigung – Verdachtskündigung

Zur Vertiefung: *Junker,* Grundkurs, § 6 IV (Rn. 425–431)

Sachverhalt

Karin Krüger (K) ist seit acht Jahren bei der Blitzblank GmbH (B) als Reinigungskraft beschäftigt. Sie wird in einem Pflegeheim des Deutschen Roten Kreuzes (DRK) eingesetzt. Ihre Aufgaben umfassen die Reinigung des Aufenthaltsraums der Krankenschwestern und der Außenflächen der Schwesternschränke. Am 30. 3. beobachten zwei Mitarbeiterinnen des DRK, wie K vor einem von ihr geöffneten Schwesternschrank steht und eine Handtasche durchsucht. Als die beiden sich bemerkbar machen, lässt K die Handtasche fallen. Von einer der beiden darauf angesprochen, was sie da eigentlich mache, stellt K die Handtasche in den Schrank zurück, schließt die Schranktür und setzt die Reinigung der Schranktüren fort.

Noch am selben Tag ruft der Leiter des Pflegeheims beim Geschäftsführer der B an, schildert den Sachverhalt und lehnt eine weitere Zusammenarbeit mit K ab. Der Geschäftsführer der B ruft daraufhin K zu Hause an und fordert sie auf, am nächsten Morgen nicht mehr zum Pflegeheim zu gehen, sondern sich um 8.00 Uhr in seinem Büro einzufinden. Dort hält er ihr vor, sie habe einen versuchten Diebstahl zu Lasten einer Mitarbeiterin eines Kunden der B begangen. Er legt ihr ein bereits vorbereitetes Schreiben einer außerordentlichen fristlosen Kündigung vor. Er erklärt, die außerordentliche Kündigung könne K nur vermeiden, wenn sie einen von ihm vorbereiteten Aufhebungsvertrag unterzeichne, der das Arbeitsverhältnis mit Ablauf des 31. 3. einvernehmlich beende. K unterzeichnet.

In einem an B gerichteten Schreiben vom 19. 4. erklärt K die Anfechtung des Aufhebungsvertrags mit der Begründung, sie sei durch eine Drohung zum Abschluss dieses Vertrags bewogen worden. Dass sie einen Diebstahl versucht habe, sei reine Spekulation. Ferner widerrufe sie ihre auf Abschluss des Aufhebungsvertrags gerichtete Erklärung. Schließlich werde sie durch die vom Geschäftsführer vorformulierte Erklärung unangemessen benachteiligt, sodass der Aufhebungsvertrag auch aus diesem Grund keinen Bestand haben könne. Der Geschäftsführer der B fragt, ob das Arbeitsverhältnis mit K zum 31. 3. wirksam beendet wurde.

Vorüberlegungen

Es handelt sich um eine **Wirksamkeitsklausur** (Einl. Rn. 15–17). Zu prüfen ist 1
nicht die Wirksamkeit einer Kündigung (vgl. § 1 I KSchG) oder einer Befristung
(vgl. §§ 14 ff. TzBfG), sondern die Wirksamkeit eines Aufhebungsvertrags: Da als
Beendigungsgrund nur der **Aufhebungsvertrag** in Betracht kommt (die außerordentliche Kündigung wurde nur angedroht, aber nicht erklärt), hängt die wirksame
Beendigung des Arbeitsverhältnisses zum 31. 3. davon ab, dass der vom Geschäftsführer der B vorbereitete und von K unterzeichnete Aufhebungsvertrag wirksam ist.
Gesetzlich geregelt ist der Aufhebungsvertrag nur in Bezug auf das **Formerforder-
nis des § 623 BGB.** Anders als bei der Kündigung (§ 4 Satz 1 i.V.m. § 7 KSchG:
Kündigungsschutzklage) und bei der Befristung (§ 17 Sätze 1, 2 TzBfG i.V.m. § 7
KSchG: Entfristungsklage) ist es beim Aufhebungsvertrag nicht gesetzlich vorgeschrieben, die Unwirksamkeit innerhalb einer Dreiwochenfrist auf dem Klageweg
geltend zu machen. Da kein Klageerfordernis besteht, ist in der Lösung des Falls
nur auf die materielle Rechtslage einzugehen (Einl. Rn. 5, 6).

Die Prüfung, ob der Aufhebungsvertrag unwirksam ist, wird dadurch erleichtert, dass 2
der Sachverhalt **Hilfestellungen** gibt (vgl. Einl. Rn. 32). Da K in dem Schreiben vom
19. 4. die **Anfechtung** und den **Widerruf** ihrer auf Abschluss des Aufhebungsvertrags
gerichteten Willenserklärung erklärt, sind gesetzliche Anfechtungs- und Widerrufs-
gründe zu suchen. Neben dieser „Hilfestellung" verdient Beachtung, dass der Sachverhalt die Rechtsansicht der K mitteilt, sie werde durch den Aufhebungsvertrag unangemessen benachteiligt, sodass der Vertrag auch aus diesem Grund keinen Bestand
haben könne. Diese Sachverhaltsangabe gibt Anlass, auf eine **Inhaltskontrolle** des
Aufhebungsvertrags einzugehen. Da alle Rechtsinstitute – Anfechtung, Inhaltskontrolle und Widerruf – im BGB zu verorten sind, handelt es sich um eine bürgerlich-
rechtliche Klausur, die allerdings stark mit arbeitsrechtlichen Gegebenheiten und Ar-
gumentationsfiguren „aufgeladen" ist (s. auch Einl. Rn. 7 ff.).

Lösung

Das Arbeitsverhältnis zwischen B und K wurde zum 31. 3. wirksam beendet, wenn 3
ein Beendigungstatbestand vorliegt.[1] Durch eine **außerordentliche Kündigung**
gemäß § 626 BGB wurde das Arbeitsverhältnis nicht beendet: Der Geschäftsführer
der B hat K eine vorbereitete Kündigungserklärung gezeigt, aber eine auf Kündigung gerichtete Willenserklärung nicht abgegeben. Die Beendigung könnte jedoch
durch einen **Aufhebungsvertrag** eingetreten sein, der zwischen K und B abgeschlossen wurde, letztere vertreten durch den Geschäftsführer (§ 35 I GmbHG).
Nach dem Grundsatz der Vertragsfreiheit haben die Parteien das Recht, ein Arbeitsverhältnis vertraglich zu beenden (§§ 241 I, 311 BGB). Der Aufhebungsvertrag
wurde auch formwirksam (§ 623 BGB) durch eine von beiden Parteien unterzeichnete Urkunde geschlossen (§ 126 II 1 BGB). Er hat daher das Arbeitsverhältnis
zum 31. 3. beendet, wenn keine Gründe für die Unwirksamkeit des Aufhebungsvertrags vorliegen.

---

[1] Siehe zu möglichen Beendigungstatbeständen *Junker,* Grundkurs, Rn. 320–322.

I. Anfechtung nach §§ 123 I, 2. Fall, 142 I BGB

4   Der Aufhebungsvertrag ist wegen **Anfechtung** nach § 142 I BGB nichtig, wenn ein Anfechtungsgrund vorliegt und K die Anfechtung rechtzeitig erklärt hat. In Betracht kommt eine Anfechtung **wegen widerrechtlicher Drohung** nach § 123 I, 2. Fall BGB.

1. Drohung seitens des Arbeitgebers

5   Eine Drohung setzt die vorsätzliche Ankündigung eines zukünftigen Übels voraus, auf dessen Eintritt der Drohende Einfluss zu haben vorgibt.[2] Die Ankündigung des Geschäftsführers der B, die außerordentliche Kündigung zu erklären, falls K keinen Aufhebungsvertrag schließe, stellt eine solche Drohung dar.

2. Widerrechtlichkeit der Drohung

6   Dem Arbeitnehmer mit einer Kündigung zu drohen, um ihn zum Abschluss eines Aufhebungsvertrags zu veranlassen, ist widerrechtlich, wenn ein verständiger Arbeitgeber eine solche Kündigung nicht ernsthaft in Betracht ziehen durfte.[3] Da der Anfechtungsprozess nach § 123 I, 2. Fall BGB nicht als fiktiver Kündigungsschutzprozess geführt wird, genügt es, wenn der Arbeitgeber unter Abwägung aller Umstände davon ausgehen durfte, dass die angedrohte Kündigung einer arbeitsgerichtlichen Prüfung wahrscheinlich standhalten werde.[4]

a) Druckkündigung

7   Da der Leiter des DRK-Pflegeheims es ablehnt, die K weiter als Reinigungskraft zu akzeptieren, könnte eine außerordentliche Kündigung in Gestalt einer sog. Druckkündigung gerechtfertigt sein. Das ist der Fall, wenn der Arbeitgeber sich dem Druck eines Kunden, einen bestimmten Arbeitnehmer nicht zu beschäftigen, trotz aller zumutbaren Anstrengungen nicht entziehen kann und auch kein anderer Arbeitsplatz für den Arbeitnehmer besteht.[5] Aus dem Sachverhalt ergibt sich jedoch nicht, dass für K keine andere Einsatzmöglichkeit als in dem Pflegeheim der DRK besteht, sodass eine Druckkündigung nicht in Betracht kommt.

b) Verdachtskündigung

8   Eine außerordentliche Kündigung gemäß § 626 BGB kann als Verdachtskündigung begründet sein, wenn bereits der **Verdacht** einer strafbaren Handlung im konkreten Fall die Eignung des Arbeitnehmers für die vertraglich geschuldete Tätigkeit entfallen lässt.[6] Ein solcher Verdacht muss sich aus **objektiven Umständen** ergeben und

---

2   MünchKommBGB/*Armbrüster*, § 123 Rn. 97; Palandt/*Ellenberger*, § 123 BGB Rn. 16.

3   *BAG* 15. 12. 2005 – 6 AZR 197/05, AP Nr. 66 zu § 123 BGB = NZA 2006, 841 (Rn. 23); *BAG* 28. 11. 2007 – 6 AZR 1108/06, BAGE 125, 70 = AP Nr. 36 zu § 620 BGB Aufhebungsvertrag = NZA 2008, 348 (Rn. 48).

4   *BAG* 30. 9. 1993 – 2 AZR 268/93, BAGE 74, 281 = AP Nr. 37 zu § 123 BGB = NZA 1994, 209; *BAG* 12. 8. 1999 – 2 AZR 832/98, AP Nr. 51 zu § 123 BGB = NZA 2000, 27.

5   *BAG* 18. 7. 2013 – 6 AZR 420/12, AP Nr. 14 zu § 626 BGB Druckkündigung = NZA 2014, 109 (Rn. 39); KR/*Fischermeier*, § 626 BGB Rn. 204; MünchKommBGB/*Henssler*, § 626 Rn. 253.

6   *BAG* 23. 6. 2009 – 2 AZR 474/07, BAGE 131, 155 = AP Nr. 47 zu § 626 BGB Verdacht strafbarer Handlung = NZA 2009, 1136 (Rn. 51); *BAG* 24. 5. 2012 – 2 AZR 206/11, AP Nr. 50 zu § 626 BGB Verdacht strafbarer Handlung = NZA 2013, 137 (Rn. 16).

geeignet sein, das für die Fortsetzung des Arbeitsverhältnisses erforderliche **Vertrauen** zu zerstören. Es muss eine überwiegende **Wahrscheinlichkeit** für die Tat sprechen, und die Tat, derer der Arbeitnehmer verdächtigt wird, muss von einem solchen **Gewicht** sein, dass sie – wäre ihre Begehung bewiesen – die außerordentliche Kündigung rechtfertigen würde. Ferner muss der Arbeitgeber alle zumutbaren Schritte zur **Aufklärung des Sachverhalts** unternommen, insbesondere dem Arbeitnehmer durch **Anhörung** die Gelegenheit zur Stellungnahme gegeben haben.[7]

Im vorliegenden Fall besteht auf Grund der Geschehnisse vom 30. 3. der auf Tat- **9** sachen gestützte Verdacht, dass K ihre vertraglichen Pflichten gegenüber B erheblich verletzt hat, indem sie versucht hat, Mitarbeiterinnen eines Kunden der B zu bestehlen (§§ 242 I, II, 22, 23 I StGB). Ein Reinigungsbetrieb ist existenziell darauf angewiesen, dass seine Reinigungskräfte, die in den Räumen von Kunden tätig werden, fremdes Eigentum nicht verletzen. Schon der Verdacht eines versuchten Diebstahls ist deshalb geeignet, das für die Fortsetzung des Arbeitsverhältnisses erforderliche Vertrauen zu zerstören.[8] Der Geschäftsführer der B hat der K das Geschehen vorgehalten, sodass K die Gelegenheit zur Stellungnahme hatte; weitere Möglichkeiten der Aufklärung des Sachverhalts bestehen nicht. Eine außerordentliche Kündigung in Gestalt einer Verdachtskündigung (§ 626 BGB) würde daher mit hoher Wahrscheinlichkeit der arbeitsgerichtlichen Überprüfung standhalten. Der Geschäftsführer durfte mit einer außerordentlichen Kündigung drohen. Ein Anfechtungsgrund nach § 123 I, 2. Fall BGB liegt nicht vor.

3. Zwischenergebnis

Da weitere Anfechtungsgründe nicht ersichtlich sind, scheidet die Anfechtung des **10** Aufhebungsvertrags schon mangels eines Anfechtungsgrundes aus. Der Aufhebungsvertrag ist nicht nach § 142 I BGB unwirksam.

II. Inhaltskontrolle nach § 307 I BGB

Der Aufhebungsvertrag könnte bei einer Inhaltskontrolle nach § 307 I BGB un- **11** wirksam sein, wenn er K entgegen den Geboten von Treu und Glauben unangemessen benachteiligen würde. Nach ihrem sachlichen Anwendungsbereich sind die §§ 305–309 BGB grundsätzlich auf Arbeitsverträge – und damit auch auf die Aufhebung von Arbeitsverträgen – anzuwenden (§ 310 IV 2 BGB). Eine Inhaltskontrolle des Aufhebungsvertrags nach § 307 I BGB setzt voraus, dass vorformulierte Vertragsbedingungen i.S.d. § 305 I 1 BGB vorliegen (dazu 1), kein „Aushandeln" i.S.d. § 305 I 3 BGB gegeben ist (dazu 2) und die fragliche Regelung i.S.d. § 307 III BGB Rechtsvorschriften modifiziert oder ergänzt (dazu 3).

1. Allgemeine Geschäftsbedingungen

Allgemeine Geschäftsbedingungen (AGB) liegen grundsätzlich nur vor, wenn die **12** fraglichen Bestimmungen für eine Vielzahl von Verträgen vorformuliert sind

---

[7] *BAG* 6. 11. 2003 – 2 AZR 631/02, AP Nr. 39 zu § 626 BGB Verdacht strafbarer Handlung = NZA 2004, 919 (920); *BAG* 13. 3. 2008 – 2 AZR 961/06, AP Nr. 43 zu § 626 BGB Verdacht strafbarer Handlung = NZA 2008, 809 (Rn. 14ff.).

[8] *BAG* 27. 11. 2003 – 2 AZR 135/03, BAGE 107, 22 (26f.); s. auch *BAG* 20. 3. 2014 – 2 AZR 1037/12, NZA 2014, 1015 (Rn. 14).

(§ 305 I 1 BGB). Ob B, deren Geschäftsführer den Aufhebungsvertrag vorgelegt hat, eine mehrfache Verwendung des Vertragstextes plant, ist dem Sachverhalt nicht zu entnehmen. Auch lässt sich nicht feststellen, ob der Geschäftsführer – was für § 305 I 1 BGB ausreichen würde[9] – ein Formular benutzt hat, das ein anderer (z. B. der Arbeitgeberverband) zur mehrfachen Verwendung vorgesehen hat.

a) Erweiterung nach § 310 III Nr. 2 BGB

13 Die Inhaltskontrolle nach § 307 I BGB wäre daher nur eröffnet, wenn K als Verbraucherin i. S. d. § 13 BGB anzusehen wäre: Dann fänden die §§ 307–309 BGB auch Anwendung, wenn der Aufhebungsvertrag zur einmaligen Verwendung bestimmt war und K auf den Inhalt keinen Einfluss nehmen konnte (§ 310 III Nr. 2 BGB).

b) Verbrauchereigenschaft

14 Es ist streitig, ob ein Arbeitnehmer als Verbraucher i. S. d. Legaldefinition des § 13 BGB angesehen werden kann. Danach ist ein Verbraucher jede natürliche Person, die ein Rechtsgeschäft zu einem Zweck abschließt, der weder ihrer gewerblichen noch ihrer selbständigen beruflichen Tätigkeit zugerechnet werden kann. Die **Rechtsprechung** und ein Teil der Literatur bejahen die Verbrauchereigenschaft des Arbeitnehmers, da er – wie der Wortlaut des § 13 BGB voraussetze – in seinen Arbeitsbeziehungen gegenüber seinem Vertragspartner, dem Arbeitgeber, weder gewerblich noch selbständig tätig sei.[10] Ein anderer **Teil der Literatur** hält den Wortlaut des § 13 BGB für missglückt: Der Arbeitnehmer sei weder Verbraucher noch Unternehmer, sondern gehöre in eine dritte Kategorie, die von §§ 13, 14 BGB nicht erfasst werde.[11] Dieser Meinungsstreit – und damit die Verbrauchereigenschaft der K als Arbeitnehmerin beim Abschluss eines Aufhebungsvertrags – kann dahingestellt bleiben, wenn die Inhaltskontrolle des Aufhebungsvertrags nach § 307 I BGB im vorliegenden Fall aus anderen Gründen scheitert.

2. Ausnahmevorschrift des § 305 I 3 BGB

15 Nach § 305 I 3 BGB liegen AGB nicht vor, soweit die Vertragsbedingungen zwischen den Vertragsparteien im Einzelnen ausgehandelt sind. Es fragt sich, ob ein „Aushandeln" des Aufhebungsvertrags gemäß § 305 I 3 BGB dem Vorliegen von AGB – und damit der Inhaltskontrolle nach § 307 I BGB – im vorliegenden Fall entgegensteht. Die Regelung des Vertrags vom 31. 3. erschöpft sich darin, dass das Arbeitsverhältnis zwischen B und K mit sofortiger Wirkung aufgelöst werden soll. Auch wenn zwischen K und dem Geschäftsführer der B keine weiteren Fragen behandelt wurden, hatte K die Alternative, die außerordentliche Kündigung hinzunehmen oder den Aufhebungsvertrag zu schließen. Nach der Rechtsprechung kann es für ein Aushandeln i. S. d. § 305 I 3 BGB genügen, wenn der Arbeitnehmer das Angebot auf Abschluss eines Aufhebungsvertrags akzeptiert hat, weil er „den Makel

---

9 Palandt/*Grünberg*, § 305 BGB Rn. 12; MünchKommBGB/*Basedow*, § 305 Rn. 14.
10 *BAG* 25. 5. 2005 – 5 AZR 572/04, BAGE 115, 19 (28) = AP Nr. 1 zu § 310 BGB = NZA 2005, 1111; *BAG* 18. 3. 2008 – 9 AZR 186/07, BAGE 126, 187 = AP Nr. 12 zu § 310 BGB = NZA 2008, 1004 (Rn. 17, 18); ebenso z. B. *Däubler*, NZA 2001, 1329 (1333); *Thüsing*, BB 2002, 2666 (2668).
11 *Henssler*, RdA 2002, 129 (134); *Hönn*, ZfA 2003, 325 (346).

einer außerordentlichen Kündigung auf sich nehmen wollte."[12] Auch das kann jedoch im vorliegenden Fall letztlich offen bleiben.

3. Kontrollfreiheit nach § 307 III 1 BGB

Selbst wenn ein Aushandeln i.S.d. § 305 I 3 BGB verneint wird, scheitert die In- **16** haltskontrolle nach § 307 I BGB jedenfalls daran, dass es sich bei der Vertragsaufhebung um einen **Hauptbestandteil der Einigung** handelt, der nach § 307 III BGB der Inhaltskontrolle entzogen ist: Nach dieser Vorschrift sind nur solche Abreden kontrollfähig, die Rechtsvorschriften modifizieren oder ergänzen. Abreden über den unmittelbaren Gegenstand der Hauptleistung unterliegen aus Gründen der Vertragsfreiheit keiner Inhaltskontrolle.[13] Der richterlichen Inhaltskontrolle sind nur Nebenbestimmungen des Aufhebungsvertrags zugänglich, nicht aber die Aufhebung des Arbeitsvertrags als solche, gleichgültig, ob der Arbeitsvertrag gegen eine Abfindung aufgehoben wird oder nicht.[14] Der Aufhebungsvertrag ist daher nicht nach § 307 I BGB unwirksam.

III. Widerrufsrecht nach §§ 312 ff., 355 BGB

Da in der Aufhebungsvereinbarung kein **vertragliches Widerrufsrecht** vorgesehen **17** ist, hat K mit dem Schreiben vom 19. 4. den Aufhebungsvertrag nur wirksam widerrufen, wenn die Voraussetzungen eines **gesetzlichen Widerrufsrechts** erfüllt sind. Ein solches Recht könnte sich allenfalls aus § 355 i.V.m. §§ 312 ff. BGB ergeben.

1. Verbrauchereigenschaft der K

Nach § 355 I 1 BGB ist ein **Verbraucher** an seine auf Vertragsschluss gerichtete **18** Willenserklärung nicht mehr gebunden, wenn ihm das Gesetz unter Berufung auf § 355 BGB ein Widerrufsrecht einräumt und er seine Willenserklärung fristgerecht widerrufen hat. K hat als Partei eines Arbeitsvertrags einen Aufhebungsvertrag geschlossen. Ob jemand, der als Arbeitnehmer einen Aufhebungsvertrag schließt, die **Verbraucherdefinition** erfüllt, ist umstritten (Rn. 14). Der Streit kann auch an dieser Stelle unentschieden bleiben, wenn es an anderen Voraussetzungen des Widerrufsrechts fehlt.

2. Vertrag über eine entgeltliche Leistung

Ein Widerrufsrecht könnte sich aus **§ 312g I BGB** ergeben, der auf § 355 BGB **19** verweist. Die Anwendung dieser Vorschrift setzt nach **§ 312 I BGB** voraus, dass der Aufhebungsvertrag als Vertrag über eine entgeltliche Leistung qualifiziert werden kann. Ein **Teil der Literatur** argumentiert: Der Arbeitsvertrag sei ein Vertrag über eine entgeltliche Leistung (§ 611 I BGB); daher müsse auch die Aufhebung des Arbeitsvertrags als „actus contrarius" unter § 312 I 1 BGB subsumiert werden.[15]

---

[12] *BAG* 27. 11. 2003 – 2 AZR 135/03, BAGE 109, 22 (38).

[13] *BAG* 13. 12. 2011 – 3 AZR 791/09, AP Nr. 45 zu § 611 BGB Ausbildungsbeihilfe = NZA 2012, 738 (Rn. 14); *BAG* 17. 10. 2012 – 5 AZR 792/11, BAGE 143, 212 = AP Nr. 68 zu § 138 BGB = NZA 2013, 266 (Rn. 15); *Junker*, FS Buchner (2009), 369 (374); *ders.*, BB 2007, 1274 (1275).

[14] *BAG* 27. 11. 2003 – 2 AZR 135/03, BAGE 109, 22 (38 f.); *BAG* 8. 5. 2008 – 6 AZR 517/07, AP Nr. 40 zu § 620 BGB Aufhebungsvertrag = NZA 2008, 1148 (Rn. 22).

[15] *Hümmerich/Holthausen*, NZA 2002, 173 (178); *Schleusener*, NZA 2002, 949 (951).

Die **Gegenmeinung** lehnt diese Konstruktion ab: Durch den Aufhebungsvertrag als solchen – gleichgültig, ob er mit oder ohne Abfindung geschlossen werde – werde keine entgeltliche Leistung versprochen, sondern über ein Vertragsverhältnis verfügt. Ein solches Verfügungsgeschäft sei nicht von § 312 BGB erfasst.[16] Auch dieser Meinungsstreit kann ohne Entscheidung bleiben, wenn eine weitere Voraussetzung des Widerrufsrechts fehlt.

3. Erfasste Vertragsabschlussmodalitäten

20 § 312 I 1 Nr. 1 BGB in der bis zum 12. 6. 2014 geltenden Fassung („a.F.") gewährte dem Verbraucher ein Widerrufsrecht bei einem Vertrag, zu dessen Abschluss der Verbraucher „durch mündliche Verhandlungen an seinem Arbeitsplatz ... bestimmt worden" war. Bereits unter der Geltung dieser Vorschrift gab die Rechtsprechung dem Arbeitnehmer kein Widerrufsrecht, da der **Arbeitsplatz** gerade der Ort sei, an dem die arbeitsvertraglichen Bindungen zustandekommen und wieder gelöst werden (teleologische Reduktion des § 312 I 1 Nr. 1 BGB a.F.).[17]

21 § 312g I BGB in der ab 13. 6. 2014 geltenden Fassung („n.F.") gibt dem Verbraucher ein Widerrufsrecht „bei außerhalb von Geschäftsräumen geschlossenen Verträgen". Das sind Verträge, die bei gleichzeitiger körperlicher Anwesenheit der Parteien an einem Ort geschlossen werden, der **kein Geschäftsraum** des Unternehmers ist (§ 312b I 1 Nr. 1 BGB n.F.). Im vorliegenden Fall wurde der Aufhebungsvertrag jedoch gerade in den Geschäftsräumen des Arbeitgebers geschlossen. Die Voraussetzungen eines Widerrufsrechts nach §§ 312 ff., 355 BGB liegen nicht vor.

22 In der instanzgerichtlichen Rechtsprechung wurde vereinzelt erwogen, ein Widerrufsrecht aus **§ 242 BGB (Rechtsmissbrauch)** herzuleiten: Ein Arbeitgeber, der einen Arbeitnehmer unvorbereitet mit einem Aufhebungsangebot konfrontiere und eine sofortige Entscheidung verlange, handle rechtsmissbräuchlich mit der Folge, dass sich der Arbeitnehmer nach § 242 BGB durch Widerruf von dem Vertrag lösen könne.[18] Das BAG hat diese Rechtsansicht verworfen: Die Einführung eines gesetzlich nicht vorgesehenen Widerrufsrechts sei ein Eingriff in die Privatautonomie, der nicht im Wege richterlicher Rechtsfortbildung geschehen könne.[19]

IV. Ergebnis

23 Der zwischen B und K geschlossene Aufhebungsvertrag ist wirksam; er hat das Arbeitsverhältnis zum 31. 3. beendet.

---

[16] *Gotthardt*, ZIP 2002, 277 (279); *Rieble/Klumpp*, ZIP 2002, 2153 (2159), offen gelassen von *BAG* 27. 11. 2003 – 2 AZR 135/03, BAGE 109, 22 (30 f.).

[17] *BAG* 27. 11. 2003 – 2 AZR 135/03, BAGE 109, 22 (36).

[18] *LAG Hamburg* 3. 7. 1991 – 5 Sa 20/91, LAGE § 611 BGB Aufhebungsvertrag Nr. 6.

[19] *BAG* 30. 9. 1993 – 2 AZR 268/93, BAGE 74, 281 (288–290) = AP Nr. 37 zu § 123 BGB m. Anm. *Boemke* = NZA 1994, 209.

Fall 10. Soziale Angelegenheiten

Nach *BAG* 27. 1. 2004 – 1 ABR 7/03, BAGE 109, 235 = AP Nr. 40 zu § 87 BetrVG 1972 Überwachung = NZA 2004, 556 (Fingerprint-Scanning)

Betriebsverfassungsrecht: Zulässigkeitsprüfung im Beschlussverfahren – Mitbestimmung nach § 87 I Nrn. 1, 6 BetrVG – Unterlassungsanspruch des Betriebsrats – Abmahnung

Zur Vertiefung: *Junker,* Grundkurs, § 10 VI (Rn. 736–756)

Sachverhalt

Die Bauer + Koenig GmbH (B) mit Sitz in Frankfurt am Main produziert und wartet Geldbearbeitungsmaschinen, die bei großen Geschäftsbanken im Einsatz sind und Münzgeld sowie Banknoten in großen Mengen sortieren, zählen und auf ihre Echtheit prüfen. Mit der Diskonto Bank AG (D), in deren Tresoräumen mehrere Geldbearbeitungsmaschinen aufgestellt sind, hat B einen Wartungsvertrag über einen 24-Stunden-Störfallservice abgeschlossen. Weil der D eine Ausweiskontrolle nicht mehr sicher genug erschien, richtete sie am 15. 12. unter Beteiligung des bei ihr gebildeten Betriebsrats vor den Tresoräumen eine Personalschleuse ein, die mit einem biometrischen Kontrollsystem ausgestattet ist. Zu ihrer Identifizierung müssen die zugangsberechtigten Personen, darunter auch die Wartungstechniker der B, beim ersten Zugang nach dem 15. 12. durch Blick in ein optisches Messsystem eine Netzhautidentifikation vornehmen lassen. Bei späteren Zugangsversuchen zu den Tresoräumen vergleicht die Messoptik die gemessenen mit den eingespeicherten Netzhautmerkmalen des Auges. Sind die Netzhautdaten identisch, öffnet sich die Zugangsschleuse. Das Verlassen der Tresoräume erfolgt in entsprechender Weise.

Am 16. 12. schloss B mit D eine „Zusatzvereinbarung für Zugangsprozeduren", nach der das Zugangskontrollsystem auch auf die Wartungstechniker der B angewendet wird. Zuvor hatte D der B erklärt, es liege in der Natur der Sache, dass ein automatisches biometrisches Kontrollsystem bei sämtlichen Zugangsberechtigten angewendet werden müsse. Wenn die B mit der Anwendung auf ihre Mitarbeiter nicht einverstanden sei, könne der Wartungsvertrag, der zum 31. 12. auslaufe, nicht verlängert werden.

Der im Betrieb der B errichtete Betriebsrat ist der Meinung, das Verfahren der Zugangskontrolle unterliege – soweit die Wartungstechniker der B betroffen seien – seiner Mitbestimmung. Er hat in einem Schriftsatz an das ArbG Frankfurt am Main beantragt, der B zu untersagen, Arbeitnehmer zur Wartung von Geldbearbeitungsmaschinen im Betrieb der D einzusetzen, soweit eine Zugangskontrolle über Netzhautidentifikation erfolgt und solange der Betriebsrat seine Zustimmung nicht erteilt oder ein Spruch der Einigungsstelle die Zustimmung ersetzt hat. Die B hat durch ihren Anwalt erklären lassen, sie bezweifle, dass ein Mitbestimmungsrecht bestehe. Wie wird das Arbeitsgericht entscheiden?

Zusatzfrage: Am 4. 1. des Folgejahres wurde der Wartungstechniker W der B in den Betrieb der D gerufen, um eine Funktionsstörung einer Geldbearbeitungsmaschine zu beseitigen. Obwohl W von seinem Vorgesetzten auf die biometrische Zugangskontrolle hingewiesen worden war, weigerte er sich unter Berufung auf die fehlende Zustimmung seines Betriebsrats, die Netzhautdaten einlesen zu lassen. Er musste daher unverrichteter Dinge zum Betrieb der B zurückkehren. Die Geschäftsführer der B fragen, ob sie W wegen seines Verhaltens abmahnen dürfen und ob vor der Abmahnung der Betriebsrat zu beteiligen ist.

Vorüberlegungen

1 Im **Ausgangsfall** ist nach der Entscheidung des Gerichts gefragt. Zu untersuchen sind daher die Zulässigkeit und die Begründetheit des Antrags. Bei der Prüfung der **Zulässigkeit** muss der Bearbeiter erkennen, dass nicht das arbeitsgerichtliche **Urteilsverfahren** (§§ 2 V, 46–79 ArbGG) einschlägig ist, sondern das arbeitsgerichtliche **Beschlussverfahren** (§§ 2a II, 80–98 ArbGG).[1] Das Beschlussverfahren findet in den Angelegenheiten der § 2a I ArbGG, §§ 122, 126 InsO statt; es ist eine besondere Verfahrensart für bestimmte Streitigkeiten auf dem Gebiet des kollektiven Arbeitsrechts.[2]

2 Das Beschlussverfahren weist eine Reihe terminologischer und sachlicher Besonderheiten im Vergleich zum Urteilsverfahren auf: Das Verfahren wird nicht durch Klage, sondern auf **Antrag** eingeleitet (Einzelheiten in § 81 ArbGG). Während § 46 II 1 ArbGG für die **örtliche Zuständigkeit** im Urteilsverfahren auf die Vorschriften der Zivilprozessordnung verweist, ist die örtliche Zuständigkeit im Beschlussverfahren in § 82 ArbGG abschließend geregelt. Am Ende des Beschlussverfahrens steht – wie schon der Name sagt – nicht ein Urteil, sondern ein **Beschluss** (§ 84 ArbGG).

3 Im Beschlussverfahren ist nicht von „Parteien", sondern von „Beteiligten" die Rede (§ 83 ArbGG). Für die **Beteiligtenfähigkeit** spielt **§ 10 ArbGG** eine bedeutende Rolle, der – über die Vorschriften der Zivilprozessordnung zur Parteifähigkeit hinausgehend (§ 50 ZPO i.V.m. §§ 46 II 1, 80 II 1 ArbGG) – bestimmten Akteuren in kollektivrechtlichen Streitigkeiten, z.B. dem Betriebsrat, die Beteiligtenfähigkeit zuerkennt.[3] Am Beschlussverfahren beteiligt ist der **Antragsteller.** Es gibt keinen „Antragsgegner".[4] Vielmehr hat das Arbeitsgericht die **übrigen Beteiligten** von Amts wegen festzustellen und am Verfahren zu beteiligen (Einzelheiten in § 83 ArbGG).

4 Der einzelne **Arbeitnehmer** wird am Beschlussverfahren nur beteiligt, wenn er unmittelbar in seiner betriebsverfassungsrechtlichen Stellung betroffen ist (z.B. weil

---

1 Einführend: *Junker,* Grundkurs, Rn. 884–890. Umfassend: *Weth,* Das arbeitsgerichtliche Beschlussverfahren (1995).

2 Schwab/Weth/*Weth,* ArbGG § 80 Rn. 4; *Zöllner/Loritz/Hergenröder,* § 56 II.

3 § 10 ArbGG spricht zwar von „Parteifähigkeit", gilt aber, wie sich schon aus der Verweisung auf § 2a ArbGG ergibt, auch und gerade für die Beteiligtenfähigkeit im Beschlussverfahren: Schwab/Weth/*Weth,* ArbGG § 10 Rn. 16.

4 *BAG* 20. 4. 1999 – 1 ABR 13/98, AP Nr. 43 zu § 81 ArbGG 1979 = NZA 1999, 1235; *BAG* 2. 6. 2008 – 3 AZB 24/08, AP Nr. 11 zu § 85 ArbGG 1979 = EzA Nr. 2 zu § 23 BetrVG 2001; a.A. Schwab/Weth/*Weth,* ArbGG, § 83 Rn. 45.

um sein Wahlrecht gestritten wird). Er ist nicht beteiligt, wenn er nur mittelbar betroffen ist (z.B. weil es um die Zustimmung des Betriebsrats zu einer Versetzung geht[5]). Von der Beteiligtenfähigkeit zu trennen ist die **Antragsbefugnis** des Antragstellers.[6] Sie liegt vor, wenn der Antragsteller eigene Rechte geltend macht[7] oder vom Gesetz – wie z.B. in § 19 II BetrVG die im Betrieb vertretene Gewerkschaft – ausdrücklich als antragsbefugt bezeichnet wird. Über die Zulässigkeitsvoraussetzungen im Beschlussverfahren unterrichtet im Überblick die folgende Zusammenstellung:

Übersicht 10. Zulässigkeitsprüfung im Beschlussverfahren

1. Sachliche Zuständigkeit (§§ 2a, 3 ArbGG) 5
2. Örtliche Zuständigkeit (§ 82 ArbGG)
3. Beteiligtenfähigkeit (§ 50 ZPO, § 10 ArbGG), Antragsbefugnis
4. Prozessfähigkeit (§§ 51 I, 52 ZPO)
5. Postulationsfähigkeit (§ 11 ArbGG)
6. Antrag (§ 81 I ArbGG), Bestimmtheit

Wenn der Verfasser die **Begründetheit** prüft, muss er zunächst eine **Anspruchs-** 6 **grundlage** finden, denn der Betriebsrat macht der Sache nach einen Unterlassungsanspruch geltend. Eine gesetzlich **normierte Anspruchsgrundlage** ist § 23 III 1 BetrVG, der allerdings einen groben Verstoß der Arbeitgeberin (B) gegen ihre betriebsverfassungsrechtlichen Pflichten verlangt. Verneint der Bearbeiter den groben Verstoß, muss er wissen, dass der 1. Senat des BAG bei Nichtbeachtung gewichtiger Mitbestimmungsrechte aus § 87 I BetrVG einen **ungeschriebenen Unterlassungsanspruch** aus § 87 I BetrVG herleitet.[8]

Während der Ausgangsfall ausschließlich mit Betriebsverfassungsrecht zu tun hat, 7 geht es bei der Antwort auf die **Zusatzfrage** in erster Linie um die individualarbeitsrechtliche Befugnis des Arbeitgebers, eine **Abmahnung** zu erklären.[9] Mit der Abmahnung beanstandet der Arbeitgeber die Verletzung einer Vertragspflicht, verbunden mit der Aufforderung zu vertragsgemäßem Verhalten und dem Hinweis, dass im Wiederholungsfall arbeitsrechtliche Konsequenzen drohen.[10]

---

5   *BAG* 27. 5. 1982 – 6 ABR 105/79, BAGE 39, 102 (105) = AP Nr. 3 zu § 80 ArbGG 1979 = NJW 1983, 192; a.A. Schwab/Weth/*Weth*, ArbGG, § 83 Rn. 66.

6   *BAG* 30. 9. 2008 – 1 ABR 54/07, BAGE 128, 92 = AP Nr. 71 zu § 80 BetrVG 1972 = NZA 2009, 502 (Rn. 20); Schwab/Weth/*Weth*, ArbGG § 81 Rn. 50.

7   *BAG* 18. 2. 2003 – 1 ABR 17/02, AP Nr. 11 zu § 77 BetrVG 1972 Betriebsvereinbarung = NZA 2004, 336 (340).

8   Grundlegend *BAG* 3. 5. 1994 – 1 ABR 24/93, BAGE 76, 364 (372 ff.) = AP Nr. 23 zu § 23 BetrVG 1972 = NZA 1995, 40 = *Junker*, Grundkurs, Rn. 709 ff. (Übungsfall 10.1).

9   Einführend: *Junker*, Grundkurs, Rn. 405, 406; *Hromadka/Maschmann* I, § 6 Rn. 157–165.

10 *BAG* 6. 3. 2003 – 2 AZR 128/02, AP Nr. 30 zu § 611 BGB Abmahnung = NZA 2003, 1388 (1389 f.); *BAG* 23. 6. 2009 – 2 AZR 283/08, AP Nr. 5 zu § 1 KSchG 1969 Abmahnung = DB 2009, 2052 (Rn. 21 f.); AR/*Kaiser*, § 1 KSchG 1969 Rn. 33; P/W/W/*Lingemann*, § 620 BGB Rn. 69; *Löwisch/Caspers/Klumpp*, Rn. 705.

Lösung

A. Grundfall

8 Das ArbG Frankfurt am Main wird dem Antrag des Betriebsrats stattgeben, wenn der Antrag zulässig und begründet ist.

I. Zulässigkeit des Antrags

9 Der Antrag des Betriebsrats müsste zulässig sein. Der Betriebsrat macht ein Mitbestimmungsrecht geltend, das nur nach dem BetrVG bestehen kann. Daher ist der **Rechtsweg** zu den Arbeitsgerichten – und damit zugleich die **sachliche Zuständigkeit** des ArbG Frankfurt am Main – nach § 2 a I Nr. 1 ArbGG gegeben. Das Gericht entscheidet im **Beschlussverfahren** (§ 2 a II BetrVG). Die **örtliche Zuständigkeit** folgt aus § 82 I 1 ArbGG, da der Betrieb im Gerichtsbezirk liegt. **Antragsteller** ist der Betriebsrat; er ist nach § 10 ArbGG beteiligtenfähig. Die übrigen **Beteiligten** hat das Gericht von Amts wegen festzustellen. Beteiligt ist – neben dem Betriebsrat als Antragsteller – nur die Arbeitgeberin B (§ 83 III ArbGG). Die **Beteiligtenfähigkeit** der B ergibt sich aus § 80 II ArbGG, § 50 I ZPO i. V. m. § 13 I GmbHG; sie wird im Verfahren durch ihre Geschäftsführer vertreten (§ 35 I GmbHG).

10 Der vom Betriebsrat gestellte **Antrag** ist nach § 81 I ArbGG zulässig, wenn er hinreichend bestimmt ist. Will der Betriebsrat den Arbeitgeber daran hindern, einseitige Festlegungen zu treffen, muss die vom Arbeitgeber zu unterlassende Handlung so genau bezeichnet werden, dass kein Zweifel besteht, welche Maßnahme gemeint ist.[11] Auch wenn der Betriebsrat der B nicht das Wort „unterlassen" oder „Unterlassung" verwendet hat, wird aus der Antragsformulierung hinreichend deutlich, dass es um einen Unterlassungsantrag geht. Die Verhaltenspflichten der B sind soweit konkretisiert, dass die B ohne weiteres erkennen kann, welche Maßnahmen sie unterlassen soll. Der Antrag des Betriebsrats ist hinreichend bestimmt. Die Zulässigkeitsvoraussetzungen im Beschlussverfahren sind erfüllt.

II. Begründetheit des Antrags

11 Der Antrag des Betriebsrats ist begründet, wenn es eine Anspruchsgrundlage für den geltend gemachten Unterlassungsanspruch gibt und deren Voraussetzungen erfüllt sind.

1. Verletzung gesetzlicher Pflichten (§ 23 III 1 BetrVG)

12 Es könnte ein Anspruch aus § 23 III 1 BetrVG bestehen. Nach § 23 III 1 BetrVG kann der Betriebsrat bei groben Verstößen des Arbeitgebers gegen seine Verpflichtungen aus dem BetrVG vom Arbeitgeber Unterlassung verlangen. Ein **grober Verstoß i.S. dieser Vorschrift** liegt vor, wenn der Arbeitgeber seine betriebsverfassungsrechtlichen Pflichten objektiv eklatant verletzt hat; ein Verschulden des

---

[11] *BAG* 3. 5. 1994 – 1 ABR 24/93, BAGE 76, 364 (368) = AP Nr. 23 zu § 23 BetrVG 1972 = NJW 1995, 1044 = NZA 1995, 40; *BAG* 3. 5. 2006 – 1 ABR 63/04, AP Nr. 61 zu § 81 ArbGG 1979 = NZA 2007, 285 (Rn. 16).

Arbeitgebers ist nicht erforderlich.[12] Die Geschäftsführung der B hat mit der Kundin D eine Vereinbarung über eine biometrische Zugangskontrolle geschlossen, die sich auf die Arbeitnehmer der B erstreckt. Ob eine solche Vereinbarung dem Mitbestimmungsrecht des Betriebsrats unterliegt, ist nicht offensichtlich, sondern von komplexen rechtlichen Überlegungen abhängig. Selbst wenn ein erzwingbares Mitbestimmungsrecht des Betriebsrats bestehen sollte, liegt in dem bisherigen Verhalten des Arbeitgebers allenfalls ein „einfacher", nicht aber ein „grober" Verstoß gegen betriebsverfassungsrechtliche Pflichten. Es besteht folglich kein Unterlassungsanspruch des Betriebsrats aus § 23 III 1 BetrVG.

2. Allgemeine Grundsätze (§§ 75 II 1, 80 I Nr. 1 BetrVG)

Ein Unterlassungsanspruch könnte sich aus **§ 75 II 1 BetrVG** ergeben, wonach die **13** Betriebsparteien die freie Entfaltung der Persönlichkeit der im Betrieb beschäftigten Arbeitnehmer zu schützen und zu fördern haben. Diese Vorschrift gibt den Betriebsparteien einen allgemeinen Schutzauftrag und eine Förderungspflicht. Sie begründet jedoch keinen unmittelbaren Anspruch des Betriebsrats gegen den Arbeitgeber, das Persönlichkeitsrecht verletzende Maßnahmen gegenüber einem Arbeitnehmer oder einer Gruppe von Arbeitnehmern zu unterlassen.[13] Auch aus dem allgemeinen Überwachungsrecht des Betriebsrats nach **§ 80 I Nr. 1 BetrVG** ergibt sich kein gerichtlich durchsetzbarer Anspruch des Betriebsrats gegen den Arbeitgeber auf Unterlassung eines rechtswidrigen Verhaltens. Das Überwachungsrecht ist darauf beschränkt, eine Nichtbeachtung oder fehlerhafte Durchführung von Rechtsnormen beim Arbeitgeber zu beanstanden und Abhilfe zu verlangen.[14]

3. Immanenter Unterlassungsanspruch aus § 87 I BetrVG

Es könnte jedoch ein Unterlassungsanspruch als ungeschriebener **Nebenleistungsan-** **14** **spruch** unmittelbar aus § 87 I BetrVG abzuleiten sein. Nach der Rechtsprechung enthält § 23 III BetrVG **keine abschließende Regelung** eines Unterlassungsanspruchs des Betriebsrats gegen den Arbeitgeber. Vielmehr kann einem Mitbestimmungstatbestand ein Unterlassungsanspruch immanent sein, wenn der Tatbestand hinreichend gewichtig ist: Die Rechtsbeziehung zwischen dem Arbeitgeber und dem Betriebsrat sei – so die Rechtsprechung – einem gesetzlichen Dauerschuldverhältnis ähnlich; sie sei geprägt durch § 2 BetrVG, der eine dem Grundsatz von Treu und Glauben (§ 242 BGB) vergleichbare Konkretisierung des Gebots partnerschaftlicher Zusammenarbeit enthalte. Ein Verstoß gegen einen Mitbestimmungstatbestand des § 87 I BetrVG sei derart gewichtig, dass der Betriebsrat einen Unterlassungsanspruch haben müsse.[15] Der auf § 87 I BetrVG gestützte Unterlassungsanspruch des Betriebsrats setzt voraus, dass hinsichtlich der biometrischen Zugangskontrolle ein Mitbestimmungsrecht des Betriebsrats aus § 87 I BetrVG besteht.

---

12 *BAG* 18. 4. 1985 – 6 ABR 19/84, BAGE 48, 246 = AP Nr. 5 zu § 23 BetrVG 1972 = NZA 1995, 783; GK-BetrVG/*Oetker*, § 23 Rn. 220, 229; Richardi/*Thüsing*, BetrVG, § 23 Rn. 94.

13 *BAG* 28. 5. 2002 – 1 ABR 32/01, BAGE 101, 216 (224 ff.) = AP Nr. 39 zu § 87 BetrVG 1972 Ordnung des Betriebes = NZA 2003, 166; *BAG* 27. 1. 2004 – 1 ABR 7/03, BAGE 109, 235 (243).

14 *BAG* 28. 5. 2002 – 1 ABR 40/01, AP Nr. 96 zu § 87 BetrVG 1972 Arbeitszeit = NZA 2003, 1352 (1355); *BAG* 27. 1. 2004 – 1 ABR 7/03, BAGE 109, 235 (243).

15 *BAG* 3. 5. 1994 – 1 ABR 24/93, BAGE 76, 364 (372 ff.) = AP Nr. 23 zu § 23 BetrVG 1972 = NZA 1995, 40 = *Junker*, Grundkurs, Rn. 709 ff. (Übungsfall 10.1); *BAG* 23. 7. 1996 – 1 ABR 13/96, AP Nr. 68 zu § 87 BetrVG 1972 Arbeitszeit = NZA 1997, 274 (275).

a) Mitbestimmungsrecht nach § 87 I Nr. 1 BetrVG

15 Dem Betriebsrat könnte ein Mitbestimmungsrecht nach § 87 I Nr. 1 BetrVG zustehen. Dann müsste die Teilnahme an einer Zugangskontrolle ein mitbestimmungspflichtiges „Verhalten der Arbeitnehmer" sein (dazu aa). Ferner müsste das Tatbestandsmerkmal „im Betrieb" auch erfüllt sein, wenn es sich nicht um Zugangskontrollen im Betrieb des Arbeitgebers handelt, sondern um Kontrollen im Betrieb eines Kunden (dazu bb). Schließlich ist zu fragen, ob sich ungeschriebene Grenzen des Mitbestimmungsrechts daraus ergeben, dass der Kunde D kategorisch die Einhaltung der Zugangskontrollen verlangt und auch hinsichtlich der Modalitäten kein Verhandlungsspielraum der B besteht (dazu cc).

aa) Ordnungsverhalten der Arbeitnehmer

16 Die Teilnahme an biometrischen Zugangskontrollen müsste unter § 87 I Nr. 1 BetrVG zu subsumieren sein. Die beiden Tatbestände „Ordnung des Betriebs" und „Verhalten der Arbeitnehmer im Betrieb" lassen sich nicht streng trennen, denn auch eine Betriebsordnung zielt auf ein bestimmtes Verhalten der Arbeitnehmer ab.[16] Die Rechtsprechung unterscheidet vielmehr das mitbestimmungsfreie Leistungsverhalten (Arbeitsverhalten) und das mitbestimmungspflichtige Ordnungsverhalten der Arbeitnehmer: **Mitbestimmungsfrei** sind alle Maßnahmen, die nach ihrem objektiven Regelungszweck die Erbringung der Arbeitsleistung der Arbeitnehmer konkretisieren und kontrollieren sollen („Arbeitsverhalten"). **Mitbestimmungspflichtig** sind Maßnahmen, die – über die Konkretisierung der Arbeitspflicht hinausgehend – das Zusammenleben und Zusammenwirken der Arbeitnehmer im Betrieb gestalten („Ordnungsverhalten").[17]

17 Vorschriften über das Betreten und Verlassen der Arbeitsstätte betreffen **regelmäßig** das mitbestimmungspflichtige Ordnungsverhalten, weil sie sich nicht unmittelbar auf Leistung und Gegenleistung im Arbeitsverhältnis auswirken.[18] Eine **Ausnahme** von dieser Regel könnte sich im vorliegenden Fall daraus ergeben, dass bei der Arbeit in Tresorräumen Zugangskontrollen einen besonders engen Bezug zur Erfüllung der Arbeitspflicht haben. Denn bei Tresoren (thesaurós [griech.] = Schatzkammer) wird der Zugang definitionsgemäß restriktiv gehandhabt. Auch bei Tresorräumen bestehen jedoch, wie gerade der vorliegende Fall zeigt, unterschiedliche Möglichkeiten der Zugangskontrolle, die das Persönlichkeitsrecht der Kontrollierten unterschiedlich berühren: Eine bloße Ausweiskontrolle wird als weniger belastend empfunden als z. B. eine Kontrolle des Augenhintergrundes oder die Abnahme von Fingerabdrücken.

18 Auch bei der Kontrolle des Zutritts zu Tresorräumen ist daher nicht nur der **Wortlaut,** sondern auch der **Sinn und Zweck** des § 87 I Nr. 1 BetrVG erfüllt, die Kontrollierten über ihren Betriebsrat an der Ausgestaltung der Kontrolle zu beteiligen. Eine Teilnahme an einer biometrischen Zugangskontrolle betrifft das Ordnungsverhalten i. S. d. § 87 I Nr. 1 BetrVG.

---

[16] GK-BetrVG/*Wiese,* § 87 Rn. 171, 172; Richardi/*Richardi,* BetrVG, § 87 Rn. 176, 177.

[17] *BAG* 28. 5. 2002 – 1 ABR 32/01, BAGE 101, 216 (223) = AP Nr. 39 zu § 87 BetrVG 1972 Ordnung des Betriebes = NZA 2003, 166; *BAG* 27. 1. 2004 – 1 ABR 7/03, BAGE 109, 235 (238).

[18] *BAG* 16. 12. 1986 – 1 ABR 35/85, BAGE 54, 36 (44 f.) = AP Nr. 13 zu § 87 BetrVG 1972 Ordnung des Betriebes = NZA 1987, 355; *BAG* 27. 1. 2004 – 1 ABR 7/03, BAGE 109, 235 (238); GK-BetrVG/*Wiese,* § 87 Rn. 174; *Löwisch/Kaiser,* BetrVG § 87 Rn. 44.

bb) Tatbestandsmerkmal „im Betrieb"

§ 87 I Nr. 1 BetrVG spricht von der Ordnung „des Betriebs" und vom Verhalten **19** „im Betrieb". Es fragt sich, ob damit nur der **Betrieb des Arbeitgebers** gemeint ist, sodass Zugangskontrollen im **Betrieb eines Kunden** von vornherein dem Mitbestimmungsrecht des Betriebsrats entzogen sind. Ein **Betrieb i. S. d. § 1 I 1 BetrVG** ist die organisatorische Einheit, innerhalb derer der Unternehmer mit Hilfe sächlicher oder immaterieller Mittel einen arbeitstechnischen Zweck fortgesetzt verfolgt.[19] Das Mitbestimmungsrecht des § 87 I Nr. 1 BetrVG betrifft jedoch nach seinem Sinn und Zweck nicht die Organisation der dem Arbeitgeber zur Verfügung stehenden Sachmittel, sondern das Zusammenwirken und Zusammenleben der Arbeitnehmer. Der **Betrieb i. S. d. § 87 I Nr. 1 BetrVG** wird daher nicht räumlich, sondern funktional verstanden: Es macht für den Schutzzweck der Vorschrift keinen Unterschied, ob z. B. ein Verkäufer im Kaufhaus oder ein Busfahrer „auf der Strecke" ein Namensschild tragen soll; in beiden Fällen ist die Einführung von Namensschildern nach § 87 I Nr. 1 BetrVG mitbestimmungspflichtig.[20]

Das Mitbestimmungsrecht besteht also auch dann, wenn es um das Ordnungsver- **20** halten der Arbeitnehmer außerhalb der Betriebsstätte des Arbeitgebers geht, und zwar nicht nur, wenn der Arbeitnehmer räumlich **außerhalb irgendeines Betriebs** tätig ist (der Busfahrer „auf der Strecke"), sondern auch, wenn das Ordnungsverhalten **in einem fremden Betrieb** in Rede steht.[21] Die Arbeitnehmer der B unterliegen auch bei der Arbeit im Betrieb der D weiterhin den Weisungen der B, sodass grundsätzlich auch das Mitbestimmungsrecht des Betriebsrats gegeben sein muss, das diese Weisungen einschränkt.[22]

Unerheblich ist ferner, ob der Arbeitgeber eine inhaltlich eigenständige Weisung **21** erteilt oder seine Arbeitnehmer anweist, eine Regelung zu beachten, die im fremden Betrieb gilt.[23] Es spielt also für das Mitbestimmungsrecht des Betriebsrats aus § 87 I Nr. 1 BetrVG grundsätzlich keine Rolle, dass es nicht um Zugangskontrollen im Betrieb der B, sondern im Betrieb eines Kunden geht.

cc) Einschränkung des Mitbestimmungsrechts

Das Mitbestimmungsrecht des Betriebsrats nach § 87 I Nr. 1 BetrVG könnte da- **22** durch eingeschränkt sein, dass die Kundin D den Arbeitgeber B vor die Wahl gestellt hat, entweder die Zugangskontrollen im Betrieb der D zu beachten oder die Beendigung des Wartungsvertrags zu gewärtigen. Der Sachverhalt ergibt keinen Anhaltspunkt dafür, dass insoweit irgendein Verhandlungsspielraum der B bestanden hätte. Angesichts der in Banktresoren lagernden Werte erscheint es auch nicht willkürlich, wenn eine Bank von den Zugangskontrollen für Kundendienstmonteure von Fremdfirmen keine Ausnahmen zulässt. B stand vor der Wahl, entweder die

---

[19] *BAG* 25. 9. 1986 – 1 ABR 68/84, BAGE 53, 119 (124) = AP Nr. 7 zu § 1 BetrVG 1972 = NZA 1987, 708; *BAG* 7. 5. 2008 – 7 ABR 15/07, AP Nr. 19 zu § 1 BetrVG 1972 = NZA 2009, 328 (Rn. 22); *Junker*, Grundkurs, Rn. 656.

[20] *BAG* 11. 6. 2002 – 1 ABR 46/01, BAGE 101, 285 = AP Nr. 38 zu § 87 BetrVG 1972 Ordnung des Betriebes = NZA 2002, 1299.

[21] *Wiese*, Anm. zu BAG 27. 1. 2004 – 1 ABR 7/03, AP Nr. 40 zu § 87 BetrVG 1972 Überwachung, Bl. 5 R (7 R).

[22] *BAG* 27. 1. 2004 – 1 ABR 7/03, BAGE 109, 235 (239).

[23] *Wiese*, NZA 2003, 1113 (1115).

Zugangskontrollen zu akzeptieren oder den Auftrag – und damit Beschäftigung – zu verlieren. Dieser Gesichtspunkt könnte zu einer Einschränkung des Mitbestimmungsrechts führen.

23 Das BAG lehnt eine solche Einschränkung ab mit der Begründung, ein Arbeitgeber habe als Vertragspartner des Kunden generell die Möglichkeit, darauf Einfluss zu nehmen, unter welchen Bedingungen „seine Arbeitnehmer" im Kundenbetrieb zu arbeiten haben. Ein im Kundenbetrieb errichteter Betriebsrat könne diese Interessen regelmäßig nicht wahrnehmen. Der Arbeitgeber müsse daher durch eine entsprechende Vertragsgestaltung sicherstellen, dass die Wahrnehmung der Mitbestimmungsrechte „seines" Betriebsrats gewährleistet sei.[24] Der geltend gemachte Unterlassungsanspruch wäre demnach begründet; der Betriebsrat der B muss lediglich nach § 2 BetrVG (Gebot der vertrauensvollen Zusammenarbeit) bei der Ausübung seines Mitbestimmungsrechts die mögliche Beeinträchtigung betrieblicher Belange bedenken, die auch im Verlust eines Auftrags liegen kann.

24 Diese Argumentation begegnet mehreren Einwänden: Erstens wird die unternehmerische Freiheit des Arbeitgebers empfindlich eingeschränkt, wenn der Betriebsrat über das Mitbestimmungsrecht nach § 87 I Nr. 1 BetrVG mittelbar darüber bestimmen kann, welche Aufträge der Arbeitgeber erfüllen kann und welche nicht. Dass der Betriebsrat bei der Wahrnehmung des Mitbestimmungsrechts die Gefährdung von Kundenbeziehungen bedenken soll,[25] nutzt in der Praxis wenig: Während der Dauer des Mitbestimmungsverfahrens darf der Arbeitgeber die Arbeitnehmer beim Kunden nicht einsetzen, so dass bereits durch das Mitbestimmungsverfahren nicht nur die Gefährdung, sondern sogar der Verlust der Kundenbeziehung droht. Zweitens ist es ein bloß formales Argument, dass der Betriebsrat des Kundenbetriebs nicht die Interessen des Fremdpersonals wahrnehmen könne, weil er dafür kein Mandat besitze: Wenn der Betriebsrat der Bank hinsichtlich des Bankpersonals keine Bedenken gegen die Zugangskontrollen hat, ist nicht zu erkennen, warum die Interessenlage bei Bankangestellten wesentlich anders sein soll als bei in der Bank eingesetzten Kundendienstmonteuren.

25 Insgesamt sprechen daher die gewichtigeren Argumente dafür, in der Konstellation des vorliegenden Falles eine immanente Einschränkung des Mitbestimmungsrechts aus § 87 I Nr. 1 BetrVG anzunehmen. Dieses Mitbestimmungsrecht ist daher nicht verletzt.

b) Mitbestimmungsrecht nach § 87 I Nr. 6 BetrVG

26 Der Betriebsrat könnte ein Mitbestimmungsrecht nach § 87 I Nr. 6 BetrVG haben. Dann müsste es sich bei der biometrischen Zugangskontrolle um eine technische Einrichtung handeln, die – so der Wortlaut des § 87 I Nr. 6 BetrVG – dazu „bestimmt" ist, das Verhalten oder die Leistung der Arbeitnehmer zu überwachen (dazu aa). Ferner müsste die Arbeitgeberin diese Einrichtung eingeführt haben oder anwenden (dazu bb). Schließlich fragt sich auch hier, ob das Mitbestimmungsrecht des Betriebsrats durch übergeordnete Erwägungen eingeschränkt ist (dazu cc).

---

[24] *BAG* 27. 1. 2004 – 1 ABR 7/03, BAGE 109, 235 (240); krit. AR/*Rieble,* § 87 BetrVG Rn. 40: „Das ist abseitig. Insofern könnte der Betriebsrat nach Nr. 1 mitbestimmen, ob Endkunden dem Arbeitnehmer vorgeben können, in der Wohnung die Schuhe auszuziehen."

[25] *BAG* 27. 1. 2004 – 1 ABR 7/03, BAGE 109, 235 (241).

aa) Einrichtung zur Überwachung

Das biometrische Zugangskontrollsystem zu den Tresorräumen der D ist eine technische Einrichtung. Eine **Überwachung** i. S. d. § 87 I Nr. 6 BetrVG ist ein Vorgang, durch den Informationen über das Verhalten oder die Leistung des Arbeitnehmers erhoben und aufgezeichnet werden, um sie späterer Wahrnehmung zugänglich zu machen.[26] Nach der Rechtsprechung sind technische Einrichtungen bereits dann zur Überwachung **bestimmt,** wenn sie **objektiv geeignet sind,** Verhaltens- oder Leistungsdaten über den Arbeitnehmer zu erheben und aufzuzeichnen; auf die subjektive Überwachungsabsicht des Arbeitgebers kommt es nicht an.[27] Die Netzhautidentifikation ist eine zur Überwachung des Zugangs – also eines Verhaltens – der Arbeitnehmer dienende Einrichtung; die Netzhautdaten werden beim ersten Zugang aufgezeichnet, um sie später immer wieder zu verwenden. Es handelt sich also um eine technische Einrichtung, die dazu bestimmt ist, das (Zugangs-)Verhalten der Arbeitnehmer zu überwachen. **27**

bb) Einführung oder Anwendung

Mitbestimmungspflichtig nach § 87 I Nr. 6 BetrVG sind sowohl die Einführung als auch die Anwendung der technischen Einrichtung. Diese Tatbestandsmerkmale werden weit ausgelegt: Die Mitbestimmung bei der **Einführung** umfasst das „Ob" der Anschaffung der technischen Einrichtung einschließlich aller Modalitäten des Einsatzes; die Vergabe der Überwachungstätigkeit an einen Dritten schließt das Mitbestimmungsrecht des Betriebsrats nicht aus.[28] Die **Anwendung** umfasst den Einsatz der Überwachungseinrichtung und die dadurch bewirkten Überwachungsmaßnahmen einschließlich der Festlegung der Arbeitnehmer, die überwacht werden sollen.[29] Der Arbeitgeber wendet ein technisches Überwachungssystem i. S. d. § 87 I Nr. 6 BetrVG demnach auch an, wenn er im Einvernehmen mit einem Dritten seine Arbeitnehmer anweist, sich der Überwachung durch dessen technische Einrichtung zu unterwerfen. **28**

Nach alledem ist die Überwachung im vorliegenden Fall weder deshalb mitbestimmungsfrei, weil sie in erster Linie im Interesse der D erfolgt, noch deshalb, weil B selbst keinen Zugriff auf die erfassten Daten nehmen kann.[30] B hat das Zugangskontrollsystem bei D zwar nicht i. S. d. § 87 I Nr. 6 BetrVG „eingeführt", weil sie keine Überwachungstätigkeit „an einen Dritten vergeben" hat, sondern D aus eigenem Antrieb tätig geworden ist. Es liegt aber eine Anwendung des Überwachungssystems i. S. d. § 87 I Nr. 6 BetrVG durch B vor, wenn sie ihre Arbeitnehmer anweist, an den Zugangskontrollen vor dem Tresorraum teilzunehmen. **29**

---

[26] *BAG* 6. 12. 1983 – 1 AZR 43/81, BAGE 44, 285 (310) = AP Nr. 7 zu § 87 BetrVG 1972 Überwachung = NJW 1984, 1476; *BAG* 29. 6. 2004 – 1 ABR 21/03, BAGE 111, 173 (176) = AP Nr. 41 zu § 87 BetrVG 1972 Überwachung = NZA 2005, 1278.

[27] *BAG* 27. 1. 2004 – 1 ABR 7/03, BAGE 109, 235 (242); *BAG* 22. 1. 2014 – 7 AS 6/13, AP Nr. 8 zu § 29 BetrVG 1972 = NZA 2014, 439 (Rn. 20 a. E.).

[28] *BAG* 18. 4. 2000 – 1 ABR 22/99, AP Nr. 33 zu § 87 BetrVG 1972 Überwachung = NZA 2000, 1176.

[29] AR/*Rieble,* § 87 BetrVG Rn. 40; GK-BetrVG/*Wiese,* § 87 Rn. 569; *Löwisch/Kaiser,* § 87 BetrVG Rn. 142.

[30] *BAG* 27. 1. 2004 – 1 ABR 7/03, BAGE 109, 235 (242).

cc) Einschränkung des Mitbestimmungsrechts

30 Wie bei § 87 I Nr. 1 BetrVG fragt sich auch bei § 87 I Nr. 6 BetrVG, ob das Mitbestimmungsrecht des Betriebsrats eine immanente Einschränkung erfährt, wenn der Arbeitgeber keinen Einfluss auf die Überwachung nehmen kann, weil der Kunde insoweit „nicht mit sich reden lässt" und dafür nachvollziehbare Gründe vorbringen kann. Das BAG hat auch im Hinblick auf § 87 I Nr. 6 BetrVG entschieden, der Arbeitgeber müsse durch entsprechende Vertragsgestaltung mit dem Dritten sicherstellen, dass der Betriebsrat sein Mitbestimmungsrecht ausüben kann.[31] Das Gericht gibt keinen Hinweis darauf, was geschehen soll, wenn der Dritte sich weigert, dem Arbeitgeber irgendeinen Einfluss auf das Zugangskontrollsystem einzuräumen und ultimativ die Beendigung der Vertragsbeziehung ankündigt. Lässt man in diesem Fall das Mitbestimmungsrecht bestehen, ist die unvermeidliche Folge, dass der Betriebsrat allein durch sein Verhalten im Mitbestimmungsverfahren darüber entscheiden kann, welche Aufträge der Arbeitgeber erfüllen kann und welche nicht.

31 Dieses Ergebnis ist jedenfalls dann nicht hinzunehmen, wenn im Betrieb des Kunden ein Betriebsrat besteht, der hinsichtlich der Arbeitnehmer des Kunden sein Mitbestimmungsrecht nach § 87 I Nr. 6 BetrVG ausgeübt hat. Angesichts der einschneidenden Folgen, die der Verlust eines Auftrages für die Beschäftigung nach sich zieht, ist es den Arbeitnehmern des Wartungsunternehmens zuzumuten, auf die Wahrung auch ihrer Rechte durch den Betriebsrat des Kundenunternehmens zu vertrauen. Ebenso wie das Mitbestimmungsrecht nach § 87 I Nr. 1 BetrVG ist auch dasjenige nach § 87 I Nr. 6 BetrVG in Fällen wie dem vorliegenden immanent eingeschränkt. Auch das Mitbestimmungsrecht aus § 87 I Nr. 6 BetrVG ist daher nicht verletzt.

III. Ergebnis (Grundfall)

32 Der Betriebsrat hat kein Mitbestimmungsrecht; es besteht folglich auch kein Unterlassungsanspruch nach § 87 I BetrVG. Der Antrag an das ArbG Frankfurt am Main ist zulässig, aber nicht begründet. Das Gericht wird den Antrag durch Beschluss abweisen.

B. Zusatzfrage

33 Die Geschäftsführer der B dürfen W wegen seines Verhaltens abmahnen, wenn es dafür eine Rechtsgrundlage gibt (dazu I), die Abmahnung rechtswirksam ist (dazu II) und Beteiligungsrechte des Betriebsrats der Abmahnung nicht entgegenstehen (dazu III).

I. Rechtsgrundlage der Abmahnung

34 Mit einer Abmahnung beanstandet der Arbeitgeber ein bestimmtes vertragswidriges Verhalten des Arbeitnehmers (**Hinweisfunktion**), fordert ihn zu einem künftigen

---

[31] *BAG* 27. 1. 2004 – 1 ABR 7/03, BAGE 109, 235 (243) unter Berufung auf *BAG* 18. 4. 2000 – 1 ABR 22/99, AP Nr. 33 zu § 87 BetrVG 1972 Überwachung = NZA 2000, 1176.

vertragsgemäßen Verhalten auf (**Ermahnungsfunktion**) und droht für den Wiederholungsfall arbeitsrechtliche Konsequenzen an (**Warnfunktion**).[32] Eine derartige Erklärung des Arbeitgebers muss der Arbeitnehmer nur hinnehmen, wenn es dafür eine Rechtsgrundlage gibt. Das Recht des Arbeitgebers, ein Fehlverhalten des Arbeitnehmers abzumahnen, folgt einerseits aus dem **Arbeitsvertrag:** Der Abmahnende übt ein vertragliches Rügerecht aus, das jedem Vertragspartner zusteht und es ihm erlaubt, den anderen Teil auf Vertragsverletzungen und sich daraus ergebende Konsequenzen hinzuweisen.[33] Andererseits normiert **§ 314 II 1 BGB** die Abmahnung als eine Voraussetzung der Kündigung von Dauerschuldverhältnissen, die das Verhältnismäßigkeitsprinzip (Ultima-ratio-Grundsatz) konkretisiert.[34] Die B ist daher befugt, eine Abmahnung auszusprechen, wenn deren Wirksamkeitsvoraussetzungen vorliegen.

II. Rechtswirksamkeit der Abmahnung

Die Abmahnung ist rechtswirksam, wenn ihre formellen Voraussetzungen erfüllt **35** sind und – als materielle Voraussetzung – ein vertragswidriges Verhalten des Arbeitnehmers vorliegt.

1. Formelle Voraussetzungen

Die formellen Voraussetzungen ergeben sich aus der Rechtsnatur der Abmahnung: **36** Sie ist zwar keine Willenserklärung, sondern eine sog. geschäftsähnliche Handlung. Aber auf sie werden die Vorschriften über Willenserklärungen entsprechend angewendet.[35]

a) Die Abmahnung muss durch eine **abmahnungsberechtigte Person** erklärt wer- **37** den. Abmahnungsberechtigt ist – unabhängig von der Entlassungsbefugnis – jeder Vorgesetzte, der Weisungen hinsichtlich Zeit, Ort sowie Art und Weise der arbeitsvertraglich geschuldeten Leistung erteilen darf.[36] Die Weisungs- und damit auch die Abmahnungsberechtigung der Geschäftsführer der B ergibt sich bereits aus ihrer Vertretungsmacht gemäß § 35 I GmbHG.

b) Ähnlich wie eine empfangsbedürftige Willenserklärung muss daher auch die **38** Abmahnung mit **hinreichender Bestimmtheit** erkennen lassen, was der Arbeitgeber von dem Adressaten – dem Arbeitnehmer – erreichen will: Sie muss das Arbeitnehmerverhalten konkret beschreiben („Sie haben sich am 4. 1. geweigert, an den Zugangskontrollen der Diskonto Bank AG mitzuwirken"), dieses Verhalten beanstanden („Damit haben Sie Ihre Vertragspflichten verletzt"), eindringlich zu vertragsgemäßem Verhalten auffordern („Wir erwarten, dass Sie künftig beim Zugang

---

[32] *BAG* 23. 6. 2009 – 2 AZR 283/08, AP Nr. 5 zu § 1 KSchG 1969 Abmahnung = DB 2009, 2052 (Rn. 21 f.); *Junker,* Grundkurs, Rn. 405; *Hromadka/Maschmann* I, § 6 Rn. 157, 157a; Münch-KommBGB/*Henssler,* § 626 Rn. 94.

[33] *BAG* 17. 1. 1991 – 2 AZR 375/90, BAGE 67, 75 (86) = AP Nr. 25 zu § 1 KSchG Verhaltensbedingte Kündigung = NZA 1991, 557.

[34] AR/*Löwisch,* § 314 BGB Rn. 2; MünchKommBGB/*Henssler,* § 626 Rn. 89, 90.

[35] *Hromadka/Maschmann* I, § 6 Rn. 158; *von Hoyningen-Huene/Linck,* § 1 KSchG Rn. 288; abweichend (Willenserklärung) KR/*Fischermeier,* § 626 BGB Rn. 269.

[36] Erman/*Belling,* § 626 BGB Rn. 47; KR/*Fischermeier,* § 626 BGB Rn. 277; MünchKommBGB/ *Henssler,* § 626 Rn. 93; P/W/W/*Lingemann,* § 626 BGB Rn. 70.

zu den Tresorräumen der Diskonto Bank AG die Netzhautidentifikation durchführen") und für den Wiederholungsfall arbeitsrechtliche Konsequenzen androhen[37] („Bei einem erneuten Verstoß behalten wir uns Sanktionen bis hin zur Kündigung vor").

39 c) Die Abmahnung bedarf **keiner bestimmten Form;** sie kann daher auch mündlich erklärt werden. Es ist der B aber schon im Interesse künftiger Beweisführung zu empfehlen, die Abmahnung in Schriftform zu erteilen. Die **Anhörung des Arbeitnehmers** vor der Abmahnung ist grundsätzlich nicht erforderlich[38] (Ausnahme: Verlangen nach § 82 BetrVG). Aus der entsprechenden Anwendung der Vorschriften über Willenserklärungen folgt schließlich, dass nach den Regeln des BGB der **Zugang der Abmahnung** bei W erfolgen muss.[39]

2. Vertragswidriges Verhalten

40 Die materielle Voraussetzung einer Abmahnung ist ein vertragswidriges Verhalten des Arbeitnehmers, gleichgültig ob es sich um die Verletzung der Arbeitspflicht oder die Missachtung einer Nebenpflicht handelt.[40] W hat am 4. 1. seine arbeitsvertragliche **Hauptleistungspflicht** – soweit es um die Instandsetzung einer Geldbearbeitungsmaschine der D ging – nicht erfüllen können, weil er sich geweigert hat, an der biometrischen Zugangskontrolle der D mitzuwirken. Es ist nicht davon auszugehen, dass der **Arbeitsvertrag** selbst eine Regelung über die Teilnahme an Zugangskontrollen in Kundenbetrieben vorsieht.

41 W musste jedoch den Hinweis des Vorgesetzten auf die biometrische Zugangskontrolle als **Weisung** auffassen, sich dieser Kontrolle zu unterziehen. Daher hat W sich vertragswidrig verhalten, wenn dieser Hinweis vom **Weisungsrecht** der Arbeitgeberin gedeckt war. Das Weisungsrecht ist ein Gestaltungsrecht, das zu den notwendigen Bestandteilen des Arbeitsverhältnisses gehört[41] und in § 106 Sätze 1, 2 GewO eine gesetzliche Normierung gefunden hat. Die Weisung des Vorgesetzten war für W verbindlich, wenn sie die Grenzen des arbeitgeberseitigen Weisungsrechts nicht überschritten hat.

42 a) Die Weisung darf nicht gegen **höherrangige Rechtsquellen** – insbesondere gesetzliche Vorschriften – verstoßen. Es könnte ein Verstoß gegen das Datenschutzrecht vorliegen. Nach § 28 I 1 Nr. 1 BDSG ist die Erhebung personenbezogener Daten von Beschäftigten nur zulässig, wenn es der Zweckbestimmung des Arbeitsverhältnisses dient. Dieses Erfordernis ist bei Zugangskontrollen zum Arbeitsplatz grundsätzlich erfüllt.[42] Im vorliegenden Fall haben Zugangskontrollen sogar einen engen Bezug zur Erfüllung der Arbeitspflicht, da bei Arbeiten in Tresorräumen der Zugang definitionsgemäß restriktiv gehandhabt wird. Es gibt keinen Anhaltspunkt

---

[37] KR/*Fischermeier,* § 626 BGB Rn. 270 ff.; *Rolfs,* § 1 KSchG Rn. 46.

[38] *BAG* 21. 5. 1992 – 2 AZR 551/91, AP Nr. 28 zu § 1 KSchG 1969 Verhaltensbedingte Kündigung = NZA 1992, 1028 (1030).

[39] A/P/S/*Dörner,* § 1 KSchG Rn. 406; KR/*Fischermeier,* § 626 BGB Rn. 269.

[40] Erman/*Belling,* § 626 BGB Rn. 46; *Hromadka/Maschmann* I, § 6 Rn. 161.

[41] *BAG* 23. 1. 1992 – 6 AZR 87/90, AP Nr. 39 zu § 611 BGB Direktionsrecht = NZA 1992, 795 (796f.); *BAG* 23. 6. 1993 – 5 AZR 337/92, AP Nr. 42 zu § 611 BGB Direktionsrecht = NZA 1993, 1127 (1128).

[42] *Maschmann,* NZA Beilage 2/2012, S. 50 (53).

dafür, dass die biometrischen Zugangsdaten für andere Zwecke als die Zugangskontrolle verwendet werden. Ein Verstoß gegen Datenschutzrecht liegt nicht vor.

b) Eine weitere Grenze des Weisungsrechts sind die **Beteiligungsrechte des Be- 43 triebsrats.** Wie bei der Lösung des Grundfalles dargelegt, ergibt sich aus § 87 I BetrVG kein Mitbestimmungsrecht des Betriebsrats. Ein Beteiligungsrecht nach § 99 I 1 BetrVG würde bestehen, wenn die Anweisung an W, seine Arbeitsleistung in den Tresorräumen der Diskonto Bank AG zu erbringen, den Versetzungstatbestand erfüllen würde. W ist jedoch als Wartungstechniker üblicherweise in verschiedenen Kundenbetrieben beschäftigt; die Bestimmung des jeweiligen Arbeitsplatzes gilt daher nicht als Versetzung (§ 95 III 2 BetrVG). Die Weisung verletzt keine Beteiligungsrechte des Betriebsrats.

c) Schließlich darf die Ausübung des Weisungsrechts im konkreten Fall nur nach 44 **billigem Ermessen (§ 315 BGB)** erfolgen. Das billige Ermessen wird vor allem durch Grundrechte des Arbeitnehmers konkretisiert,[43] wobei im Wege praktischer Konkordanz ein Ausgleich mit kollidierenden Grundrechten des Arbeitgebers zu suchen ist.[44] Die Erfassung der Netzhautdaten des W ist ein Eingriff in das Persönlichkeitsrecht (Art. 1 I, 2 I GG) von erheblichem Gewicht. Auf der anderen Seite ist aber auch das Interesse einer Bank, den Zugang zu ihren Tresorräumen optimal zu sichern, als hoch zu veranschlagen. Angesichts des Vordringens biometrischer Personenkontrollen in allen Bereichen des privaten und öffentlichen Lebens erscheint es nicht sachfremd, eine solche Kontrolle gerade bei Tresorräumen anzuwenden.

Diese Gegebenheit wirkt sich auf die Freiheitsrechte der Arbeitgeberin (Art. 12 I, 45 14 I GG) insofern aus, als sie den Kontrollen nur um den Preis der Einstellung der Geschäftsbeziehung entgehen kann. Im vorliegenden Fall ist es für die Abwägung der Grundrechtspositionen ausschlaggebend, dass ein Techniker, der arbeitsvertraglich zur Wartung von Geldbearbeitungsmaschinen in Banktresorräumen verpflichtet ist, mit Personenkontrollen nach dem neuesten Stand der Sicherheitstechnik rechnen muss. Einschränkungen des Persönlichkeitsrechts sind insofern dem Arbeitsvertrag immanent. Aufgrund dieser Gegebenheiten des vorliegenden Falles verstößt die Weisung der B nicht gegen die Ausübungsschranke des § 315 BGB. Da die Weisung des Vorgesetzten rechtmäßig war, hat W am 4. 1. seine arbeitsvertraglichen Pflichten verletzt.

III. Beteiligungsrecht des Betriebsrats

Es fragt sich schließlich, ob der Betriebsrat **vor dem Ausspruch einer Abmahnung** 46 zu beteiligen ist. Allein der Umstand, dass das abgemahnte Verhalten die Ordnung des Betriebs i.S.d. § 87 I Nr. 1 BetrVG stört, führt nicht zu einem Mitbestimmungsrecht bei der Abmahnung als solcher.[45] Ein Mitbestimmungsrecht nach § 87 I Nr. 1 BetrVG besteht nur, wenn eine Abmahnung – über die Ermahnungs- und die Warnfunktion hinaus – den Charakter einer Strafe („Betriebsbuße") hat.[46]

---

[43] MünchKommBGB/*Würdinger*, § 315 Rn. 63; Palandt/*Grüneberg*, § 315 BGB Rn. 8.
[44] Erman/*Hager*, § 315 BGB Rn. 32; *Hromadka/Maschmann* I, § 6 Rn. 19.
[45] *Hromadka/Maschmann* I, § 6 Rn. 159; MünchKommBGB/*Henssler*, § 626 Rn. 96.
[46] *BAG* 7. 11. 1979 – 5 AZR 962/77, AP Nr. 3 zu § 87 BetrVG 1972 Betriebsbuße = SAE 1981, 236 (237).

Das ist nicht der Fall, wenn die B die Abmahnung so ausspricht, wie es oben (Rn. 38) vorgeschlagen wurde.

IV. Ergebnis (Zusatzfrage)

47 Die Geschäftsführer der B dürfen W wegen seines Verhaltens abmahnen; beim Ausspruch der Abmahnung ist der Betriebsrat nicht zu beteiligen.

Fall 11. Personelle Angelegenheiten

Nach *BAG* 25. 1. 2005 – 1 ABR 59/03, BAGE 113, 206 = AP Nr. 114 zu § 87 BetrVG 1972 Arbeitszeit = NZA 2005, 945 und *BAG* 16. 12. 2008 – 9 AZR 893/07, BAGE 129, 56 = AP Nr. 27 zu § 8 TzBfG = NZA 2009, 565

Betriebsverfassungsrecht: Mitbestimmung nach §§ 99–105 BetrVG – Unterlassungsanspruch des Betriebsrats – Teilzeit- und Befristungsrecht: Teilzeitanspruch nach § 8 TzBfG

Zur Vertiefung: *Junker,* Grundkurs, § 10 VII (Rn. 757–778)

Sachverhalt

Die Baumax GmbH (B) beschäftigt 50 Arbeitnehmer und betreibt einen Baumarkt, der montags bis samstags von 8.00 bis 20.00 Uhr geöffnet ist. Die Arbeitsverträge sehen eine variable Arbeitszeiteinteilung vor, wonach die Arbeitnehmer – ohne feste Arbeitszeiten – in einem rollierenden Schichtsystem beschäftigt werden. Dieses System hat den Zweck, die Arbeitszeiten an den Abenden und an Samstagen gleichmäßig auf alle zu verteilen.

Anette Arend (A), seit sechs Jahren im Baumarkt beschäftigt, erzieht ihren dreijährigen Sohn allein und ist bis zum 10. 5. in Elternzeit. Der Sohn soll ab 11. 5. einen „Kinderladen" besuchen, der montags bis freitags von 8.00 bis 15.00 Uhr geöffnet ist. Mit E-Mail vom 7. 3. beantragt A bei B, ihre Arbeitszeit ab 11. 5. von 40 auf 30 Stunden pro Woche zu verringern und auf Montag bis Freitag von 8.30 bis 14.30 Uhr zu verteilen. B erklärt sich in einem Brief vom 21. 3. mit der Verringerung der Arbeitszeit auf 30 Wochenstunden einverstanden, lehnt jedoch die gewünschte starre Verteilung der Arbeitszeit „aus Sachgründen" ab.

Nachdem A mit Anwaltschreiben unter Hinweis auf die starren Öffnungszeiten des „Kinderladens" ihr Verteilungsverlangen weiterverfolgt, beantragt B beim Betriebsrat, der gewünschten Arbeitszeitverteilung zuzustimmen. Am 19. 4. fasst der bei B bestehende Betriebsrat folgenden Beschluss: „Dem Antrag von Frau A kann auch unter Berücksichtigung ihrer familiären Situation nicht zugestimmt werden. Eine starre Festlegung der Arbeitszeit einer einzelnen Mitarbeiterin steht mit den Interessen der übrigen Belegschaft nicht in Einklang, die variabel auch an den Abenden und an Samstagen arbeiten müssen. Die Herausnahme einer einzigen Arbeitnehmerin aus dem rollierenden Schichtsystem würde den Betriebsfrieden stören." B, die sich den Standpunkt des Betriebsrats zu Eigen macht, fragt, ob A einen Anspruch auf die von ihr gewünschte Verteilung der Arbeitszeit hat.

Elfi Eicke (E), seit sechs Jahren mit einer wöchentlichen Arbeitszeit von 20 Stunden bei B beschäftigt, ist alleinerziehende Mutter einer 10-jährigen Tochter. Sie bittet den Geschäftsführer der B am 26. 2. um eine dauerhafte Aufstockung ihrer Stelle auf Vollzeit, weil ihre Tochter ab 1. 7. ein Internat besuchen werde. Der Geschäftsführer will ohnehin eine weitere Halbtagsstelle ausschreiben und nimmt das Angebot der allseits geschätzten und zuverlässigen E erfreut an. Die Arbeitszeiterhöhung

auf 40 Stunden pro Woche ab 1. 7. wird noch am 26. 2. als Änderung des bestehenden Arbeitsvertrags zwischen B und E vereinbart. Auf einer Betriebsfeier am
15. 5. erfahren die Mitglieder des bei B bestehenden Betriebsrats zufällig von der
Vertragsänderung. Während sich der Geschäftsführer der B keines Fehlverhaltens
bewusst ist, sind die Betriebsratsmitglieder empört, dass der Betriebsrat mit der Angelegenheit nicht befasst wurde. Der Betriebsrat möchte am 17. 5. wissen, ob er
durch Anrufung des Arbeitsgerichts verhindern kann, dass die am 26. 2. zwischen B
und E vereinbarte Arbeitszeiterhöhung am 1. 7. umgesetzt wird (Fragen des einst-
weiligen Rechtsschutzes sind nicht zu erörtern).

Vorüberlegungen

1 Der Fall besteht aus zwei Teilen, die von Fragen der Arbeitszeit unter Einbeziehung
des Betriebsrats handeln und durch den identischen Arbeitgeber (B) miteinander
verknüpft sind. Beide Teile schließen „bearbeiterfreundlich" jeweils mit einer präzi-
sen Frage ab, die jeweils den Gegenstand des Gutachtens klar begrenzt (gezielte
Fallfrage, s. Einl. Rn. 38). Nicht nur im ersten Teil („B fragt, ob A einen Anspruch
auf die von ihr gewünschte Verteilung der Arbeitszeit hat"), sondern auch im zweiten Teil handelt es sich um eine **Anspruchsklausur** (Einl. Rn. 7, 9 und 11): Der
Betriebsrat kann die Umsetzung der vereinbarten Vertragsänderung verhindern,
wenn er gegen den Arbeitgeber einen dahingehenden betriebsverfassungsrechtlichen
Anspruch hat. Auch für die Lösung des zweiten Teils müssen daher **Anspruchsgrundlagen** gefunden werden.

2 Während der zweite Teil im **Betriebsverfassungsrecht** spielt und (allein) auf diesem
Gebiet besondere Kenntnisse verlangt, liegen die Schwierigkeiten in der Bearbeitung des ersten Teils in der Verknüpfung mit dem **Individualarbeitsrecht:** Die Arbeitnehmerin macht gegen den Arbeitgeber einen individualrechtlichen Anspruch
auf eine bestimmte Verteilung der Arbeitszeit geltend; der bei dem Arbeitgeber bestehende Betriebsrat hat beschlossen, einer solchen Arbeitszeitverteilung nicht zuzustimmen. Den Bearbeitern des Originalfalls (einer vierstündigen Abschlussklausur
im universitären Schwerpunktbereich) bereitete die Verknüpfung des Betriebsrats-
beschlusses mit dem Anspruchsbegehren der Arbeitnehmerin die größten Probleme.
Die Verknüpfung gelingt über die sog. **Theorie der notwendigen Mitbestimmung:**[1] Eine einseitige, die Arbeitnehmer belastende Maßnahme des Arbeitgebers –
eine für die übrige Belegschaft ungünstige Einräumung von Sonderrechten an eine
Arbeitnehmerin – darf der Arbeitgeber ohne Zustimmung des Betriebsrats nicht
durchführen; die fehlende Zustimmung des Betriebsrats steht dem individualrechtlichen Anspruch der Arbeitnehmerin gegen den Arbeitgeber entgegen.

---

[1]   Siehe dazu *Junker,* Grundkurs, Rn. 736, 747.

Lösung

A. Anspruch der A gegen B

Das Begehren der A ist dahin auszulegen, dass sie von B die **Zustimmung** zu der 3
beantragten Verteilung der Arbeitszeit (Montag bis Freitag von 8.30 bis 14.30 Uhr)
verlangt. Ein solcher Anspruch kann sich aus **§ 8 IV 1 TzBfG** ergeben. Er richtet
sich auf Abgabe einer Willenserklärung des Arbeitgebers, nämlich auf Zustimmung
zur gewünschten Änderung des Arbeitsvertrags.

I. Anwendbarkeit des § 8 IV 1 TzBfG

Die Anwendbarkeit der Anspruchsgrundlage hängt von betrieblichen und persön- 4
lichen Voraussetzungen ab, die im Zeitpunkt des Vertragsänderungsverlangens
(7. 3.) erfüllt sein müssen.[2] Der **betriebliche Anwendungsbereich** des § 8 TzBfG
ist eröffnet, wenn der Arbeitgeber, unabhängig von der Zahl der Personen in Berufsbildung, i.d.R. mehr als 15 Arbeitnehmer beschäftigt **(Kleinunternehmerklau-
sel, § 8 VII TzBfG).** B beschäftigt 50 Arbeitnehmer. Der **persönliche Anwendungsbereich** des § 8 TzBfG umfasst Arbeitnehmer, deren Arbeitsverhältnis mit
dem Arbeitgeber länger als sechs Monate bestanden hat **(Wartezeit, § 8 I TzBfG).**
Das Arbeitsverhältnis der A besteht seit sechs Jahren. Die Anspruchsgrundlage des
§ 8 IV 1 TzBfG findet Anwendung.

II. Ordnungsgemäße Antragstellung

Ein Arbeitnehmer, der die Wartezeit erfüllt hat, kann nach § 8 I TzBfG verlangen, 5
dass seine vertraglich vereinbarte Arbeitszeit verringert wird. Er muss den Anspruch
spätestens drei Monate vor dem Beginn der gewünschten Verringerung geltend machen (§ 8 II 1 TzBfG) und soll die gewünschte Verteilung der Arbeitszeit angeben
(§ 8 II 2 TzBfG).

1. Arbeitszeitverringerung und Neuverteilung

Bedenken gegen die Gesetzeskonformität des Begehrens der A könnten sich daraus 6
ergeben, dass sie zuletzt nur noch das Ziel der **Neuverteilung der Arbeitszeit** verfolgt. Wie sich aus dem Wortlaut des § 8 II–V TzBfG ergibt, gewährt die Vorschrift
keinen isolierten Anspruch auf Neuverteilung der Arbeitszeit. Sie setzt vielmehr
voraus, dass die angestrebte Verteilung der Arbeitszeit in unmittelbarem Zusammenhang mit einer Arbeitszeitverringerung („Teilzeitanspruch") steht: Der Anspruch auf Festlegung der Lage der Arbeitszeit besteht nur als **Annex zum Verrin-
gerungsanspruch**.[3] Im vorliegenden Fall steht das Verteilungsverlangen in einem
unmittelbaren Zusammenhang mit der Reduzierung der Arbeitszeit, auf die sich die
Parteien bereits am 21. 3. geeinigt haben. In einem solchen Fall darf der Arbeitnehmer den Anspruch auf Neuverteilung „isoliert" weiterverfolgen.[4]

---

[2] *BAG* 16. 12. 2008 – 9 AZR 893/07, BAGE 129, 56 (Rn. 36); AR/*Schüren*, § 8 TzBfG Rn. 11;
ErfK/*Preis*, § 8 TzBfG Rn. 6, 22; MünchArbR/*Schüren*, § 8 Rn. 10.

[3] *BAG* 16. 3. 2004 – 9 AZR 323/03, BAGE 110, 45 (52) = AP Nr. 10 zu § 8 TzBfG m.Anm. *Waas* =
NZA 2004, 1047; ErfK/*Preis*, § 8 TzBfG Rn. 6, 22; MünchArbR/*Schüren*, § 46 Rn. 57.

[4] *BAG* 16. 12. 2008 – 9 AZR 893/07, BAGE 129, 56 (Rn. 28).

2. Entgegenstehender Arbeitsvertrag

7 Dem von A geltend gemachten Anspruch könnte ferner der Arbeitsvertrag entgegenstehen, der ausdrücklich eine „variable Arbeitszeit" vorsieht und durch diese Festlegung die gewünschte starre Arbeitszeit auszuschließen scheint. Nach dem Wortlaut der Vorschrift richtet sich der Anspruch aus § 8 I TzBfG auf Verringerung „der vertraglich vereinbarten Arbeitszeit". Daraus könnte man schließen, dass sich die gewünschte Verteilung der Arbeitszeit im Rahmen der vertraglichen Vereinbarungen halten müsse. Eine solche eng am Wortlaut haftende Auslegung würde jedoch dem Ziel des Gesetzes nicht gerecht, die Teilzeitarbeit zu fördern (§ 1 TzBfG). Der Arbeitnehmer ist somit nicht auf das vertraglich vereinbarte Modell der Arbeitszeitverteilung beschränkt, sondern hat – wenn die übrigen Voraussetzungen des Anspruchs erfüllt sind – auch in Bezug auf die vertraglich vereinbarte Arbeitszeitverteilung einen Anspruch auf Vertragsänderung.[5]

3. Ankündigungsfrist (§ 8 II 1 TzBfG)

8 Nach § 8 II 1 TzBfG muss der Arbeitnehmer den Teilzeitanspruch spätestens drei Monate vor Beginn der Verringerung angeben. Da die verringerte Arbeitszeit am 11. 5. beginnen soll, wird durch die E-Mail vom 7. 3. die Mindestankündigungsfrist nicht gewahrt. Die Frist dient jedoch lediglich dem Schutz des Arbeitgebers, sodass er auf die Fristeinhaltung verzichten kann.[6] § 22 I TzBfG steht einem solchen Verzicht nicht entgegen, denn diese Vorschrift verbietet nur Abweichungen zu Lasten des Arbeitnehmers.[7] Im vorliegenden Fall hat B auf die Einhaltung der Ankündigungsfrist verzichtet, indem sie sich mit Brief vom 21. 3. vorbehaltlos auf den Teilzeitantrag eingelassen hat. Einer solchen Auslegung des Briefes steht nicht entgegen, dass B die gewünschte Arbeitszeitverteilung ablehnt: B rügt auch im Hinblick auf die Verteilung nicht den Verfahrensfehler des Fristverstoßes, sondern weist das Verlangen „aus Sachgründen" zurück. A hat den Teilzeitanspruch ordnungsgemäß geltend gemacht.

III. Zustimmungsfiktion des § 8 V 3 TzBfG

9 Zugunsten der A greift die gesetzliche Zustimmungsfiktion des § 8 V 3 TzBfG ein, wenn B den gestellten Antrag nicht rechtzeitig (einen Monat vor dem gewünschten Termin der Teilzeitregelung) wie vom Gesetz vorgesehen abgelehnt hat.

10 Die Zustimmungsfiktion des § 8 V 3 TzBfG würde eintreten, wenn der Verringerungsantrag und der Verteilungswunsch **nur einheitlich abgelehnt oder angenommen** werden können: Dann könnte durch die Zustimmung zum Verringerungsantrag, die am 21. 3. erteilt wurde, zugleich die Zustimmung zum Verteilungswunsch als erteilt gelten und die ausdrücklich erklärte Ablehnung dieses Wunsches unbeachtlich sein. Das ist jedoch nicht das gesetzgeberische Konzept des

---

5 *BAG* 16. 12. 2008 – 9 AZR 893/07, BAGE 129, 56 (Rn. 29 ff.); *BAG* 18. 8. 2009 – 9 AZR 517/08, AP Nr. 28 zu § 8 TzBfG = NZA 2009, 1207 (Rn. 27).

6 *BAG* 20. 7. 2004 – 9 AZR 626/03, BAGE 111, 260 (263) = AP Nr. 11 zu § 8 TzBfG = NZA 2004, 1090; *BAG* 16. 12. 2008 – 9 AZR 893/07, BAGE 129, 56 (Rn. 39).

7 *BAG* 14. 10. 2003 – 9 AZR 636/02, BAGE 108, 103 (109) = AP Nr. 6 zu § 8 TzBfG = NZA 2004, 975; AR/*Schüren*, § 8 TzBfG Rn. 13 a. E.; ErfK/*Preis*, § 8 TzBfG Rn. 13.

§ 8 V TzBfG: Der Arbeitgeber kann die Verkürzung der Arbeitszeit wirksam akzeptieren, die Umverteilung der Arbeitszeit jedoch ablehnen.[8]

Die Zustimmungsfiktion des § 8 V 3 TzBfG wäre jedoch eingetreten, wenn die **11** maßgebliche Ablehnung durch B **erst nach dem Beschluss des Betriebsrats** vom 19. 4. – und somit in Bezug auf den zum 11. 5. gewünschten Teilzeitbeginn verfristet – erfolgt wäre. Jedoch datiert das maßgebende Ablehnungsschreiben bereits vom 21. 3., sodass es nach dem gewöhnlichen Verlauf der Dinge, der zu unterstellen ist, vor dem 11. 4. zugegangen sein muss. Auch wenn sich ein Arbeitgeber nach dem Zugang des Ablehnungsschreibens weiter um die Zustimmung des Betriebsrats bemühen würde, änderte dies nichts an der fortbestehenden Ablehnung des Verteilungswunsches im Außenverhältnis.[9] Die Arbeitszeitverteilung hat sich nicht bereits kraft Gesetzes (§ 8 V 3 TzBfG) im Sinne der A geändert.

IV. Materielle Anspruchsvoraussetzungen

Gemäß § 8 IV 1 TzBfG hat der Arbeitgeber die Verteilung der Arbeitszeit entspre- **12** chend den Wünschen des Arbeitnehmers festzulegen, „soweit betriebliche Gründe nicht entgegenstehen". Nach dieser Formulierung würde es allein von dem unbestimmten Rechtsbegriff „entgegenstehende betriebliche Gründe" abhängen, ob materiell ein Anspruch auf Umverteilung der wirksam verringerten Arbeitszeit besteht. Das TzBfG darf jedoch nicht isoliert betrachtet werden, sondern steht nach dem Grundsatz der **Einheit der Rechtsordnung** im Zusammenhang mit den anderen arbeitsrechtlichen Gesetzen. Ein anderes arbeitsrechtliches Gesetz ist das BetrVG, das dem im Betrieb der B gewählten Betriebsrat **erzwingbare Mitbestimmungsrechte** einräumt.

Bevor die negative Voraussetzung der „entgegenstehenden betrieblichen Gründe **13** (§ 8 IV 1 TzBfG) geprüft wird, ist folglich zu untersuchen, ob die Regelungen des BetrVG den Verteilungswunsch der A verhindern: Wenn die negative Voraussetzung des § 8 IV 1 TzBfG vorliegt, ist der Arbeitgeber nur berechtigt (aber nicht verpflichtet), der gewünschten Neuverteilung der Arbeitszeit seine Zustimmung zu verweigern. Wenn dagegen die Erfüllung eines Verteilungswunsches die Rechte des Betriebsrats verletzt, ist der Arbeitgeber möglicherweise sogar verpflichtet, ein Vertragsänderungsangebot in Bezug auf die Verteilung der Arbeitszeit abzulehnen.[10] Aus dieser Überlegung folgt ein logischer **Vorrang der Prüfung des BetrVG** vor derjenigen des § 8 IV 1 TzBfG. Es ist daher zu untersuchen, ob ein Mitbestimmungsrecht des Betriebsrats besteht (dazu 1), ob es wirksam ausgeübt wurde (dazu 2) und welche Konsequenzen die Ausübung im Arbeitsverhältnis zwischen A und B hat (dazu 3).

1. Mitbestimmungsrecht aus § 87 I BetrVG

a) Einschlägiger Mitbestimmungstatbestand

aa) In Betracht kommt eine Mitbestimmung nach § 87 I Nr. 2 oder Nr. 3 BetrVG. **14** Der **Tatbestand des § 87 I Nr. 3 BetrVG** setzt u. a. eine vorübergehende Verkür-

---

[8] *BAG* 16. 12. 2008 – 9 AZR 893/07, BAGE 129, 56 (Rn. 34); ErfK/*Preis,* § 8 TzBfG Rn. 14; MünchArbR/*Schüren,* § 46 Rn. 58.

[9] *BAG* 16. 12. 2008 – 9 AZR 893/07, BAGE 129, 56 (Rn. 41).

[10] *BAG* 16. 12. 2008 – 9 AZR 893/07, BAGE 129, 56 (Rn. 42); *BAG* 18. 8. 2009 – 9 AZR 517/08, AP Nr. 28 zu § 8 TzBfG = NZA 2009, 1207 (Rn. 42); ErfK/*Preis,* § 8 TzBfG Rn. 41.

zung der betriebsüblichen Arbeitszeit voraus. Die **„betriebsübliche Arbeitszeit"** muss nicht für den ganzen Betrieb der B einheitlich sein; es kann vielmehr für verschiedene Arbeitsplätze oder verschiedene Arbeitnehmer unterschiedliche betriebsübliche Arbeitszeiten geben.[11] Der Umstand, dass im vorliegenden Fall nur die A von der Verkürzung betroffen ist, schließt folglich eine Mitbestimmung nach § 87 I Nr. 3 BetrVG nicht von vornherein aus.

15 **„Vorübergehend"** i. S. d. § 87 I Nr. 3 BetrVG ist ein Zeitraum, der von vornherein begrenzt und überschaubar ist, ohne dass der Endzeitpunkt bei Beginn der Änderung feststehen muss.[12] Im vorliegenden Fall ist zweifelhaft, ob der Zeitraum der von A gewünschten Arbeitszeitverringerung von vornherein begrenzt und überschaubar ist: Die Arbeitszeitverkürzung wurde von A nicht in der Weise an den Besuch des „Kinderladens" geknüpft, dass mit dem Ende der „Kinderladenzeit" eine andere Regelung eintreten soll. Letztlich kann es aber offen bleiben, ob das Merkmal „vorübergehend" im vorliegenden Fall erfüllt ist: Der Betriebsrat hat gegen die Arbeitszeitverkürzung als solche keine Bedenken geäußert, sondern nur der gewünschten starren Verteilung der Arbeitszeit seine Zustimmung verweigert. Selbst wenn ein Mitbestimmungsrecht nach § 87 I Nr. 3 BetrVG bestünde, wäre es also durch eine Erfüllung des Teilzeitwunsches der A nicht verletzt.

16 bb) Es könnte ein **Mitbestimmungsrecht nach § 87 I Nr. 2 BetrVG** bestehen, das explizit die Verteilung der Arbeitszeit auf die einzelnen Wochentage sowie den Beginn und das Ende der täglichen Arbeitszeit umfasst. Die Entscheidung, ob statt der variablen Arbeitszeiteinteilung montags bis samstags von 8.00 bis 20.00 Uhr künftig eine starre Arbeitszeit von montags bis freitags von 8.30 bis 14.30 Uhr gelten soll, unterliegt daher an sich dem Mitbestimmungstatbestand des § 87 I Nr. 2 BetrVG. Bedenken ergeben sich jedoch daraus, dass im vorliegenden Fall eine einzige Arbeitnehmerin – die A – unmittelbar betroffen ist.

b) Kollektiver Bezug des Sachverhalts

17 Die Tatbestände des § 87 I BetrVG begründen **kollektive Schutzrechte** zugunsten der Arbeitnehmer des Betriebs. Nur wenn die nach § 8 II 2 TzBfG gewünschte Verteilung der Arbeitszeit kollektiven Bezug hat, kann der Betriebsrat dem Verteilungswunsch das Mitbestimmungsrecht nach § 87 I Nr. 2 BetrVG entgegensetzen.[13] Der Antrag auf Neuverteilung der Arbeitszeit nach § 8 IV 1 TzBfG hat kollektiven Bezug, wenn **allgemeine Interessen der Arbeitnehmer** betroffen sind. Das ist der Fall, wenn sich die beabsichtigte Arbeitszeitverteilung einer einzelnen Arbeitnehmerin auf den ganzen Betrieb, auf eine Gruppe von Arbeitnehmern oder auf einen einzelnen anderen Arbeitsplatz auswirkt.[14]

---

11 *BAG* 3. 6. 2003 – 1 AZR 349/02, BAGE 106, 204 (211) = AP Nr. 19 zu § 77 BetrVG 1972 Tarifvorbehalt m. Anm. *Lobinger* = NZA 2003, 1155; *BAG* 24. 4. 2007 – 1 ABR 47/06, BAGE 122, 127 (130) = AP Nr. 124 zu § 87 BetrVG 1972 Arbeitszeit = NZA 2007, 818.

12 *BAG* 9. 7. 2013 – 1 ABR 19/12, AP Nr. 130 zu § 87 BetrVG 1972 Arbeitszeit = NZA 2014, 99 (Rn. 18); D/K/K/W/*Klebe*, § 87 BetrVG Rn. 111; AR/*Rieble*, § 87 BetrVG Rn. 27.

13 *BAG* 24. 6. 2008 – 9 AZR 313/07, AP Nr. 8 zu § 117 BetrVG 1972 = NZA 2008, 1309 (Rn. 37); *BAG* 16. 12. 2008 – 9 AZR 893/07, BAGE 129, 56 (Rn. 43).

14 *BAG* 16. 3. 2004 – 9 AZR 323/03, BAGE 110, 45 (58) = AP Nr. 10 zu § 8 TzBfG = NZA 2004, 1047; *BAG* 16. 12. 2008 – 9 AZR 893/07, BAGE 129, 56 (Rn. 44).

Die von A gewünschte Festlegung der Arbeitszeit hätte Auswirkungen auf die übrigen Arbeitnehmer, die in einem flexiblen Wechselschichtsystem arbeiten. Deren variable Arbeitszeiten müssten sich an den festen Arbeitszeiten der A ausrichten und um sie herumgruppieren. Für die übrigen Arbeitnehmer stünde ein geringerer Anteil der Arbeitszeit in den vorteilhaften Zeiträumen zwischen 8.30 und 14.30 Uhr von montags bis freitags zur Verfügung; sie müssten folglich häufiger am späteren Nachmittag, am Abend und an Samstagen eingesetzt werden. Es ist ein kollektiver Bezug vorhanden.[15] **18**

2. Wirksame Ausübung des Mitbestimmungsrechts

a) Verhältnis zu § 8 TzBfG

Nach dem **Eingangssatz des § 87 I BetrVG** gilt das Mitbestimmungsrecht des Betriebsrats nur, „soweit eine gesetzliche oder tarifliche Regelung nicht besteht". Es fragt sich, ob § 8 TzBfG eine **gesetzliche Spezialregelung** ist, welche der Ausübung des Mitbestimmungsrechts vorgeht. Der **Teilzeitanspruch aus § 8 TzBfG** lässt dem Arbeitgeber einen Spielraum, um seine betrieblichen Aufgabenstellungen festzulegen und daraus Konsequenzen für die Verteilung der Arbeitszeit zu ziehen. Folglich existiert auch und gerade bei der Arbeitszeitverteilung nach § 8 TzBfG ein Bedürfnis für die Mitbestimmung des Betriebsrats. § 8 TzBfG ist daher kein Gesetz i. S. d. Eingangssatzes von § 87 I BetrVG, das das Mitbestimmungsrecht des Betriebsrats ausschließt.[16] **19**

b) Schranke des § 80 I BetrVG

Die in § 80 I Nr. 2 lit. b BetrVG festgelegte allgemeine Aufgabe des Betriebsrats, die **Vereinbarkeit von Familie und Beruf** zu fördern, schließt das Mitbestimmungsrecht nach § 87 I Nr. 2 BetrVG ebenfalls nicht aus, sondern ist lediglich bei der Ausübung dieses Rechts zu berücksichtigen.[17] Das ist laut Sachverhalt geschehen („... auch unter Berücksichtigung ihrer familiären Situation ..."). § 80 I Nr. 2 lit. b BetrVG räumt den Interessen des Arbeitnehmers, der Familienpflichten zu erfüllen hat, nicht zwangsläufig den Vorrang ein. Der Betriebsrat behält bei der Abwägung der Individual- und der Kollektivinteressen einen Beurteilungsspielraum und Ermessen.[18] **20**

Es fragt sich, ob der Betriebsrat diesen Spielraum fehlerfrei genutzt hat. Er hat sich auf das **betriebliche Organisationskonzept** gestützt, das dem Schutz aller Arbeitnehmer dient: Damit die Belastungen von Arbeitszeiten am Nachmittag, am Abend und am Samstag gleichmäßig auf alle Arbeitnehmer verteilt werden, sind die Arbeitnehmer des Baumarkts ohne feste Arbeitszeiten in einem rollierenden Schichtsystem beschäftigt. Im Interesse der **Gleichbehandlung aller Arbeitnehmer** hat sich der Betriebsrat nach Abwägung der Einzel- und Kollektivinteressen in seinem Beschluss gegen eine Ausnahmeregelung zugunsten der A entschieden. **21**

[15] Ebenso *BAG* 16. 12. 2008 – 9 AZR 893/07, BAGE 129, 56 (Rn. 45) in dem Urteil, dem der vorliegende Fall nachgebildet ist.

[16] *BAG* 18. 2. 2003 – 9 AZR 164/02, BAGE 105, 107 (120) = AP Nr. 2 zu § 8 TzBfG = NZA 2003, 1392; *BAG* 16. 12. 2008 – 9 AZR 893/07, BAGE 129, 56 (Rn. 46, 47).

[17] *BAG* 16. 12. 2008 – 9 AZR 893/07, BAGE 129, 56 (Rn. 50); W/P/K/*Preis,* § 80 BetrVG Rn. 13.

[18] *BAG* 22. 3. 2005 – 1 AZR 49/04, BAGE 114, 179 (182 f.) = AP Nr. 48 zu § 75 BetrVG 1972 = NZA 2005, 773; *BAG* 16. 12. 2008 – 9 AZR 893/07, BAGE 129, 56 (Rn. 72).

22 Bei der Beurteilung dieses Abwägungsergebnisses ist zu berücksichtigen, dass nach der Lebenserfahrung auch andere Arbeitnehmer besonderen **häuslichen Belastungen** ausgesetzt sind (z. B. durch die Pflege oder Versorgung von Angehörigen), die der Situation einer **alleinerziehenden Mutter** wertungsmäßig gleichzustellen sind. A wird bei ihrem Einsatz in rollierender Wechselschicht nicht anders behandelt als diese Arbeitnehmer. Der Betriebsrat hat seinen rechtlichen Spielraum folglich nicht überschritten.[19] Mit dem Beschluss vom 19. 4. wurde das Mitbestimmungsrecht nach § 87 I Nr. 2 BetrVG wirksam ausgeübt.

3. Konsequenzen des Betriebsratsbeschlusses

23 Es fragt sich, ob der Betriebsratsbeschluss vom 19. 4. die Folge hat, dass B das Verteilungsverlangen der A ablehnen muss. Die Tatbestände des § 87 I BetrVG unterliegen der **gleichberechtigten Entscheidung der Betriebsparteien:** Der Arbeitgeber darf eine Maßnahmen, die einen der Katalogtatbestände des § 87 I BetrVG ausfüllt, nur durchführen, wenn die Zustimmung des Betriebsrats vorliegt. Eine einseitige, die Arbeitnehmer belastende Maßnahme des Arbeitgebers – wie im vorliegenden Fall die für die übrige Belegschaft ungünstige Einräumung von Sonderrechten an eine Arbeitnehmerin – darf nach der **Theorie der notwendigen Mitbestimmung** nicht durchgeführt werden.[20] B ist folglich durch den Beschluss des Betriebsrats daran gehindert, dem Verteilungsverlangen der A nachzugeben.

V. Ergebnis

24 A hat keinen Anspruch auf die von ihr gewünschte Verteilung der Arbeitszeit.

B. Vorgehen des Betriebsrats gegen B

25 Nach dem BetrVG kommen mehrere Wege in Betracht, auf denen der bei B bestehende Betriebsrat durch Anrufung des Arbeitsgerichts möglicherweise verhindern kann, dass die am 26. 2. zwischen B und E vereinbarte Arbeitszeiterhöhung am 1. 7. umgesetzt wird.

I. Antrag auf Aufhebung einer Maßnahme nach § 101 BetrVG

26 Gemäß § 101 Satz 1 BetrVG kann der Betriebsrat beim Arbeitsgericht beantragen, dem Arbeitgeber aufzugeben, eine personelle Maßnahme i. S. d. § 99 I 1 BetrVG aufzuheben, wenn der Arbeitgeber eine solche Maßnahme ohne Zustimmung des Betriebsrats durchführt. Ein Antrag nach § 101 Satz 1 BetrVG hat Erfolg, wenn er zulässig und begründet ist.

1. Zulässigkeit des Antrags

27 Für das Begehren des Betriebsrats könnte das arbeitsgerichtliche **Beschlussverfahren** (§ 2 a i. V. m. § 80 I ArbGG) eröffnet sein. Für den Rechtsweg zu den Gerichten für Arbeitssachen und die **sachliche Zuständigkeit** im Beschlussverfahren gelten

---

[19] Ebenso *BAG* 16. 12. 2008 – 9 AZR 893/07, BAGE 129, 56 (Rn. 74, 75) in dem Urteil, dem der vorliegende Fall nachgebildet ist.

[20] *BAG* 11. 6. 2002 – 1 AZR 390/01, BAGE 101, 288 (295 f.) = AP Nr. 113 zu § 87 BetrVG 1972 Lohngestaltung = NZA 2003, 75.

die §§ 2a, 3 ArbGG. Ein Antrag auf Aufhebung einer personellen Maßnahme ge-mäß §§ 99 I 1, 101 Satz 1 BetrVG ist eine Angelegenheit der Betriebsverfassung, für die nach § 2a I Nr. 1 ArbGG die sachliche Zuständigkeit der Arbeitsgerichte begründet ist.[21] Die **örtliche Zuständigkeit** regelt § 82 I 1 ArbGG: Zuständig ist das Arbeitsgericht, in dessen Bezirk der Betrieb der B liegt. **Verfahrensbeteiligte** i. S. d. § 83 III ArbGG sind nur der Betriebsrat (als Antragsteller) und der Arbeitge-ber (als weiterer Beteiligter), nicht jedoch die Arbeitnehmerin E. Die **Beteiligten-fähigkeit** des Betriebsrats ergibt sich aus § 10 Hs. 2 ArbGG.

Es fragt sich jedoch, ob der Betriebsrat den in § 101 Satz 1 BetrVG vorgesehenen **Antrag** stellen kann, der B aufzugeben, eine personelle Maßnahme aufzuheben: Der Betriebsrat möchte verhindern, dass E ab dem 1. 7. des Jahres 40 Stun-den/Woche statt – wie bisher – 20 Stunden/Woche arbeitet. Ist die „personelle Maßnahme" i. S. d. § 99 I 1 BetrVG, gegen die sich der Betriebsrat von Rechts we-gen wenden kann, die **Aufnahme der Arbeit mit verdoppelter Arbeitszeit** am 1. 7., geht ein Antrag nach § 101 Satz 1 BetrVG ins Leere, weil die „Umsetzung der vereinbarten Arbeitszeiterhöhung" vor dem 1. 7. noch nicht eingetreten ist und folglich vor dem 1. 7. auch nicht aufgehoben werden kann. **28**

Das Begehren des Betriebsrats geht jedoch nicht dahin, eine bereits **durchgeführte Arbeitszeiterhöhung** rückgängig zu machen, sondern vielmehr dahin, die Vertrags-änderung vom 26. 2. vor dem 1. 7. aufzuheben, damit die Arbeitszeiterhöhung gar nicht erst praktiziert wird. Demnach ist die „personelle Maßnahme" i. S. d. §§ 101 Satz 1, 99 I 1 BetrVG die **Vertragsänderung vom 26. 2. des Jahres.** Nach der Sys-tematik der §§ 99 ff. BetrVG fällt bereits die Vertragsänderung unter § 101 Satz 1 BetrVG.[22] Der Betriebsrat muss folglich den Antrag stellen, der B aufzugeben, die am 26. 2. mit E getroffene Vereinbarung über eine Arbeitszeiterhöhung von 20 auf 40 Stunden pro Woche, die am 1. 7. wirksam werden soll, rückgängig zu machen. **29**

2. Begründetheit des Antrags

Der Antrag ist begründet, wenn der Betriebsrat einen betriebsverfassungsrechtlichen Anspruch darauf hat, dass B die am 26. 2. mit E vereinbarte Vertragsänderung rückgängig macht. Ein solcher Anspruch kann sich aus **§ 101 Satz 1 BetrVG** erge-ben: Die Vorschrift eröffnet nicht nur eine prozessuale Antragsbefugnis des Be-triebsrats beim Arbeitsgericht, sondern ist zugleich materiell-rechtlich eine **An-spruchsgrundlage:** Sie gibt dem Betriebsrat einen Anspruch auf Beseitigung eines betriebsverfassungswidrigen Zustands, den der Arbeitgeber durch einseitige Durch-führung einer personellen Maßnahme geschaffen hat.[23] Der Aufhebungsanspruch nach § 101 Satz 1 BetrVG setzt voraus, dass die §§ 99 ff. BetrVG anwendbar sind (dazu a), eine personelle Maßnahme i. S. d. § 99 I 1 BetrVG vorliegt (dazu b) und ohne Zustimmung des Betriebsrats durchgeführt wurde (dazu c). **30**

a) Anwendbarkeit der §§ 99 ff. BetrVG

Die §§ 99 ff. BetrVG sind anwendbar, wenn ein Unternehmen i. d. R. mehr als 20 wahlberechtigte Arbeitnehmer hat und im Zeitpunkt der angegriffenen personellen **31**

---

21 AR/*Heider*, § 2a ArbGG Rn. 2; Schwab/Weth/*Walker*, ArbGG, § 2a Rn. 34.
22 GK-BetrVG/*Raab*, § 101 Rn. 2; Richardi/*Thüsing*, BetrVG, § 101 Rn. 9.
23 *BAG* 20. 2. 2001 – 1 ABR 30/00, AP Nr. 23 zu § 101 BetrVG 1972 = DB 2001, 2055; GK-BetrVG/*Raab*, § 101 Rn. 1; Richardi/*Thüsing*, BetrVG, § 101 Rn. 3.

Maßnahme ein Betriebsrat besteht (§ 99 I 1 BetrVG). Das Unternehmen der B beschäftigt 50 Arbeitnehmer; am 26. 2. war ein Betriebsrat im Amt.

b) Personelle Maßnahme i. S. d. § 99 I 1 BetrVG

32 Die Vertragsänderung am 26. 2. müsste die Durchführung einer der vier Kategorien von personellen Maßnahmen darstellen, die in § 99 I 1 BetrVG genannt sind. Die Erhöhung der wöchentlich zu leistenden Arbeitszeit ist keine **Versetzung:** Der Arbeitsbereich i. S. d. § 95 III BetrVG wird nicht durch die Dauer der Arbeitszeit bestimmt.[24] Daher kommt nur eine Subsumtion der Arbeitszeiterhöhung unter den Begriff der **Einstellung** in Betracht. Es ist umstritten, ob die Verlängerung der Arbeitszeit – insbesondere der Wechsel von der Teilzeit- in eine Vollzeitbeschäftigung – eine Einstellung i. S. d. § 99 I 1 BetrVG darstellen kann.

33 aa) Die neuere **Rechtsprechung** qualifiziert die Erhöhung des vertraglich vereinbarten Arbeitszeitvolumens als Einstellung i. S. d. § 99 I 1 BetrVG, wenn sie nach Umfang und Zeitdauer als nicht unerheblich angesehen werden muss. In seinem ersten einschlägigen Urteil hat das BAG hinzugefügt, eine Einstellung liege „zumindest dann" vor, wenn der Arbeitgeber auf diese Weise einen Arbeitsplatz besetzen wolle, den er zuvor ausgeschrieben habe, und wenn die Erhöhung für die Dauer von mehr als einem Monat vereinbart werde.[25] In einer späteren Entscheidung hat der zuständige Senat des BAG die vorstehenden Kriterien dahin konkretisiert, dass die vorherige Ausschreibung der Stelle nicht erforderlich sei. Eine „nicht unerhebliche" Arbeitszeiterhöhung liege jedenfalls dann vor, wenn die Erhöhung zehn Stunden pro Woche überschreite.[26] Danach ist im vorliegenden Fall eine Einstellung i. S. d. § 99 I 1 BetrVG zu bejahen, da die am 26. 2. vereinbarte Arbeitszeiterhöhung mehr als zehn Stunden pro Woche beträgt und länger als einen Monat dauern soll; das Fehlen einer Stellenausschreibung spielt keine Rolle.

34 Zur Begründung wird vor allem auf den **Sinn und Zweck des Beteiligungsrechts** gemäß § 99 BetrVG verwiesen: Wenn der Umfang der Arbeitszeit eines teilzeitbeschäftigten Mitarbeiters nicht unbedeutend erhöht werde, seien die Interessen der Belegschaft wie bei einer Neueinstellung berührt. Es würden regelmäßig dieselben mitbestimmungsrechtlich bedeutsamen Fragen aufgeworfen wie bei einer Ersteinstellung. Im Übrigen werde auch im öffentlichen Dienst, wo das Personalvertretungsrecht gelte, eine nicht bloß vorübergehende und geringfügige Aufstockung der Arbeitszeit einer Teilzeitkraft als Einstellung angesehen.[27]

35 bb) Ein erheblicher Teil der **Literatur** lehnt diese Rechtsprechung schon unter Hinweis darauf ab, dass der Wortlaut des Gesetzes („Einstellung") die Grenze der Auslegung bilde. Auch systematisch-teleologisch sei die Rechtsprechung fragwürdig: Nachvollziehbar sei ein Beteiligungsrecht des Betriebsrats, wenn eine Person neu in den Betrieb eingegliedert werde; die Verlängerung der Arbeitszeit betreffe hingegen einen Arbeitnehmer, der bereits im Betrieb beschäftigt sei. Auch setze sich die Judi-

---

[24] *BAG* 16. 7. 1991 – 1 ABR 71/90, BAGE 68, 155 (159) = AP Nr. 28 zu § 95 BetrVG 1972 = NZA 1992, 80; *BAG* 25. 1. 2005 – 1 ABR 59/03, BAGE 113, 206 (209).

[25] *BAG* 25. 1. 2005 – 1 ABR 59/03, BAGE 113, 206 (209 f.).

[26] *BAG* 15. 5. 2007 – 1 ABR 32/06, BAGE 122, 280 = AP Nr. 30 zu § 1 BetrVG 1972 Gemeinsamer Betrieb = NZA 2007, 1240 (Rn. 55, 56).

[27] *BAG* 25. 1. 2005 – 1 ABR 59/03, BAGE 113, 206 (211 ff.).

katur des BAG zur „Einstellung" in einen Widerspruch zu der sonstigen Rechtsprechung des Gerichts, wonach § 99 BetrVG nicht der Vertragsinhaltskontrolle diene. Schließlich stehe die Rechtsprechung in einem Kontrast zu der gesetzgeberischen Entscheidung des § 87 I Nr. 3 BetrVG, die dauerhafte Veränderung der Arbeitszeit gerade nicht der Mitbestimmung zu unterwerfen.[28]

cc) Bei der **Streitentscheidung** haben die teleologischen Argumente besonderes **36** Gewicht. Dem BAG ist zuzugeben, dass bei der Stundenerhöhung die gleichen Nachteile für sonstige Belegschaftsmitglieder i.S.d. § 99 II Nr. 3 BetrVG auftreten können wie bei der Einstellung einer Teilzeitkraft mit entsprechender Stundenzahl; auch Fragen des § 99 II Nr. 6 BetrVG (Störungen des Betriebsfriedens) können sich in gleicher Weise stellen. Die Gefahr einer Vertragsinhaltskontrolle durch den Betriebsrat besteht nur begrenzt, da der Betriebsrat an die in § 99 II BetrVG genannten Weigerungsgründe gebunden ist. Folgt man mit diesen Erwägungen der Rechtsprechung, ist bereits der Abschluss der Vereinbarung vom 26. 2. die Durchführung einer personellen Maßnahme i.S.d. § 99 I 1 BetrVG (Einstellung).

c) Fehlende Zustimmung des Betriebsrats

Der Aufhebungsanspruch nach § 101 Satz 1 BetrVG setzt voraus, dass B die perso- **37** nelle Maßnahme am 26. 2. „ohne Zustimmung des Betriebsrats" durchgeführt hat. Für diese Voraussetzung ist es gleichgültig, ob die Zustimmung ausdrücklich verweigert (und vom Arbeitsgericht nicht nach § 99 IV BetrVG ersetzt) wurde, oder ob sie nicht vorliegt, weil der Arbeitgeber seiner Unterrichtungspflicht nicht nachgekommen ist (und die Zustimmungsfiktion nach § 99 III 2 BetrVG deshalb nicht eingetreten ist).[29] Der letztgenannte Fall liegt hier vor.

3. Inhalt des Aufhebungsanspruchs

Der Anspruch des Betriebsrats gegen B aus § 101 Satz 1 BetrVG richtet sich auf die **38** Aufhebung (Rückgängigmachung) der am 26. 2. vereinbarten Vertragsänderung. B muss folglich die Vertragsänderung im Verhältnis zu E beseitigen, wobei das Mittel zur Erreichung dieses Ziels ihm überlassen bleibt: Wenn E nicht damit einverstanden ist, die Änderung durch Vertrag einvernehmlich aufzuheben, kommt eine betriebsbedingte Änderungskündigung in Betracht. Das dringende betriebliche Erfordernis i.S.d. § 1 I, II 1 KSchG ist der Aufhebungsanspruch des Betriebsrats nach § 101 Satz 1 BetrVG. Diesem Aufhebungsanspruch immanent ist die Pflicht des Arbeitgebers, die in der Vertragsänderung vom 26. 2. vorgesehene tatsächliche Situation nicht eintreten zu lassen,[30] d.h. nicht zu dulden, dass die E ab 1. 7. länger als 20 Stunden pro Woche arbeitet.

4. Zwischenergebnis

Folgt man der Rechtsprechung zum Begriff der „Einstellung" in § 99 I 1 BetrVG, **39** ist der Aufhebungsantrag des Betriebsrats nach § 101 Satz 1 BetrVG zulässig und begründet.

---

[28] GK-BetrVG/*Raab*, § 99 Rn. 51; ErfK/*Kania*, § 99 BetrVG Rn. 6; *Bengelsdorf*, FS Kreutz (2010), S. 41 (56 f.); dem BAG zustimmend H/W/K/*Ricken*, § 99 BetrVG Rn. 20; AR/*Rieble*, § 99 BetrVG Rn. 10; *Löwisch/Kaiser*, BetrVG § 99 Rn. 14.

[29] AR/*Rieble*, § 101 BetrVG Rn. 1; GK-BetrVG/*Raab*, § 101 Rn. 2; H/W/K/*Ricken*, § 101 BetrVG Rn. 3; Richardi/*Thüsing*, BetrVG, § 101 Rn. 9.

[30] GK-BetrVG/*Raab*, § 101 Rn. 7; Richardi/*Thüsing*, BetrVG, § 101 Rn. 17.

II. Geltendmachung eines allgemeinen Unterlassungsanspruchs

40 Es fragt sich, ob der bei B bestehende Betriebsrat neben dem Aufhebungsbegehren nach § 101 Satz 1 BetrVG – alternativ oder kumulativ – auch einen Unterlassungsantrag im arbeitsgerichtlichen **Beschlussverfahren** mit Erfolg stellen kann. Ein solcher **Unterlassungsantrag** hat das Ziel, der B durch das Arbeitsgericht verbieten zu lassen, die am 26. 2. vereinbarte Arbeitszeiterhöhung am 1. 7. in der Weise umzusetzen, dass E ab diesem Datum mit der vereinbarten Arbeitszeit von 40 Stunden pro Woche tatsächlich beschäftigt wird. Für die **Zulässigkeit** eines solchen Unterlassungsantrags im arbeitsgerichtlichen Beschlussverfahren gilt das oben (Rn. 27–29) Gesagte entsprechend. Im praktischen Ergebnis läuft ein solches Unterlassungsbegehren auf das Gleiche hinaus wie der Aufhebungsantrag nach § 101 Satz 1 BetrVG, da die B auch hier die Vertragsänderung vom 26. 2. beseitigen müsste (Rn. 38), um nicht vertragsbrüchig zu werden. Die **Begründetheit** eines „allgemeinen" Unterlassungsantrags hängt davon ab, welches Beteiligungsrecht des Betriebsrats die B verletzt hat.

1. Verletzung des § 87 I BetrVG

41 Die **Rechtsprechung** hat einen allgemeinen Unterlassungsanspruch des Betriebsrats bei drohenden Verstößen des Arbeitgebers gegen Mitbestimmungsrechte aus § 87 I BetrVG anerkannt:[31] Die besondere Rechtsbeziehung zwischen Arbeitgeber und Betriebsrat – das „Betriebsverhältnis" – sei, einem gesetzlichen Dauerschuldverhältnis ähnlich, durch wechselseitige Rücksichtnahmepflichten aus § 2 BetrVG geprägt. Ein Verstoß gegen § 87 I BetrVG sei derart gewichtig, dass die Verletzung von Betriebsratsrechten nach § 2 BetrVG i. V.m. § 242 BGB einen Unterlassungsanspruch des Betriebsrats nach sich ziehen müsse. Die Kritik der **Literatur** an diesem „allgemeinen" Unterlassungsanspruch[32] kann auf sich beruhen, wenn B im vorliegenden Fall keinen Mitbestimmungstatbestand des § 87 I BetrVG verletzt hat.

42 In Betracht kommt nur ein **Verstoß gegen § 87 I Nr. 3 BetrVG,** wonach der Betriebsrat bei einer vorübergehenden Verlängerung der betriebsüblichen Arbeitszeit mitzubestimmen hat. Die Begriffe „betriebsübliche Arbeitszeit" und „vorübergehend" wurden bereits erläutert (Rn. 14, 15). Die Vertragsänderung vom 26. 2. nimmt Bezug auf den Wunsch der E nach einer **„dauerhaften" Aufstockung** ihrer Stelle auf Vollzeit. Die Arbeitszeiterhöhung soll daher gerade nicht für einen von vornherein begrenzten und überschaubaren Zeitraum erfolgen, sodass es an der Voraussetzung „vorübergehend" des § 87 I Nr. 3 BetrVG fehlt. B hat kein Mitbestimmungsrecht des Betriebsrats nach § 87 I Nr. 3 BetrVG verletzt. Ein auf § 87 I BetrVG gestützter Unterlassungsanspruch besteht nicht.

2. Verletzung des § 99 BetrVG

43 Wie bereits erörtert (Rn. 32–36), hat B bei der Vertragsänderung vom 26. 2. gegen die Beteiligungsrechte des Betriebsrats nach § 99 BetrVG verstoßen. Ob die Verletzung der Beteiligungsrechte des § 99 BetrVG dem Betriebsrat neben dem **Auf-**

---

[31] *BAG* 3. 5. 1994 – 1 ABR 24/93, BAGE 76, 364 (372 ff.) = AP Nr. 23 zu § 23 BetrVG 1972 = NZA 1995, 40 = *Junker*, Grundkurs, Rn. 709 ff. (Übungsfall 10.1).

[32] Siehe nur *Adomeit*, NJW 1995, 1004; *Konzen*, NZA 1995, 865; *Walker*, DB 1995, 1961.

hebungsanspruch nach § 101 BetrVG einen allgemeinen **Unterlassungsanspruch** entstehen lässt, wurde von der **Rechtsprechung** lange Zeit unentschieden gelassen.[33] Im Jahr 2009 hat das BAG schließlich entschieden, dem Betriebsrat stehe kein allgemeiner, von den Voraussetzungen des § 23 III BetrVG unabhängiger Unterlassungsanspruch zur Seite, um eine gegen § 99 I 1 BetrVG verstoßende personelle Einzelmaßnahme zu verhindern.[34]

Dieser Rechtsprechung ist zu folgen: Indem der Gesetzgeber den Abwehranspruch **44** des § 101 Satz 1 BetrVG normiert hat, hat er einem auf demselben Verstoß gerichteten Unterlassungsanspruch eine Absage erteilt. Da mit dem allgemeinen Unterlassungsanspruch ein Beseitigungsanspruch (Abwehranspruch) einhergeht, würde die Anerkennung eines allgemeinen Unterlassungsanspruchs zur Bedeutungslosigkeit der gesetzlichen Regelung führen. Bei Verstößen, die – anders als im vorliegenden Fall – noch nicht eingetreten sind, steht dem Betriebsrat ein auf Bestehen seines Beteiligungsrechts gerichteter Feststellungsantrag (§ 256 I ZPO) zur Verfügung.

3. Zwischenergebnis

Der Betriebsrat kann keinen allgemeinen Unterlassungsanspruch geltend machen: **45** Zwar ist bei Verstößen des Arbeitgebers gegen § 87 I BetrVG ein solcher Anspruch vorgesehen, aber ein solcher Verstoß liegt nicht vor. Verletzt ist das Beteiligungsrecht des Betriebsrats nach § 99 I 1 BetrVG, aber insoweit besteht kein allgemeiner Unterlassungsanspruch.

III. Geltendmachung eines Unterlassungsanspruchs aus § 23 BetrVG

Nach § 23 III 1 BetrVG kann der Betriebsrat bei groben Verstößen des Arbeitge- **46** bers gegen seine Verpflichtungen aus dem BetrVG beim Arbeitsgericht beantragen, eine Handlung zu unterlassen, zu dulden oder vorzunehmen. Das Begehren des Betriebsrats – gleichgültig, ob es darauf gerichtet ist, die Vertragsänderung aufzuheben, oder darauf, die Vertragsdurchführung zu unterlassen – lässt sich folglich auf § 23 III 1 BetrVG stützen. Es fragt sich jedoch, ob die Nichtbeachtung des § 99 I 1 BetrVG durch B einen „groben Verstoß" gegen betriebsverfassungsrechtliche Pflichten darstellt.

Der Gesetzgeber wollte nicht jeden Pflichtverstoß des Arbeitgebers mit dem Unter- **47** lassungsanspruch aus § 23 III 1 BetrVG sanktionieren, sondern nur Verstöße, die objektiv erheblich sind und besonders schwerwiegend den Zweck des BetrVG verletzen.[35] Auch wenn die „Offensichtlichkeit" des Verstoßes kein Tatbestandsmerkmal des § 23 III 1 BetrVG ist, liegt ein grober Verstoß aber jedenfalls nicht vor, wenn der Arbeitgeber eine schwierige Rechtsfrage nicht erkennt oder in dieser Frage eine unzutreffende Rechtsansicht vertritt.[36]

---

[33] Zuletzt *BAG* 15. 5. 2007 – 1 ABR 32/06, BAGE 122, 280 = AP Nr. 30 zu § 1 BetrVG 1972 Gemeinsamer Betrieb = NZA 2007, 1240 (Rn. 48 ff.).

[34] *BAG* 23. 6. 2009 – 1 ABR 23/08, BAGE 131, 145 = AP Nr. 48 zu § 99 BetrVG 1972 Versetzung = NZA 2009, 1430 (Rn. 19); zustimmend GK-BetrVG/*Raab*, § 101 Rn. 22; Richardi/*Thüsing*, BetrVG, § 101 Rn. 6.

[35] AR/*Maschmann*, § 23 BetrVG Rn. 17; GK-BetrVG/*Oetker*, § 23 Rn. 220 m.w.N.

[36] *BAG* 27. 11. 1973 – 1 ABR 11/73, BAGE 25, 415 (419) = AP Nr. 4 zu § 40 BetrVG 1972 = DB 1974, 731; *BAG* 19. 1. 2010 – 1 ABR 55/08, AP Nr. 47 zu § 23 BetrVG 1972 = NZA 2010, 659 (Rn. 28); GK-BetrVG/*Oetker*, § 23 Rn. 227.

48 Es ist nicht leicht zu verstehen, dass eine Arbeitszeiterhöhung einer seit langem im Betrieb beschäftigten Arbeitnehmerin eine „Einstellung" im Sinne des Gesetzes ist; entsprechend umstritten ist diese Rechtsprechung in der Fachliteratur (Rn. 35). Dem Laien erschließt sich dieses Begriffsverständnis nicht auf Anhieb. Im vorliegenden Fall ist daher nachvollziehbar, dass sich der Geschäftsführer der B keines Fehlverhaltens bewusst ist. Von einem „groben" Verstoß gegen betriebsverfassungsrechtliche Verpflichtungen kann daher nicht die Rede sein. Ein Unterlassungsanspruch aus § 23 III 1 BetrVG besteht folglich nicht.

IV. Ergebnis

49 Der Betriebsrat hat nach § 101 Satz 1 i. V. m. § 99 I 1 BetrVG einen Anspruch auf Aufhebung der am 26. 2. zwischen B und E vereinbarten Arbeitszeiterhöhung, den er im arbeitsrechtlichen Beschlussverfahren geltend machen kann; weitere Anspruchsgrundlagen bestehen nicht.

Fall 12. Wirtschaftliche Angelegenheiten

Nach *BAG* 12. 11. 2002 – 1 AZR 58/02, BAGE 103, 321 = AP Nr. 159 zu § 112 BetrVG 1972 = NZA 2003, 1288

Betriebsverfassungsrecht: Mitbestimmung nach §§ 111–113 BetrVG – Betriebsverfassungsrechtlicher Gleichbehandlungsgrundsatz – Allgemeines Gleichbehandlungsgesetz

Zur Vertiefung: *Junker,* Grundkurs, § 10 VIII (Rn. 779–795)

Sachverhalt

Die Baumwoll AG (B) fertigt Textilien. Anfang Januar vereinbart sie mit dem bei ihr bestehenden Betriebsrat wegen einer beabsichtigten Personalreduzierung einen Interessenausgleich und Sozialplan. Danach erhalten Vollzeitkräfte „pro Jahr der Beschäftigung" eine Abfindung von 2400 €. Am 20. 3. schließen die Betriebsparteien wegen der geplanten Entlassung weiterer Mitarbeiterinnen erneut einen Interessenausgleich und Sozialplan. In diesem zweiten Sozialplan ist u. a. geregelt:

2. *Anspruchsberechtigt sind grundsätzlich die vom Interessenausgleich erfassten Mitarbeiter, die auf Grund der Betriebsänderung durch betriebsbedingte Kündigung ausscheiden.*
3.1 *Vollzeitbeschäftigte erhalten einen Grundbetrag von 1200 € und zusätzlich pro Jahr der Beschäftigung 2400 €. Angefangene Jahre werden gezwölftelt. Bei der Ermittlung der Beschäftigungsjahre werden nur Zeiten der tatsächlichen Beschäftigung berücksichtigt. Die Elternzeit bleibt außer Betracht.*

Karin Kreuzer (K) wäre am 1. 7. zehn Jahre bei B beschäftigt. Mit einem der K am 31. 3. zugegangenen Schreiben kündigt B das Arbeitsverhältnis der K zum 30. 6. Die Beschäftigungszeit der K ist in dem Kündigungsschreiben mit acht Jahren angegeben. Als Abfindung ist ein Betrag von 20 400 € genannt. Bei der Berechnung der Beschäftigungsdauer hat B zwei Jahre Elternzeit außer Acht gelassen.

B hat der K 20 400 € überwiesen. Mit einer Klage beim örtlich zuständigen Arbeitsgericht macht K den Differenzbetrag von 4800 € geltend, der sich bei Berücksichtigung der Elternzeit ergibt.

Wie wird das Arbeitsgericht entscheiden?

Vorüberlegungen

Gefragt ist nach der Entscheidung des Arbeitsgerichts. Daher untergliedert sich die 1 Lösung in die Abschnitte „Zulässigkeit der Klage" und „Begründetheit der Klage." Die Zulässigkeitsprüfung wirft keine Probleme auf. Im Rahmen der Begründetheitsprüfung muss erkannt werden, dass es sich um den Typus einer **Anspruchsklausur** handelt; der Ausgangspunkt der Lösung ist daher die Suche nach einer **An-**

spruchsgrundlage. Angesichts des überschaubaren Sachverhalts nicht unbedingt erforderlich, aber nützlich ist eine **Zeittabelle,** die etwa so aussehen könnte:

Zeittabelle	

2

Anfang Januar	erster Interessenausgleich und Sozialplan
	• 2400 € pro Beschäftigungsjahr
20. 3.	zweiter Interessenausgleich und Sozialplan
	• 1200 € Grundbetrag
	• 2400 € pro Beschäftigungsjahr
	• angefangene Jahre werden gezwölftelt
	• Elternzeit bleibt außer Betracht
31. 3.	Zugang des Kündigungsschreibens
30. 6.	Ablauf der Kündigungsfrist
1. 7.	K wäre zehn Jahre bei B beschäftigt

3 Der Gegenstand der Klausur ist das **Betriebsverfassungsrecht,** speziell die Beteiligung des Betriebsrats in wirtschaftlichen Angelegenheiten (siehe zu den drei Bereichen der Betriebsratsbeteiligung die **Übersicht 6** in den Vorüberlegungen zu **Fall 4,** Rn. 5). Eine solche Aufgabe könnte z.B. als Abschlussklausur einer Lehrveranstaltung „Betriebsverfassungsrecht" oder „Beteiligungsrechte des Betriebsrats" gestellt werden, die an vielen Universitäten im Schwerpunktbereich angeboten wird. Der Schwierigkeitsgrad der Aufgabe liegt im mittleren Bereich, da nicht so sehr Spezialkenntnisse zu den §§ 111–113 BetrVG, sondern vielmehr Kenntnisse in zwei größeren Problemfeldern erwartet werden: dem Verhältnis der arbeitsrechtlichen Rechtsquellen zueinander[1] („Normenpyramide", s. Rn. 11–12) und der Einwirkung der Grundrechte auf die Rechtsquellen des Arbeitsrechts[2] (Rn. 19–21).

4 Im Zentrum der Klausur steht die Frage, ob die Betriebsparteien bei der Berechnung der Beschäftigungsdauer die **Elternzeit** ausklammern dürfen. Sie ist im Zweiten Abschnitt des Bundeselterngeld- und Elternzeitgesetzes geregelt (§§ 15–21 BEEG). Es handelt sich um eine unbezahlte Freistellung von der Arbeit, die daran anknüpft, dass Arbeitnehmerinnen oder Arbeitnehmer ein Kind (in bestimmten Fällen auch: ein Enkelkind), mit dem sie in einem Haushalt leben, selbst betreuen und erziehen.[3]

5 Die anspruchsberechtigten Personen (i.d.R. die leiblichen Eltern, § 15 I 1 Nr. 1 lit. a BEEG) haben einen **Anspruch auf Elternzeit** bis zur Vollendung des dritten Lebensjahres eines Kindes **(§ 15 II 1 BEEG),** wobei die Mutterschutzfrist – i.d.R. acht Wochen nach der Entbindung (§ 6 I MuSchG) – auf den Dreijahreszeitraum angerechnet wird **(§ 15 II 2 BEEG).** Bei mehreren Kindern besteht der Anspruch auf Elternzeit für jedes Kind **(§ 15 II 3 BEEG).**

6 Weitere Einzelheiten ergeben sich aus **§ 15 II 4 BEEG,** wonach ein Anteil der Elternzeit von bis zu zwölf Monaten mit Zustimmung des Arbeitgebers auf die Zeit bis zur Vollendung des achten Lebensjahres des Kindes übertragbar ist, und aus

---

[1] *Junker,* Grundkurs, Rn. 85–89.
[2] *Junker,* Grundkurs, Rn. 44–61.
[3] Einführend *Junker,* Grundkurs, Rn. 258.

§ 15 III 1 BEEG, wonach die Elternzeit – auch anteilig – von jedem Elternteil allein oder von beiden Elternteilen gemeinsam genommen werden kann.[4] Während der Elternzeit besteht ein Anspruch auf **Elterngeld,** dessen Kosten der Staat trägt (§ 1 BEEG). Elterngeld kann in der Zeit vom Tag der Geburt bis zum vollendeten 14. Lebensmonat des Kindes bezogen werden (§ 4 I 1 BEEG). Es wird in Höhe von 67 % des zuletzt durchschnittlich erzielten Monatseinkommens bis zur maximalen Höhe von 1800 € pro Monat gezahlt (§ 2 I 1 BEEG).

Lösung

Das Arbeitsgericht wird der Klage der K stattgeben, wenn die Sachurteilsvoraussetzungen vorliegen und ein Anspruch auf Zahlung des Differenzbetrags besteht. Anderenfalls wird das Arbeitsgericht die Klage abweisen.

7

I. Zulässigkeit der Klage

Die Klage ist zulässig, wenn die Sachurteilsvoraussetzungen erfüllt sind. Der **Rechtsweg** zu den Arbeitsgerichten – und damit zugleich die **sachliche Zuständigkeit** – ergibt sich aus § 2 I Nr. 3 lit. a ArbGG, da eine Arbeitnehmerin und ihr Arbeitgeber über einen Anspruch aus dem Arbeitsverhältnis streiten. Die Voraussetzung „aus dem Arbeitsverhältnis" wird weit ausgelegt; es spielt keine Rolle, dass sich der Anspruch nicht aus dem **Arbeitsvertrag,** sondern aus einer **Betriebsvereinbarung** ergibt.[5] Das Gericht entscheidet im **Urteilsverfahren** (§ 2 V ArbGG). Die **örtliche Zuständigkeit** des angerufenen Arbeitsgerichts ist nach dem Sachverhalt gegeben. Die **Parteifähigkeit** der Beklagten folgt aus § 50 ZPO i.V.m. § 1 I 1 ArbGG. Was die **Prozessfähigkeit** angeht, wird die B durch ihren Vorstand gerichtlich vertreten (§ 78 I AktG). Es ist davon auszugehen, dass die K einen zulässigen, durch Bezifferung auf 4800 € dem Bestimmtheitserfordernis genügenden **Klageantrag** gestellt hat (§ 46 II 1 ArbGG i.V.m. § 253 II Nr. 2 ZPO). Es handelt sich um eine Leistungsklage, für deren Erhebung ein besonderes Rechtsschutzinteresse nicht erforderlich ist: Das Rechtsschutzbedürfnis folgt aus der behaupteten Nichterfüllung des eingeklagten Anspruchs.[6] Da auch sonst keine Bedenken hinsichtlich der Sachurteilsvoraussetzungen bestehen, ist die Klage zulässig.

8

II. Begründetheit der Klage

Die Klage ist begründet, wenn K einen Anspruch auf Zahlung des Differenzbetrages hat. Ein solcher Anspruch könnte sich aus Nr. 3.1 des Sozialplans vom 20. i.V.m. §§ 112 I 3, 77 IV 1 BetrVG ergeben. Dann müsste dieser Sozialplan anwendbar sein (dazu 1) und einen Anspruch auf den eingeklagten Differenzbetrag vorsehen (dazu 2).

9
30.

---

4   Einzelheiten bei ErfK/*Gallner,* § 15 BEEG Rn. 5, 7.
5   AR/*Heider,* § 2 ArbGG Rn. 8; Schwab/Weth/*Walker,* ArbGG, § 2 Rn. 100; MünchArbR/*Jacobs,* § 342 Rn. 36.
6   Thomas/Putzo/*Reichold,* Vorbem. § 253 ZPO Rn. 27.

1. Anwendbarkeit des Sozialplans

10 Das Arbeitsverhältnis der K müsste in den Anwendungsbereich des Sozialplans vom 20. 3. fallen. Anspruchsberechtigt sind nach Nr. 2 dieses Sozialplans „die vom Interessenausgleich erfassten Mitarbeiter, die auf Grund der Betriebsänderung durch betriebsbedingte Kündigung ausscheiden". Zwar geht aus Nr. 2 des Sozialplans nicht hervor, auf welchen Interessenausgleich Bezug genommen wird. Da jedoch am 20. 3. erneut ein Interessenausgleich beschlossen und nicht lediglich auf den Interessenausgleich von Anfang Januar verwiesen wurde, ist davon auszugehen, dass sich Nr. 2 des Sozialplans auf den Interessenausgleich vom 20. 3. bezieht.[7] Von daher finden der Sozialplan und der Interessenausgleich vom 20. 3. grundsätzlich auf das Arbeitsverhältnis der K Anwendung.

a) Verhältnis zum früheren Sozialplan

11 Die Betriebsparteien haben jedoch Anfang Januar einen Sozialplan geschlossen, der hinsichtlich der Elternzeit keine Einschränkung vorsieht. Es fragt sich, ob im Verhältnis dieser beiden Sozialpläne das **Günstigkeitsprinzip** gilt, sodass K ihren Anspruch für die Perioden der Elternzeit aus dem früheren Sozialplan herleiten kann. Ein Sozialplan hat gemäß § 112 I 3 BetrVG die Wirkung einer **Betriebsvereinbarung.** Haben Betriebsparteien eine Angelegenheit durch Betriebsvereinbarung geregelt, können sie die Vereinbarung einvernehmlich aufheben und die Angelegenheit durch eine neue Betriebsvereinbarung regeln, wobei in einem solchen Fall das **Ablösungsprinzip** gilt.[8] Es handelt sich in der Normenhierarchie um eine **Zeitkollisionsregel,** die festlegt, dass auf der gleichen Normebene die jüngere Rechtsnorm der älteren vorgeht, soweit beide den gleichen Regelungsgegenstand haben.[9] Dieses Prinzip findet auch Anwendung, wenn die neue Betriebsvereinbarung Regelungen enthält, die für den Arbeitnehmer ungünstiger sind; auf der gleichen Regelungsebene gilt nicht das Günstigkeitsprinzip.[10]

b) Anwendung der Zeitkollisionsregel

12 Bei den beiden Sozialplänen handelt es sich um Rechtsnormen auf einer Ebene, die denselben Regelungscharakter haben, nämlich den Ausgleich oder die Milderung der wirtschaftlichen Nachteile, die den Arbeitnehmern infolge einer Betriebsänderung entstehen. Die Kündigung der K wurde am 31. 3. ausgesprochen. Der jüngere Sozialplan war bereits am 20. 3. abgeschlossen worden, sodass er nach dem Ablösungsprinzip zum Zeitpunkt der Kündigung der K in Kraft stand. Folglich konnten keine Ansprüche der K aus dem ersten Sozialplan entstehen. Es bleibt bei der Anwendung des zweiten Sozialplans.

2. Voraussetzungen des Sozialplans

13 Nach dem Wortlaut des Sozialplans stehen K weitergehende als die bereits erfüllten Ansprüche nicht zu. Nr. 3.1 bestimmt ausdrücklich, dass bei der Ermittlung der

---

[7] Ebenso *BAG* 12. 11. 2002 – 1 AZR 58/02, BAGE 103, 321 (322–323) in dem Urteil, dem der vorliegende Fall nachgebildet ist.

[8] *BAG* 10. 8. 1994 – 10 ABR 61/93, BAGE 77, 313 (321) = AP Nr. 86 zu § 112 BetrVG 1972 = NZA 1995, 314; *BAG* 7. 6. 2011 – 1 AZR 34/10, BAGE 138, 107 = AP Nr. 217 zu § 112 BetrVG 1972 = NZA 2011, 1370 (Rn. 16).

[9] Einführend *Junker,* Grundkurs, Rn. 87.

[10] *BAG* 12. 11. 2002 – 1 AZR 58/02, BAGE 103, 321 (323).

Beschäftigungsdauer die Elternzeit außer Betracht zu bleiben hat. Für eine abweichende **Auslegung** der Sozialplanbestimmung besteht angesichts des eindeutigen Wortlauts kein Raum.[11] Es fragt sich jedoch, ob die Sozialplanbestimmung gegen **zwingendes Recht** verstößt (dazu a, b) und ob sich aus diesem Rechtsverstoß ein Anspruch auf Gewährung des Differenzbetrags ergibt (dazu c).

a) Verstoß gegen § 75 I BetrVG

Nr. 3.1 des Sozialplans verstößt gegen zwingendes Recht, wenn die Betriebsparteien **14** bei dessen Abschluss die **Grenzen von Recht und Billigkeit** missachtet haben (§ 75 I BetrVG). Gegen diese Vorschrift verstoßende Vereinbarungen sind nichtig.[12] Grundsätzlich haben die Betriebsparteien, wenn sie einen Sozialplan aufstellen, einen **weiten Spielraum,** um den angemessenen Ausgleich der Nachteile festzulegen, die mit der Betriebsänderung verbunden sind. Sie können im Prinzip frei darüber entscheiden, ob, in welchem Umfang und in welcher Weise sie die von ihnen erkannten wirtschaftlichen Nachteile ausgleichen oder mildern wollen.[13] Eine Grenze bildet jedoch der in § 75 I BetrVG normierte **betriebsverfassungsrechtliche Gleichbehandlungsgrundsatz,** der als lex specialis dem allgemeinen arbeitsrechtlichen Gleichbehandlungsgrundsatz vorgeht.[14]

aa) Benachteiligung wegen des Alters

Nach § 75 I BetrVG ist den Betriebsparteien eine ungerechtfertigte Benachteiligung **15** wegen des Alters untersagt. Da das Kriterium der Betriebszugehörigkeit eine **mittelbare Benachteiligung** jüngerer Betriebsangehöriger bedeutet (vgl. zum Begriff der mittelbaren Benachteiligung § 3 II AGG), stellt sich die Frage, ob es gerechtfertigt ist, bei der Berechnung der Abfindungshöhe auf die **Dauer der Betriebszugehörigkeit** abzustellen. Eine solche Rechtfertigung ergibt sich zum einen daraus, dass sich die **Qualifikation eines Arbeitnehmers** mit der Beschäftigungsdauer an die spezifischen Bedürfnisse des ihn beschäftigenden Betriebs anpasst und dadurch eine Minderung seiner Chancen auf dem Arbeitsmarkt eintreten kann.[15] Zum anderen hängt von der Dauer der Beschäftigung auch der **Umfang der erworbenen Besitzstände** ab.[16] Schließlich zeigt § 10 Nr. 6 AGG, der nach dem Prinzip der Einheit der Rechtsordnung auch im Rahmen des § 75 I BetrVG zu beachten ist, dass ein Abstellen auf die Betriebszugehörigkeit unter den dort genannten Voraussetzungen rechtmäßig ist.

Fraglich ist ferner, ob der Sozialplan insoweit gegen § 75 I BetrVG verstößt, als er **16** nicht auf den rechtlichen Bestand des Arbeitsverhältnisses, sondern auf die **tatsächliche Beschäftigung** abstellt. Da es zulässig ist, die Beschäftigungsdauer bei der Bemessung der Abfindung ganz außer Betracht zu lassen, muss es auch möglich

---

[11] *BAG* 12. 11. 2002 – 1 AZR 58/02, BAGE 103, 321 (323 sub II).

[12] AR/*Rieble,* § 75 BetrVG Rn. 9; ErfK/*Kania,* § 75 BetrVG Rn. 12; GK-BetrVG/*Kreutz,* § 75 Rn. 152; Richardi/*Richardi,* BetrVG, § 75 Rn. 47; *Zöllner/Loritz/Hergenröder,* § 46 IX 3.

[13] *BAG* 14. 8. 2001 – 1 AZR 760/00, AP Nr. 142 zu § 112 BetrVG 1972 = NZA 2002, 451; *BAG* 15. 12. 1998 – 1 AZR 332/98, AP Nr. 126 zu § 112 BetrVG 1972 = NZA 1999, 667.

[14] *BAG* 9. 11. 1994 – 10 AZR 281/94, AP Nr. 85 zu § 112 BetrVG 1972 = NZA 1995, 644; *BAG* 12. 11. 2002 – 1 AZR 58/02, BAGE 103, 321 (324).

[15] *BAG* 12. 11. 2002 – 1 AZR 58/02, BAGE 103, 321 (324f.).

[16] *BAG* 14. 8. 2001 – 1 AZR 760/00, AP Nr. 142 zu § 112 BetrVG 1972 = NZA 2002, 451.

sein, Beschäftigungszeiten aus sachlichen Gründen nur eingeschränkt zu berücksichtigen. Daher ist es grundsätzlich möglich, bei der Berechnung der Dauer der Betriebszugehörigkeit auf die tatsächliche Beschäftigungszeit beim Arbeitgeber abzustellen.[17] Somit ist die Dauer der tatsächlichen Beschäftigung grundsätzlich ein zulässiges Kriterium für die Höhe der Abfindung.

bb) Benachteiligung wegen des Geschlechts

17 Nach § 75 I BetrVG dürfen Arbeitgeber und Betriebsrat keine betriebsangehörige Person wegen ihres Geschlechts benachteiligen. Da nach wie vor die weitaus meisten Personen, die Elternzeit in Anspruch nehmen, das weibliche Geschlecht haben, bedeuten Nachteile wegen der Inanspruchnahme von Elternzeit eine **mittelbare Benachteiligung** wegen des Geschlechts (vgl. zum Begriff der mittelbaren Benachteiligung § 3 II AGG). In entsprechender Anwendung des § 3 II AGG (im Rahmen des § 75 I BetrVG) kommt es somit darauf an, ob die Nichtberücksichtigung der Elternzeit durch ein rechtmäßiges Ziel sachlich gerechtfertigt ist und die Mittel zur Erreichung dieses Ziels angemessen und erforderlich sind.

18 Das **Ziel der Sozialplanregelung,** die Zeiten auszuschließen, in denen der Arbeitnehmer wegen Abwesenheit nichts zur Wertschöpfung im Unternehmen beigetragen hat, könnte eine Benachteiligung wegen des Geschlechts nur rechtfertigen, wenn die Sozialplanabfindung Entgeltcharakter hätte. Das ist jedoch nicht der Fall: Im Vordergrund steht die **Überbrückungsfunktion:** Der Arbeitnehmer soll eine Absicherung bis zu einer neuen Beschäftigung erhalten und nicht ausschließlich auf Arbeitslosengeld angewiesen sein.[18] Diese Funktion trifft aber auf Arbeitnehmer in Elternzeit ebenso zu wie auf ununterbrochen Beschäftigte.[19] Die Nichtberücksichtigung der Elternzeit verstößt somit gegen § 75 I BetrVG.

cc) Schutz von Ehe und Familie

19 Die Nichtberücksichtigung der Elternzeit könnte ferner gegen die in Art. 6 I GG verfassungsrechtlich verankerte **Institutsgarantie** von Ehe und Familie verstoßen. Die Einwirkung der Grundrechte auf das Privatrecht wird dadurch realisiert, dass grundrechtliche Wertungen in die Auslegung von Generalklauseln einfließen.[20] Die Formel von Recht und Billigkeit des § 75 I BetrVG stellt als Generalklausel eine solche „Einbruchstelle" des Zivilrechts für die Grundrechte dar.

20 Fraglich ist zunächst, ob sich K auf eine mögliche Verletzung des Art. 6 I GG berufen kann. Das ist nur der Fall, wenn diese Grundrechtsbestimmung dem Einzelnen ein **subjektives Recht** gewährt. Nach dem Wortlaut des Art. 6 GG handelt es sich in erster Linie um eine Institutsgarantie, die das Rechtsinstitut „Ehe und Familie" schützt und damit ein Abwehrrecht gegen staatliche Eingriffe darstellt.[21] Diese Schutzwirkung wurde von der Rechtsprechung jedoch dahin ausgedehnt, dass

---

[17] *BAG* 16. 3. 1994 – 10 AZR 606/93, AP Nr. 75 zu § 112 BetrVG 1972 = NZA 1994, 1147; *BAG* 12. 11. 2002 – 1 AZR 58/02, BAGE 103, 321 (325 f.).

[18] *BAG (GS)* 13. 12. 1978 – GS 1/77, BAGE 31, 176 (188) = AP Nr. 6 zu § 112 BetrVG 1972 = RdA 1979, 64; *BAG* 12. 11. 2002 – 1 AZR 58/02, BAGE 103, 321 (327 f.).

[19] *BAG* 23. 3. 2010 – 1 AZR 832/08, AP Nr. 55 zu § 75 BetrVG 1972 = NZA 2010, 774.

[20] *BVerfG* 23. 4. 1986 – 2 BvR 487/80, BVerfGE 73, 261 (269).

[21] *BVerfG* 18. 4. 1989 – 2 BvR 1169/84, BVerfGE 80, 81 (92 f.).

Art. 6 I, II GG ein subjektives Recht gewährt, wenn es um die Abwehr von Benachteiligungen geht, die an die Wahrnehmung des Elternrechts anknüpfen.[22]

Das Rechtsinstitut der Elternzeit nach §§ 15 ff. BEEG ist Ausdruck einer auf **21**
Art. 6 I, II GG beruhenden **Schutzpflicht des Staates.** Sie soll die Ausübung des elterlichen Betreuungs- und Erziehungsrechts ermöglichen, ohne dass der Arbeitnehmer den Verlust seines Arbeitsplatzes befürchten muss.[23] Zwar führt die Regelung von Nr. 3.1 Satz 3 des Sozialplans nicht zum Verlust eines Arbeitsplatzes. Sie beeinträchtigt jedoch das Ziel, das Betreuungs- und Erziehungsrecht ohne drohende Nachteile ausüben zu können. Wird die Elternzeit bei der Berechnung von Sozialplanabfindungen nicht als Beschäftigungszeit gewertet, werden Arbeitnehmer dadurch in ihrer Entschließungsfreiheit beeinträchtigt, Elternzeit in Anspruch zu nehmen. Daher verletzt die Sozialplanregelung das Elternrecht aus Art. 6 I, II GG. Die Nichtberücksichtigung der Elternzeit verstößt auch aus diesem Grund gegen § 75 I BetrVG.

b) Verstoß gegen § 7 I AGG

Nr. 3.1 des Sozialplans könnte auch gegen das Benachteiligungsverbot des § 7 I **22**
AGG verstoßen. Bestimmungen in **Vereinbarungen,** die gegen das Benachteiligungsverbot des § 7 I AGG verstoßen, sind unwirksam (§ 7 II AGG). Eine Betriebsvereinbarung ist eine kollektivrechtliche Vereinbarung i.S.d. § 2 Nr. 2 AGG,[24]
so dass der **sachliche Anwendungsbereich** des Gesetzes eröffnet ist. Zwar hat der Gesetzgeber die verpönten Merkmale des § 1 AGG in § 75 I BetrVG übernommen, sodass die Regelungen synchronisiert sind.[25] Dennoch besteht zwischen den Vorschriften **kein Rangverhältnis,** sondern sie stehen nebeneinander.[26] Wie ausgeführt (Rn. 17, 18), bedeutet die Nichtberücksichtigung der Elternzeit eine **mittelbare Benachteiligung** wegen des Geschlechts (§ 3 II, 1. Hs. AGG), für die es **keine Rechtfertigung** gibt (§ 3 II, 2. Hs. AGG). Somit liegt auch ein Verstoß gegen § 7 I AGG vor.

c) Rechtsfolge des Verstoßes

Sowohl der Verstoß gegen § 75 I BetrVG als auch derjenige gegen § 7 I AGG hat **23**
die Unwirksamkeit von Nr. 3.1 Satz 3 des Sozialplans zur Folge (Rn. 14, 22). Die **Teilunwirksamkeit** berührt die Wirksamkeit des Sozialplans im Übrigen nicht, wenn eine sinnvolle und in sich geschlossene Regelung übrig bleibt.[27] Daran könnten Zweifel bestehen, weil durch die Berücksichtigung der Elternzeit der Finanzrahmen („Dotierungsrahmen") des Sozialplans erweitert wird. Ein solcher Eingriff ist den Gerichten grundsätzlich nicht gestattet.[28] Eine Ausnahme von diesem

---

[22] *BVerfG* 10. 11. 1998 – 2 BvR 1057/91, BVerfGE 99, 216 (232).

[23] *BAG* 12. 11. 2002 – 1 AZR 58/02, BAGE 103, 321 (327 f.).

[24] ErfK/*Schlachter*, § 2 AGG Rn. 9; AR/*Rieble*, § 75 BetrVG Rn. 12.

[25] *BAG* 23. 3. 2010 – 1 AZR 832/08, AP Nr. 55 zu § 75 BetrVG 1972 = NZA 2010, 774.

[26] ErfK/*Kania*, § 75 BetrVG Rn. 6; AR/*Rieble*, § 75 BetrVG Rn. 10.

[27] *BAG* 29. 4. 2004 – 1 ABR 30/02, BAGE 110, 252 = AP Nr. 3 zu § 77 BetrVG 1972 = NZA 2004, 670; AR/*Rieble*, § 77 BetrVG Rn. 13.

[28] *BAG* 17. 2. 1981 – 1 AZR 290/78, BAGE 35, 80 (93) = AP Nr. 11 zu § 112 BetrVG 1972 = NJW 1982, 69.

Grundsatz macht die Rechtsprechung, wenn die Erhöhung auf die **Korrektur eines Rechtsfehlers** im Sozialplan zurückzuführen ist und die Mehrbelastung im **Vergleich zum Gesamtvolumen** nicht ins Gewicht fällt.[29] Da dem Sachverhalt nicht zu entnehmen ist, dass weitere der zu entlassenden Mitarbeiterinnen von der Regelung der Nr. 3.1 Satz 3 des Sozialplans betroffen sind, ist von einer solchen Ausnahme auszugehen. Da Nr. 3.1 Satz 3 unwirksam ist, der Sozialplan vom 20. 3. im Übrigen aber bestehen bleibt, hat K gegen B aus dem Sozialplan einen Anspruch auf Zahlung von 4800 €.

III. Ergebnis

24 Die Klage der K ist zulässig und begründet; das Arbeitsgericht wird B antragsgemäß zur Zahlung verurteilen.

---

[29] *BAG* 21. 10. 2003 – 1 AZR 407/02, BAGE 108, 147 = AP Nr. 163 zu § 112 BetrVG 1972 = NZA 2004, 559.

Stichwortverzeichnis

(Einl. 1 bedeutet „Einleitung Randnummer 1", 1/1 bedeutet „Fall 1 Randnummer 1" und die **halbfett** hervorgehobenen Fundstellen bezeichnen die Hauptfundstellen).